신무용의 르네상스를 이루다

김백봉

서연호

도서출판 월인

2006년 80생신 기념

김백봉 선생님의 부군 안제승 선생

작품 〈부채춤〉

김백봉 무당춤 〈광란의 제단〉

멕시코 올림픽 전후로 보이는 사진. 군무로 재구성된 후의 사진 중에서 거의 최초의 자료로 추정됨.

작품 〈부채춤〉

유엔빌리지의 잔디밭에서 54년 초연공연 후로 기억됨.
고 안제승 선생님이 직접 촬영한 사진.
칼라사진이 귀한 시절의 사진임.

4 · 19 이후 일본공연을
준비하면서 찍은 사진.

북 앞에서 사진촬영을 위해 포즈를 잡고서

작품 〈만다라〉

작품 〈섬광〉

작품 〈장고춤〉

작품 〈즉흥무〉

작품 〈청명심수〉

작품 〈부채춤〉

68년 멕시코 올림픽에서

일본 동경 쇼잉 고등여학교 시절(오른쪽에서 다섯 번째)

낙원동 연습실 풍경

부부의 단란한 모습

김백봉 80세, 제자들과 함께

1960년대의 단란한 가족

안암동 집 서재에서.
뮤지컬 〈종이여 울려라〉 작업을 하면서

낙원동 연습실 시절 동국대학교 근처 언덕에서.
사진 찍기를 좋아했던 고 안제승 선생님이 직접 찍어준 사진.
우연인지 얼마 후 사진 촬영한 장소 바로 밑에
김백봉 선생님은 자신만의 묵정동 연습실을 갖게 됨.

머리말

금년은 무용가 김백봉 선생이 미수(88세)를 맞은 해이다. 도쿄의 최승희무용연구소에 입소한 지 1년 6개월 만인 1942년 12월 스승이 제국극장에서 공연할 때 제자들을 위해 마련된 특별공연에서 <궁녀무>를 추어 데뷔했다. 2007년 5월 서울시무용단의 예술감독을 마감할 때까지 65년 동안 무용의 현장을 지켜왔다. 1947년 평양 국립극장에서 제1회 김백봉무용발표회를 가졌고, 작품 중의 하나가 <고전형식>(현 화관무)이었다. 1954년 서울 시공관에서 월남 후 첫 공식 발표인 제1회 김백봉무용발표회(통산 6회)를 열었다. <부채춤>과 <장고춤>은 이 무대에서 새롭게 발표되었다.

선생과 함께 우리 무용계를 이끌어 온 송범 선생은 "김백봉을 빼고는 한국무용을 논할 수 없고, 특히 군무는 김백봉의 영향으로 이루어진 것"이라고 천명했다. 선생이 창작한 <화관무> <부채춤> <장

고춤> <선의 유동> <광란의 제단> <만다라> <청명심수> 등은 이미 명무, 살아있는 고전으로 정립되었다. 1988년 서울올림픽 개막식에서 선생의 지도로 2천 명이 함께 춘 <화관무>의 아름다운 감동은 국민들의 가슴에 그대로 남아있다.

선생의 동시대적 위상은 탁월한 무용가, 우리 춤의 예술적 정립, 무용교육의 원칙 수립, 무용정신의 실천자 등으로 자리매김할 수 있다. 최승희는 서구적 체계를 바탕으로 조선풍 형식에 접근하는 방법으로 작품을 만들었고, 선생은 한국적 전형을 바탕으로 선진적 방법을 융합하는 방법으로 작품을 만들었다. 최승희는 세계를 순회공연 해야 했으므로 짧은 시간에 수편을 공연할 수 있는 소품들을 위주로 했다. 스승이 시국문제에 시달리는 것을 안타깝게 지켜보면서 애초부터 제자는 시사성보다는 자연친화적인 서정시 같은 무용, 민족적 개성을 살린 캐릭터 무용을 착안해 만들었다. 군무를 처음 짠 것은 평양에서 창작할 때였다. 우리 춤의 수월성이라는 차원에서 보면, 김백봉 춤은 최승희의 영향을 받았지만 스승을 능가하는 완성미와 창의성이 빛난다.

금년, 선생의 미수가 여느 사람보다 더욱 뜻깊게 여겨지는 것은 그녀의 우리 춤이 새로운 역사를 이룩하는 데 선각자로 기여한 까닭이다. 자칫하면 평생 세기적인 무용가 최승희의 그늘에 묻혀 사람들에게 잊혀질 뻔한 그녀는 스승보다 더욱 확고한 무용철학과 탁월한 춤사위로써 운명처럼 얻은 무용가의 이름 그대로 '거대한 산봉우리' 김백봉으로 거듭났다. 민족의 영산인 태백산처럼 빛나는 이름이다. 우리 예술계만이 아니라 국민적인 경사이며 세계에 자랑할 축제임이 분명하다.

이 책에 기록된 선생에 대한 일체의 오해와 오기, 그릇된 표현은 모두 필자의 책임임을 너그러이 이해해 주시기 바란다.

2014년 9월
삼가 저자 서연호 올림

차례

제1부 김백봉의 생애

제2부 김백봉의 작품세계

부록

제1부
김백봉의 생애

1. 책을 시작하며

2014년 5월, 세상은 여객선침몰사건으로 온통 시끄럽고 혼란스럽다. 북한산 기슭에는 온갖 초여름 꽃들이 한창이다. 새들은 숲에서 노래한다. 아는 무용가로부터 올해 김백봉 선생이 미수(米壽)를 맞았다는 이야기를 들었다. 선생의 <부채춤>과 <화관무>가 마치 영화의 한 장면처럼 머리에 떠오른다. 필자는 대학을 다니던 1960년대 전반기부터 '김백봉의 춤은 훌륭하다'는 말을 자주 들었고 춤을 감상할 기회도 몇 번 가졌다. 우아하고 활기에 넘치던 춤의 기억은 금년 여든여덟 살, 선생의 나이를 좀처럼 실감할 수 없게 한다. 이 글에서는 객관적인 서술을 위해 '선생'이라는 존칭을 생략하기로 한다. 다만, 김백봉이 존경하는 인물들의 경우는 '선생' 칭호를 사용하기로 한다.

공연예술사를 연구하는 필자로서, 청년시절부터 본, 어렴풋하나마 김백봉이 남긴 춤의 감동이 이 책을 쓰게 하는 최초의 동기이다. '김백봉의 춤은 훌륭하다'는 말의 참뜻은 무엇일까. 썩 좋아서 나무랄 곳이 없는 대상을 우리는 훌륭하다고 한다. 나무랄 데 없이 수준 높은 춤을 춘 무용가가 바로 그녀였다는, 일반적인 반응을 집약한 말이지만, 훌륭하다는 춤의 실체는 언제나 모호하고 막연하다. 그래서 선생의 창의력이 진정 무엇인지를 찾아보려는 의도가 이 책을 쓰게 하는 두 번째의 동기이다.

김백봉을 생각하면 동시에 떠오르는 이름이 무용가 최승희이다. 1941년 6월부터 1950년 10월까지 그녀는 최승희의 수석제자로 지냈다. 오늘날에는 다시 찾기 어려운 스승과 제자의 관계이다. 무용의 학습으로부터, 제작과 공연, 창작과 교육활동, 심지어는 가족관계와 일상생활까지 최승희와의 긴밀한 관계 및 지도 아래에서 스물세 해 젊은 시절을 보냈다. 두 말할 필요도 없이 최승희는 우리 신무용(新舞踊)의 선구자이다. 이시이 바쿠(石井漠)라는 일본 신무용가의 제자로 무용을 시작했고, 그의 충고에 힘입어 그녀 나름의 창작에 뛰어들었다.

김백봉은 스승 최승희의 교육과 지도, 협력을 바탕으로 무용가가 되었다. 두 사람이 우수한 무용수이자 안무가의 자질을 겸비한 점도 유사하다. 그러나 스승과 같이 출발한 그녀의 무용은 점차 작품이 다르고 창작방법이 다르고 춤사위의 이미지가 달라졌다. 따라서 관객에게는 개성 짙은 춤을 통해 최승희와는 다른 신선미와 감동을 제공했다.

김백봉의 춤은 조선 후기 조희룡(趙熙龍)과 같은 추사체(秋史體)의 아류가 아니다. 추사 김정희(金正喜)의 제자인 조희룡은 스승의 글씨와 구별할 수 없을 정도로 잘 썼지만 독창성이 없는 모사체, 모방체였다. 그래서 지금 그를 기억하는 사람이 별로 없다. 김백봉의 무용은 독자적인 신무용으로 우뚝 섰다. 모방하면서 창작하는 것이 예술인데, 어느 지점에서 어떻게 달라졌는가. 이렇게 스승과 제자의 개성이 무엇인지를 밝혀 보려는 의도가 이 책을 쓰게 하는 세 번째 동기이다.

청소년기에 김백봉은 일본과 중국, 몽고, 러시아를 오가며 동서양의 무용에 대한 이해를 넓혔다. 광복 이후에는 식민지시대와 조국의 독립에 대한 역사적 비전을 갖게 되었다. 그리고 분단으로 빚어진 조국에서 평양 생활과 월남행을 통해, 아울러 비극적인 6.25전쟁 체험을 통해 자유민주주의와 고전적 전통의 참다운 가치, 예술의 정신에 대한 소중한 철학을 깨닫고 발견했다.

김백봉이 스승과 차별화된 무용을 착상하게 된 것은 이러한 폭넓은 현실적 체험과 수련, 정신적 전통의 발견과 끈질긴 창조적 탐구에 기인한다. 결코 모방이나 재현, 재능이나 기교로 끝난 춤이 아니다. 김백봉의 춤이 '우리 신무용의 르네상스'로 비유되는 것은 이런 이유일 것이다. 이러한 필자의 관점이 실체적 진실인가 하는 점을 밝혀보려는 것이 이 책을 쓰게 하는 네 번째 동기이다.

1951년 1.4후퇴 때 월남한 이후 김백봉은 남한의 무용계를 폭넓게 섭렵했다. 무용연구소를 열어 지속적으로 창작 발표를 하며 후학들을 가르쳤다. 서라벌예술대학 무용과에서 사회적인 자격을 갖추었다. 1965년에는 10여 년간 전임강사를 역임해 온 수도여자사범대학(현 세종대학교) 무용과를 떠나 경희대학교 무용과 조교수에 임명되었다. 오랜 수련과 창작, 교육활동을 통해 김백봉은 한국무용의 교육원리와 방법을 체계화했다. 무용가로서뿐만 아니라 교육가로서도 그녀의 업적은 탁월했다. 이런 측면을 사람들에게 소개해 보려는 것이 이 책을 쓰는 다섯 번째 동기이다.

김백봉의 춤에서 받은 소박한 감동, 그녀의 창의력에 관한 궁금증 풀기, 김백봉과 최승희 신무용의 차이점, 신무용의 르네상스로서 김백봉의 위상, 그리고 무용교육가로서의 업적 등을 종합해 하나의 논술로 집약하려는 필자의 의지는 이 책을 「김백봉 평전」(評傳)으로 집필하는 것이 가장 바람직하다는 마음으로 굳어졌다. 이미 김백봉에 대한 논저가 상당수 출간되었지만 필자 나름의 시각을 통해 감히 평전을 서술하기로 한다.

예술가의 전기는 포괄적 연대기, 문학적 초상화, 유기적 전기 등으로 나눌 수 있다. 포괄적 연대기(chronicle compendium)는 수집한 모든 자료를 가능한 취사 선택하지 않고, 시간상의 선후에 따라 배열하며, 사이사이에 약간의 연결적 설명을 붙여 놓은 하나의 소개서에 해당한다. 문학적 초상화(Literary portrait)는 성격 스케치, 프로필이라 달리 말할 수 있다. 배경 설명은 최소한도로 줄이고, 예술가의 성격 양상들만을 묘사한 것이다.

이러한 전기에 대하여, 유기적 전기(organic biography)는 흔히 평전을 일컫는다. 저자가 선택한 자료들을 용해한 다음, 저자가 해석하는 방향으로 예술가의 정신적 모습을 재구성한 것이다. 먼저 예술가가 창작한 모든 작품을 대상으로 대표작을 선별하고, 그 작품들을 대상으로 하는, 동시대적 가치와 고전적(이월적) 가치를 밝힌다. 평전의 주 내용은 이러한 대표작이 그 작가의 정신세계, 심리, 환경, 제도, 예술적 방법, 기술 수준, 공연예술적 여건 등과 어떻게 관련되어 있었고, 뛰어난 창조력은 어떻게 이루어졌는가를 유기적으로 서술한 비평적 전기를 일컫는다.[1)]

이 책은 무용가 김백봉이 우리 무용사의 전개에 얼마나 훌륭한 작품을 창작해내었는가. 현실 속에서, 나아가서는 미래지향적인 관점에서, 그러한 작품들이 어떤 의미와 의의를 갖는가 하는 사항들을 종합적으로 밝혀내려는 작업이다. 김백봉 다음으로 과연 그 누가 그녀의 창작을 넘어선 작품을 내놓았는가 하는 질문에 우리는 응답할 수 있어야 한다. 아울러 이러한 필자의 작업은 오늘날 우리 무용 및 무용계가 제대로 된 작품이나 바람직한 미래를 향한 창작에 매진해야 한다는 일종의 고언(苦言)이 되기를 진정 바란다.

■ 첨가

이 평전을 기술하는 데 기본 자료로 이용된 것은 다음과 같다. 각주에서 이 기본 자료는 「약칭」으로만 표기하기로 한다.

자필자료(1954-1), 발표회의 의욕, 동아일보, 1,1.

자필자료(1954-2), 무용과 나, 조선일보, 11,25.

자필자료(1955), 고전무용의 현대화, 문학예술사.

자필자료(1964), 캄보디아의 훈장, 동아일보.

자필자료(1971), 한국무용 동작이 지니는 내적 배경, 이화여자대학교 무용학회.

자필자료(1972-1), 최승희와 나, 북한연구소.

자필자료(1972-2), 무국적(無國籍) 시비에 관한 소견, 계간 한국무용.

자필자료(1973), 뮤지컬과 우리 현실, 현대연극 5호.

자필자료(1976), 봉산탈춤무보 서문, 한국문화예술진흥원.

자필자료(1979), 춤 인생 40년, 주간여성.

자필자료(1984), 일본의 가원제도(家元制度)가 전통보전에 미친 영향 연구, 경희대학교 한국체육과학연구소.

자필자료(1987-1), 내폐성(內閉性) 형식미조형의 사적 배경에 관한 연구, 한국무용사.

자필자료(1987-2), 내폐성(內閉性) 형식미조형의 사적 배경에 관한 연구(2), 한국무용사.

자필자료(1988), 내폐성(內閉性) 형식미조형의 사적 배경에 관한 연구(3), 한국무용사.

자필자료(1990), 한국무용 형(型)개념의 원리분석, 경희대학교 체육과학연구소.

자필자료(1993), 피난지에서 만난 거리의 명인들, 샘터사.

자필자료(1994), 좋은 날의 안무 추억, 서울올림픽의 묻혀진 이야기, 고려서적주식회사.

구술자료(2000), 김백봉과 문애령의 대담, 불광동 김백봉춤보전회, 문애령, 한국 현대무용의 인물들, 눈빛, 2001.

구술자료(2005) 김백봉과 김말복 · 성기숙 대담, 김백봉무용연구소, 2005.

구술자료(2008), 김백봉과 유인화의 대담, 홍은동 커피숍, 춤과 그들, 도서출판 동아시아, 2008.

구술자료(2009), 김백봉과 안병헌의 대담, 수시로 모친에게 청취한 내용/ 안병헌, 지칠 줄 모르는 생명력, 도서출판 이안에, 2009.

구술자료(2014), 양성옥 · 이명신 · 안병헌과의 대담, 서울 은평구 구산동 자택. 이 책의 부록 참조.

2. 소녀의 꿈

김백봉의 본명은 김충실(金忠實)이다. 어른이 되어 나라에 충성하고 훌륭한 결실을 맺으라는 뜻에서 부친이 지어 부른 이름이다. 후일 백봉(白峰)이라는 예명과 취봉(翠峰)이라는 아호를 얻었다. 무용가로 유명해져 김백봉이 본명처럼 된 것이다. 그녀는 충실이라는 본명을 좋아한다.[1)]

김백봉은 1927년 2월 12일 평안남도 강선군(降仙郡) 초리면(草里面) 포리(浦里) 기양(箕陽)에서 부친 김병삼(金炳三)과 모친 배보규(裵寶圭) 사이에서 4남 3녀의 맏이로 태어났다. 기양은 평양에서 진남포로 가는 도중에 있는 마을이다. 부친은 넉넉한 집의 막내아들이었다. 집의 머슴이 학교까지 따뜻한 도시락을 가지고 올 정도로 어린시절에 호강하며 자랐다. 그러나 할아버지의 갑작스런 사망으로 가세가 기울어 부친은 큰누나(김백봉의 큰고모)의 보살핌을 받으며 자랐다.

큰고모는 부농집의 재혼 자리로 시집을 갔다. 시집가는 날, 치마를 붙잡고 울어대는 어린 막내동생을 두고 차마 갈 수 없었던 큰고모는 시집의 양해를 얻어 동생을 데려 갔다. 누나네 집에서 성장한 부친은 어릴 때부터 자립심이 강했다.

부친은 큰고모네 별채에서 모친과 결혼해 살았다. 한학을 독학했다. 모친은 강직하면서도 고운 자태를 지닌 여인이었다. 어린 시절 양가의 부모가 예물까지 주고 받으며 혼인을 약속한 사이였으므로 어려운 형편임을 알면서도 김병삼에게 시집을 오게 되었다. 김백봉 역시 모친의 닮아 어린 시절부터 자존심이 강했고 남에게 지거나 아쉬운 부탁을 하지 않는 성품이었다.

부친은 기양에서 진지동까지 기차로 두 정거장 되는 거리의 배달일을 하며 새 가정을 시작했다. 어려운 살림이라 모친은 차디찬 방에 누워 어린 조카(큰아버지의 딸)에게 심부름을 시키며 맏딸 김백봉을 낳았다. 딸이 태어나자 부친은 조부의 산소를 찾아가 땅을 치며 울었다. 가진 것은 아무것도 없고 누님 집에 얹혀사는 처지에 자식마저 태어나 장차 살아갈 길이 막막했던 까닭이다. 그리고 자식을 잘 크게 해 달라고 간절히 절을 올렸다.

부친은 고모집 근처에 새 집을 짓고 이사했다. 모친은 동생들도 거의 혼자 낳았다. 김백봉은 어린 동생들을 돌보고 그들과 어울리며 언니 노릇을 했다. 언제나 자애 깊고 강직한 어머니는 그녀의 반면교사였다. 마을 사람들은 인정이 많고 순박하고 예의 바른 이웃이었다. 성격이 활달한 어린 그녀를 몹시 아끼고 사랑해 주었다.[2)]

김백봉은 동네 아이들과 산으로 들로 냇가로 하루 종일 뛰어다니며 놀았다. 무지개를 붙잡는다며 산위로 달렸다. 흐르는 구름을 따라 들판을 달렸다. 수정 같이 맑은 시냇물에 발을 담그면 마치 애무하듯이 물결이 발을 씻어 주었다. 오디, 깐부기, 산딸기며 나무열매를 따먹는 것이 그녀의 군것질이었다. 기양의 아름다운 자연환경과 농촌 생활은 후일 그의 창작에 큰 영향을 끼쳤다. 또한 그녀에게 아름다운 상상력을 키워 주었다.[3)]

부친의 직장 때문에 가족은 기양에서 평양으로 올라와 대동강 근처로 이사했다. 시내에서 배를 타고 건너가는 마을이었다. 흔히 그녀의 고향이 평양이라 하는 것은 이런 이유이다. 그녀는 어린 동생을 업고 놀아야 했다. 동네 아이들과 모래사장에서 뛰어놀았다. 강변이라 홍수가 지면 놀랍고 진기한 사건이 자주 일어났고, 김백봉은 마을에서 일어난 사건이라면 모두가 자기 일인 듯이 분주하게 뛰어다녔다.

부친은 일본인 소유의 금융조합(현 은행)에서 소사(잔심부름꾼)를 하며 일본어를 열심히 익혔다. 그의 목표는 운전사 면허를 따서 독립하는 것이었다. 남은 가족을 외가에 두고 떠난 부친은 한동안 돌아오지 않았다. 어린 김백봉은 그때의 심정을 이렇게 회고했다.

"아버지가 너무 보고 싶었다. 속옷 차림으로 그대로 외가집 대문을 박차고 나왔다. 뽕나무 밭을 지나 우물까지 힘껏 달렸다. '아빠, 빨리 오세요!' 온 힘을 다해 소리 질렀다. 메아리가 울려 퍼졌다. 그러나 아버지의 대답은 없고 늑대의 울음소리만 들렸다. 석양이 지는 붉은 하늘을 배경으로 멀리 둑에서 배고픈 늑대들이 어슬렁어슬렁 왔다 갔다 했다. 너무 무서워서 정신없이 다시 집으로 뛰어들어 왔다."

부친은 유창한 일본어 실력으로 운전 실기와 자격시험을 통과했다.

그리고 진남포소방서 불자동차 운전사로 취직했다. 이렇게 부친이 열심히 노력하는 모습은 딸을 감동시켰다.[4)]

아직 유치원에 가기 전으로 기억한다. 평양 시내에 자동차가 두 대 밖에 없던 시절에 부친은 큰 회사 사장의 운전기사였다. 콘스타지요라는 외국인 회사였다. 여섯 살 무렵 어느 날 밤, 잠이 들었다가 문득 깨었다. 부친의 손에는 사진 3장이 들려 있었다.

최승희(崔承喜 1911-1969)의 흑백 사진이었다. 부친은 평양시내에서 최승희의 공연을 보고 온 것이었다. 김백봉은 최승희 같이 훌륭한 사람이 되고 싶다고 생각했다. 사진을 보면서 처음 무용에 눈을 뜨게 되었다.[5)]

집 앞에 교회가 있었다. 기독교 가정은 아니지만 그곳에 가서 배우고 아이들과 노는 것이 즐거웠다. 당시에는 춤을 추고 노는 것을 유희라고 했다. 크리스마스에는 발표회도 했다. 1934년에 이렇게 유치원을 마치고 이듬해 경림학교를 다녔다. 소학교(이전의 보통학교) 과정이었다. 그러다가 평양사범부속소학교로 옮겼다. 5학년 때 가사를 가르치던 양(梁) 선생에게 율동적인 춤을 좀 배웠다. 가사시간에 바느질이며 간간한 옷을 만드는 것을 다 배웠다. 월남 이후 가끔 만났던 박애주(전 숙대 교수), 박정숙(동대문시장 방직물 도매상)은 소학교 동창생이었다.[6)]

소학교 시절 김백봉의 별명은 두 가지였다. 집에서는 덜레발이, 학교에서는 사무라이(무사)라고 불렀다. 잠시도 가만히 있지 않고 잽싸게 돌아다니거나 행동이 얌전하지 않고 덜레덜레 수선을 피우는 아이였기 때문이다. 다리나 계단을 지날 때는 난간을 타고 다닐 정도로 몸짓이 날렵했다. 사무라이라는 별명은 속눈썹이 진하고 갈매기 눈썹에 털이 많았던 까닭이다. 일본 무사의 외모를 닮았다는 비유였다. 다른 아이들보다 성적이 우수하고 달리기도 잘하고 신의를 잘 지키는 학생이었다.

김백봉의 달리기에는 애련한 추억도 남아 있다. 소학교에서 소풍을 갔다 돌아올 때 벌어진 사건이다. 담임선생은 아이들에게 논두렁 사이를 돌아오는 경주를 시켰다. 너무 빨리 달리는 김백봉을 담임은 미처 보지 못했다. 이미 결승점에 와 있었는데, 선생은 2등을 한 아이에게 1등상을 주었다. 그 아이를 1등으로 오인한 것이다. 김백봉의 주장에도 담임선생은 끝내 믿지 않았다. 그날의 상품으로 돈보(잠자리)표 연필을 받지 못한 것이 못내 아쉬웠다.7)

소학교를 졸업하고 기독교 계통의 학교에 지원했다. 그런데 입학하지 못했다. 면접밖에 없는 시험인데, 그 면접에서 낙방한 것이다. 면접을 보러 가기 전에 부친은 그녀를 데리고 남자 이발소에 갔다. 머리를 단발로 자르고 잔털이 많다고 눈썹까지 밀었다. 당시 남성들이 흔히 하던 관습이었다. 면접 선생은 그녀의 그런 모습을 불량스럽게 여겼다. 그러나 낙방의 실제 이유는 목사의 교인증명서를 제출하지 않았던 것이다. 어릴 때 교회를 다녔지만 지속적으로 다니지 않았기에 증명서를 낼 수 없었다.

1940년에 2년제 평양명륜실업학교에 입학했다. 말 그대로 실업학교여서 주산(주판으로 하는 계산), 부기(단식, 복식), 회사업무, 체육, 교련 같은 것을 배웠다. 체육선생님은 배구를 가르쳤는데, 짜장면을 사 주셔서 처음 먹어 보았다. 몸이 날렵했던 김백봉은 배구를 썩 잘 했다.[8)]

소학교, 실업학교를 다니며 최승희를 잊어 본 적이 없었다. 부친이 가져 온 그녀의 사진, 급우들이 구해 온 사진들을 모아 방안의 벽에 전시회를 하듯이 붙여 놓았다. 그림엽서만한 사진들이다. 최승희가 인쇄된 광고사진도 들어 있었다. 잠이 들면 꿈에 최승희의 환시가 보일 정도로 오매불망했다. 부친에게는 최 선생에게 보내 달라고 자꾸 졸랐다. 부친 역시 '최 선생이 미국에 가 있다'고 하며 안타까이 여겼다.[9)]

어린 김백봉은 당시의 심정을 이렇게 기억했다.

"밤 하늘의 별이 너무나 아름다웠다. 별이 하늘에 가득해 꼭 쏟아져 내릴 것만 같았다. 별을 보며 장래를 생각해 보았다. 최승희처럼 훌륭한 사람이 되고 싶다고 별에게 속삭였다. 꼭 그렇게 될 거라고 다짐해 보았다."[10)]

여기서 잠시 최승희의 활동을 살펴보기로 한다. 실제로 최승희는 1937년 12월에 요코하마에서 샌프란시스코행 배를 타고 미국 공연을 떠났다. 이듬해 12월에는 뉴욕에서 파리행 배를 타고 프랑스로 갔다. 파리 공연을 마치고 벨기에의 브뤼셀, 남프랑스의 칸느, 마르세유, 스위스의 제네바, 로잔, 이탈리아의 로마, 피렌체, 밀라노, 남독일, 네델란드, 다시 브뤼셀과 안트웨르펜, 브뤼셀, 네델란드의 헤이그, 파리 등지에서 공연했다.

1939년 12월에 남프랑스에서 다시 뉴욕으로 갔다. 뉴욕, 시카고, 로

스엔젤레스, 샌프란시스코, 브라질, 우르과이, 아르헨티나, 페루, 콜롬비아, 멕시코, 칠레 등지에서 공연하고 1940년 12월에 일본으로 돌아왔다. 1938년 뉴욕 체류 시에는 '일본 홍보요원'이라는 오해로 심리적 고통을 받았고, 이듬해 콜롬비아에서는 '국제 스파이'라는 오해로 수난을 겪기도 했다.[11]

최승희에 관한 꿈 이야기 한 가지를 소개하기로 한다. 4살 아래 남동생 서균이 학교에 입학하자 부친은 란도셀(외래어 ransel)이라는 누런 가죽책가방을 사 주었다. 김백봉은 아직 보자기를 어깨에 둘러 책가방으로 사용하던 때였다. 부친에게 같은 가방을 사 달라고 졸랐다. 부친은 일본에 따로 주문해 놓았다고 했다. 기다려도 기다려도 그 가방은 오지 않았다. 가방을 포기할 만큼 시간이 지났을 때, 어느 날 밤 꿈속에서 최승희라는 무용가가 그 가방을 가지고 나타났다. 왼쪽 머리맡에 앉아 머리를 쓰다듬어 주며 '공부 잘하라'고 격려했다. 아침에 자리에서 일어나 보니, 정말 그 책가방이 놓여 있었다.[12]

1941년 4월, 명륜실업학교 2년생일 때 진남포 중락관에서 최승희가 공연한다는 소문이 퍼졌다. 김백봉은 부친에게 그 공연을 보러 가지 않느냐고 물었다. 부친은 무언가 생각하는 눈치였지만 선뜻 간다고 하지 않았다. 회사의 월급쟁이니 사정을 두고 봐야 알겠다고 했다. 실망은 이만저만 아니었다.

그러던 어느 날 담임선생이 교장실에서 김백봉을 부른다고 전했다. 교장실에 가보니 뜻밖에도 부친이 와 있었다. 교장과 부친은 이미 충분히 이야기를 나눈 분위기였다. 학교를 조퇴하고 극장에 가도록 허락해 주었다. 다만, 학생들은 극장에 드나들 수 없던 시절이므로 학교 교표를 떼고 교복인 세라복(세일러服, sailor suit complex에서 유래)의 넥타이를 풀고 부친과 함께 가야한다고 했다.[13]

최승희 공연 때문에 평양에서 진남포까지 특별열차가 운행되었다. 평양에서 가는 사람이 많았기 때문이다. 본래는 평양 공연도 하기로 돼 있었는데, 조선인들의 군중집회를 사전에 방지하기 위해 진남포에서만 한다는 소문이 돌았다. 특별열차라야 모두 좌석이 있는 객차가 아니라 소나 말을 싣고 다니는 짐칸을 임시로 이용한 수준이었다. 부친의 사전 노력이 있었던 것이 분명했다. 최승희 공연을 주최하는 매일신문사의 기자와 함께 가족은 그곳으로 갔다. 그날 공연에서 가장 오래 동안 인상에 남는 작품은 <보살춤>이었다. 손이 위에서부터 직선으로 똑 바로 내려와 두 줄로 갈라지는데 너무나 숭고하게 보였다.[14]

남미에서 돌아 온 최승희는 1941년 2월 도쿄에서 공연했다. 조선에서 국악사 4인을 초빙해 전통적인 조선무용에 어울리는 작품들을 공연했다.[15] 그리고나서 일본 각지를 순회한 뒤에 조선 및 만주 공연을 했다. 진남포에서 김백봉이 본 공연은 바로 이 순회공연이었다.[16]

김백봉은 당시의 감회를 이렇게 회고했다.

"표를 구하기 어려웠다. 집 전세를 월세로 바꿔야 했다. 표값이 그렇게 비쌌다. 그때 한 사람 표값으로 무대조명의 외제 전구(電球)를 살 수 있을 정도로 비쌌다. 그래도 최승희 춤은 봐야 한다고 생각했다.

3층 꼭대기에 앉아 있었는데, 너무나 행복하고 하늘에서 선택 받은 것 같았다. 빨간 치마에 흰저고리 입고 '한강수야…' 하면서 짧은 수건으로 허리끈를 질끈 매고 추는데, 최 선생이 나만 쳐다보는 것 같았다. 객석의 모든 사람들이 다 그렇게 생각했을 것이다. 그냥 하나의 춤, 무용이 아니라, 민족적 긍지를 느끼며 귀하게 여겨야 하는 가치를 느꼈다."17)

공연이 끝나고 일행은 관객들이 모두 나갈 때까지 객석에서 기다렸다. 무대 위에서는 최승희를 비롯한 스태프들이 뒷정리를 하느라 분주하게 움직이는 모습이 보였다. 어느 정도 정리가 끝나자 김백봉 가족과 동행한 신문기자가 면담 신청을 했다. 비서로 보이는 뚱뚱한 여자가 무대 옆 분장실로 가서 '그 아이가 왔습니다' 하는 소리가 또렷하게 들렸다. 나중에 안 일이지만 그 비서는 최승희의 제자 히사코(ひさこ)였다.

'그 애는 안 된다 했잖아.' 안에서 최승희의 목소리가 들렸다. 그 짧은 순간, 목소리를 들은 김백봉의 심정이 어떠했을까는 상상하기 어렵지 않다. 눈앞이 한치도 보이지 않았을 것이다. '그 애가 아니고 다른 애예요.' 비서가 재빨리 대답했다. '알았다'는 최승희의 대답을 듣지도 못한 채 김백봉은 기자와 부친을 따라 분장실로 들어갔다. 일생의 스승을 처음 보는 순간이었다.

최승희는 김백봉의 나이를 물었다. 열네살의 피어나는 소녀였다. 나이를 말하자 '키가 크구나' 했다. 부친은 준비해 온 호적등본을 내밀었다. 그때 곁에 있던 최승희 부군 안막(安漠)이 '야! 조선사람이다' 하고 반겼다. 최승희는 김백봉의 몸을 좀 더 자세히 살폈다. 그리고 당신의 팔을 앞으로 쭉 뻗으며 '이렇게 손을 내밀어 봐' 하고 말했다. 그대로 따라서 했다. '갈매기 팔이 아니라서 됐다'라고 하셨다. 두 팔을 곧게 앞으로 펴면 팔이 뒤집히는 사람들이 있다. 그런 경우가 갈매기 팔이라는 말이었다. 그 자리에서 후일 선배언니가 된 장추화(張秋華 1921-미상)가 와서 김백봉과 함께 키를 대조해 보기도 했다.

장추화는 어떤 무용가인가. 최승희의 제자인 장추화는 중국 공연에 동행했다가 1945년 2월 경에 고향인 황해도 해주로 돌아갔다.[18] 광복 후 그녀는 서울로 와서 삼청동에 창고를 비운 무용연구소를 내었다. 1946년 5월에 제1회 무용발표회를 열었다. 그후 동숭동 경성제국대학(현 대학로) 뒤로 연구소를 옮겼다. 모피장사를 해서 재산가가 된 김연만의 연인으로서, 이 남자 덕에 돈에 구애를 받지 않고 무용에 열중했다.

장추화는 일본에서는 최승희 이외에 최 선생의 권유로 이토 테이코(イトウテイコ)라는 일본계 2세에게 인도춤을 배웠다. 광복 후 송범(宋范 1926-2007)을 비롯한 많은 무용가들이 그의 연구소에서 춤을 배웠다. 1947년 11월에 제자들과 공연했고, 이듬해 10월에 제2회 무용발표회를 열었다. 최승희가 작성한 마리 뷔그만(Mary Wygman 1886-1973)에 관한 '노트'를 간직하고 있다가 송범과 함께 무용적으로 해석해 연구소에서 가르쳤다. 모던 댄스의 기초였다. 1950년 9월 24일에 서울에서 철수하는 인민군에게 이끌려 월북했다.[19]

김백봉 일행은 집으로 연락해 주겠다는 최승희의 말을 듣고 분장실을 나왔다. 기다려도 기다려도 소식이 없었다. 꼬박 두 달이 애타게 흘렀다. 드디어 답장이 왔다. 진남포를 떠나 각지를 돌고, 다시 중국으로 가서 베이징 등지를 돌다 보니 이렇게 답장이 늦었다는 것과 김백봉을 도쿄 최승희무용연구소로 보내라는 내용이었다. 준비해야 할 물품도 적혀 있었다. 김백봉은 떠나기 전날까지 학교에 등교했고, 무엇인가 봉사를 하고 떠나고 싶어 남들이 기피하는 재래식 화장실 청소를 매일 도맡아 했다. 초등학교 때는 청소부 부장이였고 여학교에 와서도 학교를 깨끗하게 하는 것을 좋아했다.[20]

부친은 최승희의 답장을 받았으면서도 딸의 마음이 들뜰까 봐 몰래 유학시킬 준비를 하고 있었다. 직접 가지고 갈 수 없는 물건들은 화물로 보냈다. 무엇보다 딸의 허영심을 경계했다. 어느 날, 부친은 딸을 앉혀 놓고 한지 2장과 붓을 내밀었다. 딸의 맹세지를 받기 위함이었다. 김백봉은 '일생 동안 무용을 하겠습니다'라는 서약을 붓글씨로 써 내려갔다. 맹세지(盟誓紙)는 기름그릇에 담아 말렸다가 부녀가 증표로 한 장씩 나누어 가졌다.

일제강점기 창씨개명은 1939년부터 시작되었다. 조선인은 일본식 이름을 사용해야 한다는 강제명령이었다. 광복이 되는 날까지 약 14%의 사람들이 창씨개명을 하지 않고 저항했다. 그러나 각종 사회활동으로부터의 제약과 불이익을 감내할 수 없었던 사람들은 어쩔 수 없이 이름을 바꾸었다.[21] 김백봉의 이름이 김포충실(金浦忠實 가네우라 츄지

쓰)이 된 것은 학교에 다니기 위한 개명이었다. 부친은 김자가 들어 있는 지명인 경기도 김포를 성씨로 채택한 것이다.

평양 시내에서 회사 사장의 운전사로 지내던 부친은 딸이 실업학교에 들어갈 무렵에 독립했다. 나가토구미(長門と組合)라는 운수회사에 자신의 트럭을 소유하게 되었다. 가정경제의 안정이 김백봉의 일본 유학을 가능하게 한 것이다. 유학을 떠난 이후 운수사업의 번창은 물론, 염료 연구를 하던 중 스스로 유화염(硫化染)을 개발해 판매소를 차렸고, 부친은 일약 재산가가 되었다. 어렵게 재산을 모은 다른 사람들과는 달리, 부친은 딸의 수학과 예술활동을 위해서라면 돈에 인색하지 않았다.

떠나기 전날, 부친이 학교로 데리러 와 급우들보다 먼저 교문을 나섰다. 2층에서 급우들이 수업하다 말고 창문으로 손을 내밀어 흔들었다. 집으로 오면서 부친은 가죽구두를 사 주었다. 뛸 듯이 기뻤다. 새신이 신고 싶어 고무신을 몰래 찢었다가 부친에게 혼쭐나고, 그 신을 바늘로 꿰매어 신고 다닌 적도 있었는데, 처음 신어보는 가죽구두는 정말 충격이었다.

집에서는 모친이 짐을 싸며 눈물을 훔치고 있었다. 모친이 우는 모습을 본 것은 처음이었다. 무안해서 곁에서 조용히 물러났다. 모친의 따뜻한 등에 업혀 겨드랑이 사이로 두 손을 내밀어 젖꼭지를 만지고, 모친이 베틀에 앉아 베를 짤 때 틀 밑에 대자로 누워 모친의 얼굴을 쳐다보며 웃던 어린 딸 충실이 어느새 자라 일본 유학을 떠나게 된 것이다. 모친이 흘리는 눈물을 보며 딸은 유학을 간다는 것을 실감하게 되었다. 마치 혼수를 장만한 듯이 고운 한복을 몇 벌 싸 주었다.

떠나는 날 아침, 7살 넷째 동생에게 예쁜 옷을 입혀 유치원에 데려다 주었다. 어려서 데리고 놀다 대동강물에 빠트려 죽일 뻔한 일이 마음에 걸려 손을 꼭 잡고 걸었다.

가족은 평양역까지 배웅을 나왔다. 담임선생님과 함께 몇몇 급우들도 배웅을 나왔다. 모두 섭섭하다고 눈물을 흘렸지만 김백봉은 울지 않았다. 울기는커녕 함박꽃처럼 환히 웃고 있었다. "충실아, 일을 찾아서 해라." 부친이 해 주신 말씀이었다.[22)]

부친은 김백봉이 탄 차 칸에 올라 옆자리에 앉은 점잖은 신사에게 부산까지 딸을 잘 보살펴 달라는 부탁을 하고 서둘러 내렸다. 나중에야 안 일이지만 그 신사는 기차에서 조선인을 감시하는 형사였다. 부친은 딸의 일본 유학을 위해 이미 신원조회를 받아 놓았던 것이다. 떠나는 기적 소리를 들으며 김백봉의 마음은 일면 이별의 아쉬움으로 서글프고 일면 신세계를 향한 내일의 꿈에 부풀었다. 그날 평양의 하늘은 몹시 푸르렀다.[23)]

3. 무용의 수학

1941년 6월 21일에 평양을 떠난 김백봉은 부산역에 내렸다. 부산항에서 일본으로 가는 연락선을 타고 시모노세키(下關)에 내렸다. 당시 두 항구 사이를 다닌다고 해서 관부(關釜)연락선이라 했다. 다시 시모노세키역에서 도쿄로 가는 기차를 탔다. 이렇게 2박3일을 시달린 끝에 도쿄역에 도착했다.

도쿄역에는 최승희의 8촌 동생인 최병인이 마중을 나왔다. 최병인은 누나의 보호로 도쿄에서 성장한 청년인데, 후일 학도병에 갔다가 폐가 나빠져 귀가했고, 광복 직후에 작고했다. 최 선생은 중국 공연에서 아직 귀가하지 않은 상태였다.[1)]

식사시간이 되어 식탁에 가서 앉았더니 일하는 아줌마가 '네 밥그릇과 수저는 없다. 네가 장만해라'라고 했다. 그 길로 밖으로 나가 네거리 상점에서 그것들을 골라 샀다. 때마침 비가 내려 길바닥은 축축하고 질퍽질퍽 했다. 연구소로 들어와 비로소 식사를 할 수 있었다. 부친이 사 준 가죽구두가 물에 젖어 엉망이 되었다. 숯불화로에 말리려고 놓아두었는데, 깜박 잊은 사이에 그만 태워 버려 다시는 신을 수 없게

되었다. 이런 일들로 그녀는 첫날부터 타향살이의 아픔을 체험했다.[2)]

후일 김백봉의 부군이 된 안제승은 그녀의 첫인상을 이렇게 기억했다.

"형님(최승희의 남편 안막)의 사전 선전이 굉장했어요. 절세미인이 온다고 했거든요. 나이 어린 소녀일 거라고는 생각하지 못했죠. 그런데 막상 나타난 소녀는 새까만 살빛에 눈빛이 초롱초롱한 아가씨였죠. 별다른 인상을 받지 못했어요."[3)]

선생이 중국에서 귀가했다. 김백봉은 부친이 떠나올 때 준 돈을 그대로 선생에게 내놓았다. 선생은 은행통장에 그 돈을 넣어 그대로 되돌려 주었다. 필요할 때 사용하라 했지만 부모님이 고생하는 모습이 떠올라 도저히 돈을 찾아 쓸 수 없었다. 부친은 일체의 생활비와 학비, 그리고 여학교의 등록금 등을 직접 선생에게 송금했다.

부친의 편지는 일주일마다 도착했다. 편지에는 선생 앞으로 보내는 내용을 먼저 적고, 거기에 붙여서 '충실이 보아라' 하는 당부와 격려의 말씀을 주었다. '이제부터는 최승희 선생이 너의 부모님이다.' 딸에게 하고 싶은 말을 참고, 딸의 성공을 간절히 기원하는 심정을 에둘러 몇 마디 적은 편지들이었다. 그러나 전쟁 말기 도쿄에 폭탄이 떨어지는 데도 돌아오라는 편지가 없어 한편 부친께 섭섭했다.[4)]

또한 부친의 이런 말씀도 기억에 남았다. "사람은 누가 시켜서 하는 일보다 시키지 않는 일을 스스로 찾아서 하는 것이 올바른 사람이 될 수 있는 기본이다. 네가 이 말을 잊지 않고 실행할 때 성공을 위한 커다란 힘이 될 것이다." 전통적인 유학의 가르침인 성의(誠意) 진심(盡

心)의 실천을 강조한 맹자의 말씀 그대로였다.[5)]

딸을 유학 보내 놓고 부친은 할머니께 인사도 갈 수 없었다. 기생들이나 하는 춤 공부를 시킨다고 야단을 쳤기 때문이다. 유학을 하고 있을 때 역시 도쿄에서 유학하던 큰아버지가 조카를 찾아왔다. 그리고 왜 하필이면 무용을 공부하느냐, 배울 만한 것이 있느냐 하고 이것저것 물었다. 김백봉은 이런 백부의 질문 때문에 그를 몹시 미워하게 되었다. 그러나 그것은 오해였다. 뒤에 들은 이야기에 의하면, 고향의 부친에게 백부는 '직접 만나서 보니, 조카는 진심으로 공부를 하려는 것 같다'라고 편지를 썼다고 한다.[6)]

도쿄에 있는 5년제 마쓰카게(松蔭)고등여학교(조선의 고등보통학교와 구별해서 사용했다)에 편입학했다. 6월에 도쿄로 가서 9월에야 여학교에 다니게 되었다. 그 사이에 집에서는 전혀 해 본 적이 없는 청소, 빨래 같은 가사일들을 배웠다. 1944년 3월 말에 제1본과(本科) 과정 졸업장을 받았다. 평양명륜실업학교 과정까지 합해 5년이 된 셈이다.

마쓰카게는 뜻으로 읽는(訓讀이라 한다) 일본 명칭이다. 음으로 읽는 발음(音讀)은 '쇼인'이다. 일본 근대화의 선구자인 요시다 쇼인(吉田松陰 1830-1859)이 죠슈번(長州藩)에 쇼카손주쿠(松下村塾)이라는 사설학교를 개설하고 청년들을 가르쳤던 그 정신과 교명에서 유래한 것이다.

학교를 다니며 연구소에서 기거하는 제자로 생활했다. 당시 수미꼬미(더부살이) 제자, 우찌데시(內弟子)라 했다. 연구소에서 처음부터 최

선생의 지도를 받는 것이 아니라 선생의 제자 언니들, 즉 고참 선배가 기초를 가르쳐 주고 연습시켰다. 학교는 전철로 통학했다. 학교에서 연구소에 돌아오면 해야 할 공부 이외에 집안 정리와 정돈, 청소, 빨래, 부엌일 돕기, 심부름 등 매일매일 허드렛일이 그녀를 기다리고 있었다. 가끔 새벽 동이 틀 무렵에 선생의 몸을 주무르는 일과(안마)도 있었다.[7]

평양에서 보통학교 가사시간에 배운 복부 마사지를 응용해서 선생에게 안마를 해 드렸다. 선생을 안마하는 시간은 유일하게 대화를 하는 시간이기도 했다. 선생은 내일의 일과, 해야 할 과제 등을 알려 주었고, 물어보는 말에 나름대로 답변을 해야 했다. 또한 이 시간은 인체에 대해 공부하는 시간이었다. 선생의 몸을 주무르며 근육과 경혈(經穴), 경락(經絡) 자리를 이해할 수 있었다.[8]

나중에야 안 일이지만 선생의 연구소에는 조선에서 막연한 꿈을 가지고 가출해 찾아오는 청소년들이 적지 않았다. 일단 연구소에 오면, 가진 돈이 있건 없건 숙식을 제공해야 했으므로 자기 식기와 수저를 준비하는 것이 우선이었다. 누가 찾아올지, 언제 올지 알 수 없었고, 다른 사람이 한 번 사용한 것은 다시 사용하지 않았으므로 아줌마의 관리는 냉정했던 것이다. 연구소의 기초훈련은 고되고 엄격했으므로 대개 무작정 찾아온 젊은이들은 며칠 견디지 못하고 떠나는 것이 상례였다. 김백봉은 비교적 선생의 말기 제자였으므로 동기생에 해당하는 친구가 없었다. 그래서 허드렛일이 많기도 했다.

연구소는 2층 건물이었다. 넓은 대지에 마당에는 잔디밭이 있었고, 아래는 언덕이었다. 연습실은 1층 별채였고, 2층 본채에는 1층에 악사 선생님들의 방, 식당과 응접실 등이 있었다. 방이 몇 개 있었는데, 선생과 김백봉의 방은 2층에 있었다. 김백봉의 방에서 창문을 열면 아래 주변에 논이 보이고 멀리 후지산(富士山)도 보였다.[9] 선생 부부가 직접 지은 도쿄 교외 에이후쿠쵸(永福町)의 연구소였다.

김백봉은 매사에 열심히 했다. 선생과 같은 무용가가 되어야 한다는 초심을 잊은 적이 없었다. 어느 날, 학교에서 돌아오니 선생은 응접실에서 바바리코트를 입은 신문기자와 이야기를 나누고 있었다. '차를 내오라' 해서, 끓여서 찻잔을 쟁반에 들고 나갔다. 선생은 그 청년에게 말했다. '이 아이가 장차 세계적인 무용가가 될 텐데, 자네가 차를 얻어 마시니 영광이다'라고 했다. 이 말에 김백봉은 선생에게 인정받게 된 것이 기뻤고, 한편으로는 큰 책임감을 느꼈다.[10]

선생은 기초를 열심히 하라고 언제나 강조했다. 하리타 요코(針田陽子)라는 일본인 선배 무용수가 가르쳐 주었다. 처음에 1번에서 5번까지의 발레기본이었다. 먼저 포지션, 바(bar) 붙잡고 다리 들고 하는 것, 그렇게 하고나면, 다음에 바에 다리 올려놓고 하는 것, 진짜로 몇 가지만 배워 완전히 할 때까지, 아침부터 밤까지 그것만 했다.

그 다음에 걷는 발레를 했다. 바에서 떨어졌다고 바로 아라베스크를 하지 않고, 5번 포지션에서 바로 서서 움직일 수 있도록 했다.[11] 어떤 때는 아라베스크를 그랑까지 서른 몇 번을 하면 다리가 막 떨렸다.[12]

처음에 선생은 연구생들에게 칭찬을 하지 않았다. 무용연구소는 지금의 학원이나 학교 체계가 아니었다. 최승희는 공연을 우선시했고, 제자들을 가르쳐주는 것이 아니라 스스로 깨닫도록 놔 두었다. 기초를 다지는 데 중점을 두고 어느 정도 성장을 하면 현대무용 기본을 했다.

모던 댄스(현대무용) 기본수업은 대강 대강의 순서를 기억한다. 바닥에 엎드려 기어가는 것, 발목운동, 허리를 넘기는 것, 일어서서 허리꺾기 등이었다. 좀 알게 될 때 남방무용을 배웠다. 그래서 손가락을 쓰는 것, 발가락을 손의 움직임처럼 하는 것, 목을 움직이는 것, 이렇게 움직이는 연습을 따로 시켰다. 조선 춤은 굿거리장단으로 앞으로 걷기, 뒤로 걷기, 옆으로 걷기 등 걷기동작을 가르쳤다.[13)]

모던 댄스의 여러 가지 자세, 컨트락션(수축)과 릴리스(이완) 훈련을 주로 시켰다. 당시 선생 곁에는 장추화와 이석예(李石藝), 하리타 요코 등이 있었다. 선생이 2차 도일(1933,3)할 때 동행했던 김민자(金敏子)는 김백봉이 그곳에 갔을 때 이미 연구소를 떠나 조택원의 파트너가 된 상태였다. 하리타 요코는 장고를 잘 쳤고, 광복 후 마지막 베이징 생활까지 선생을 추종한 최후의 일본 제자였다. 매년 정초, 선생이 공연 없이 쉬고 있을 때를 제외하고는 선생에게 직접 지도 받을 기회가 많지 않았다.[14)]

이석예는 후일 발레로 유명했던 정지수(鄭志樹)의 처가 되었다. 어릴 때부터 도쿄에 있었고, 무용연구소에는 김백봉보다 늦게 들어 온 선생의 제자였다. 자신의 말로는 한성준에게 배웠다는 연풍대를 예쁘게 잘

했다. 선생이 순회공연을 가면 다른 데 가서 춤을 배우고, 연구소에는 늘 토슈즈를 싸 가지고 다녔다. 선생은 이석예가 착실하지 않다고 충고를 많이 했다.[15)]

기본 훈련은 무용가로서의 바른 자세 만들기에 주력한 것으로, 뒷날 이러한 훈련과정은 김백봉 춤의 형식체계에 지대한 영향을 끼쳤다. 상체로부터 하체에 이르기까지 굴곡을 허용하지 않고, 그 축을 신체 중심에 두어 바른 자세를 유지한다든가, 단전(丹田)에 긴장감을 유지하며 정교한 발동작을 조형하되, 상체는 어깨가 올라가지 않는 자연스럽고 유연한 자태를 강조하는 점도 바로 이런 배경에서 연유한다고 할 수 있다.[16)]

선생은 자신의 작품을 제자들에게 그대로 전수하는 방식으로 가르치지 않았다. 공연에서도 선생의 작품과 제자들의 작품은 같지 않았다. 따로따로 작품을 준비했다. 무용은 예술이고 예술은 곧 창작을 말하는 것이니만큼 작품을 그대로 교육용으로 사용하는 것을 경계한 셈이다. 선생은 연습실에서 문을 닫고 거의 혼자 창작을 하는 분이라 곁에 있을 수 없었다.

심부름을 하며 문틈으로 작업하는 과정을 지켜보는 것이 고작이었다. 공연을 할 때는 뒷바라지를 하며 모든 과정을 구체적으로 배우고 실제로 할 수 있게 되었고, 공연을 무대 뒤에서 보면서 스스로 무용을 배우고 터득해야 했다. 동작 하나, 박자 하나까지 틀리지 않게 따라서 할 수 있었다. 그러나 비록 선생이 만든 무용을 제자로서 실연할 수 있

다 하더라도 자기 나름의 기품(氣品), 개성을 살려야 한다는 점을 잊지 않고 있었다.17)

정초에는 날씨가 추워 연습실에 숯불을 세 개 정도 피워 놓고 지도했다. 딸(안승자勝子)과 함께 그 동안에 배운 것을 시켜 보고나서, 부분 부분 수정해 주었고, 또 빈 곳은 보충해 주고 2, 3일을 그렇게 계속했다. 딸이 장난삼아 연습하면 엄격하게 때리기까지 하면서 지도했다. '아버지발가락(엄지발가락)에 힘을 주어라. 애기발가락(새끼발가락)에 하면 안 된다. 발가락 전체에 힘을 주어야 한다' 하는 말씀을 평생 잊은 적이 없었다.18)

선생의 무용 수업은 연습실에 머무는 것이 아니라 공연현장으로 옮겨져 스태프로서의 모든 일을 직접 할 수 있도록 했다. 무대 뒤에서 또는 작품의 그늘에서 공연진행, 조명, 소도구, 의상관리 및 제작, 분장 같은 일들을 차질 없이 해내는 역할이었다. 예술작품을 완성시켜 가는 전 과정을 선생 곁에서 경험하였을 때 비로소 예술을 알게 되는 것이다. 무용은 종합예술이라는 것을 철저하게 체험하도록 했다. 공연을 시작할 때는 징을 울렸는데, 김백봉의 담당이었다. 그러한 교육은 후에 제자들에게도 적용되었다.19)

항상 극장에 먼저 가서 분장실을 청소하고 자리 깔고 책상 같은 것을 옮겨 놓고 거울, 화장품을 순서대로 놓고 소도구를 순서대로 진열해 두었다. 마이크 테스트도 해 놓았다. 화장을 하고 안마도 해 주었다. 공연일기도 썼다. 그날 입장한 손님의 숫자, 손님들을 찾아가 평을 듣고 기록해 두는 것도 잊지 않았다. 화장을 해 본 적이 없는 김백봉에게 화장을 해 보라고 해서 횟가루처럼 발라 놓았더니 막 화를 낸 적도 있었다. 모두가 그녀를 훈련시키기 위한 선생의 의도였던 것이다.[20]

선생께 야단맞은 적도 눈물 흘린 적도 없었다. 선생의 야단은 당연한 것이고, 제일 눈물 흘린 것은 선배들의 부당한 행위들이었다. 고된 일에 까다로운 절차였지만 현장의 모든 과정에 점차 익숙해졌다. 엄격한 선생이지만 그래도 믿는 데는 선생 밖에 없었으니, 그림자만 보여도 기뻤다. 어느 날 '공연을 준비하다가 (선생은) 갑자기 대신 춤을 춰 보라고 하신다. 그때를 놓치면 또 언제쯤 기회가 주어질지 모르는 일이었다. 용기 있게 그동안 익힌 춤을 실연해 보였다. 그러면 내 춤을 다듬어 주셨다.' 이렇게 김백봉은 무용의 기초와 작품을 연습했다.[21]

김백봉은 선생에 대해 이렇게 회고했다.

"무대 뒤에서 춤추고 계시는 선생을 옆 막 뒤에서 바라보며 어려서 느꼈던 사진 속의 선녀를 눈앞에 보고 있다고 생각했다. 선생이 아파도 신녀가 아프다고, 임신을 해도 선녀가 임신을 했다고 생각했다. 나에게 선생님은 너무나 귀중한 절대적 존재였다. 가족을 떠나 왔지만 나에겐 원대한 꿈이 있었고 그 꿈을 이룰 미래의 나의 선생이 계셔서 외로울 줄 몰랐다."[22]

"화려한 무대 생활에도 불구하고 선생은 언제나 가난했고, 구름처럼 몰려드는 지망생들을 뿌리치고 제자라야 나를 비롯해 불과 여남은 명에 지나지 않았다. 집 제자만 지도하고 학원처럼 운영하지 않으셨다.

그만한 명성을 지닌 요즘 사람이라면 아마 과외 따위로 적잖은 돈을 만질 수 있었으련만 선생은 그런 데는 조금도 욕심이 없으셨다."[23]

연구소에서 공부할 때 잊을 수 없는 장소가 있었다. 선배가 가르쳐 준 '연습장 위의 골방'이다. 처음에는 무슨 뜻인지 모르고 기대 반, 호기심 반으로 올라가 보았다. 캄캄하고 퀴퀴한 곰팡이 냄새가 코를 찌르는 속에 두 줄기 광선이 유난히도 밝았다. 눈을 가져가 밖을 내다보니 아래 연습장의 모습이 한 눈에 들어오는 것이 아닌가. 이때부터 도둑(?)공부가 시작되었다. 선생과 언니들이 공연을 위한 신 작품을 만들고 있을 때, 통학하는 연구생들의 레슨이 벌어질 때, 나는 미리 이곳에서 대기하면서 눈으로 먼저 공부하고 뒤에 혼자 실연하는 공부를 계속했던 것이다.[24]

4. 무대 수련 및 출연

최승희는 조선순회 공연을 하는 동안 지방에 가면, 그곳의 특이한 춤꾼들의 춤을 찾아보고 연구하려고 했다. 소문난 사람들에게 실연을 부탁하고 사례금을 주었다. 한번은 광주에서 승무를 봤다. 분홍 저고리에 남색 치마와 까만 장삼을 입고 춤을 추었다. 머리에는 빨간 댕기가 달려 있었다. 즉 소녀라는 의미인데 승무를 정말 신중하게 볼 수 있었던 시간이었다. 승무가 끝나면 구경꾼 중 돈 많은 사람이 그 무용수를 사 간다고 했다. 권번으로 가고, 머리도 올려 준다고 했다.[1)]

선생은 무용에 관한 한 촌부(村婦)든 기녀(妓女)든 사람을 가리지 않았다. 누구에게 춤을 배우든, 누구의 춤을 보든 작품은 자기대로 안무해 발표했다.[2)]

여기서 잠시 최승희 선생의 공연일정을 살펴보기로 한다. 1941년 상반기 공연을 끝낸 그녀는 7월부터 하반기 공연 준비에 들어갔다. 그해 11월 28일부터 30일까지 도쿄극장에서 신작무용을 공연했다. 1942년에는 2월초부터 8월 중순까지 이른바 '대륙전선 위문'이라는 명분으로 조선, 중국 각지를 순회했다. 130여 회의 공연을 한 것으로 기록되었

다. 베이징 공연 시에 경극 배우 이만춘(李萬春)을 만났다.[3)]

12월 6일부터 22일까지 도쿄 제국극장에서 24회 연속공연, 일본의 무용공연사에서 보기 드물게 대성황이라는 기록을 세웠다. 제1부는 동양무용, 제2부는 조선무용의 기본, 제3부는 서양 모던 댄스의 기본에 중점을 두었다.

당시에는 도쿄의 경시청(警視廳)에 공연허가신청을 하고 허가가 나오면 그 사람에 한해 무대에 출연할 수 있었다. 경시청에는 조선인만을 전문으로 감시하는 사복형사 '센징 가카리'(鮮人係)가 있었다. 최승희의 공연은 그곳 조선인들에게 특히 인기가 높았으므로 공연을 통한 민족의식의 고취, 독립투쟁 및 파업 선동 등을 우려해 허가와 감시가 삼엄했다. 겉으로는 그녀의 예술성을 존중해 주는 척하면서 속으로는 철저하게 감시하고 감독했다.[4)]

선생은 조선풍을 살리기 위해 온갖 방법을 고안해냈다. 노(能)를 변화시킨 작품을 만들었다. 눈귀신 이야기인 <유키조로>(雪目)라는 작품을 만들었다. 사람이 죽는다는 내용이다. 일본 춤과 설화를 응용한 것은 그들의 검열을 완화시키려는 하나의 수단으로 볼 수 있다.[5)]

1942년부터 경시청은 모든 공연에서 일본 무용을 3분의 1이상 반드시 포함하도록 지시했다. 최승희는 이 조치를 가능한 따르려고 했지만 레퍼토리의 구성이 그렇게 쉽지 않았다. 이런 이유로 최승희는 경시청에 직접 불려가 몇 번이나 주의와 경고를 받아야 했다. 그녀가 갖은 수단을 다해 조선이나 중국 공연을 떠나고자 한 데는 일본보다는 덜 엄격한, 레퍼토리의 자유를 얻고자 했기 때문이다. 물론 조선총독부나 중국 현지에 설치된 감독기관에서도 최승희의 행동은 일일이 감시를 받고 있었다.6)

당시 일본 은행권(돈)은 조선이나 중국에서 자유롭게 사용할 수 있었다. 일본 돈이 최고였던 것이다. 조선 은행권은 만주에서는 사용할 수 있어도 다른 곳에서는 사용할 수 없었다. 그러니까 다른 데서 돈을 벌면 일본으로 가져가기 위해 환전을 해야 하는데, 이 환전을 통해 개인의 비밀은 보장될 수 없었다. 일본에 무용연구소가 있는 최승희로서는 수입금을 일본으로 가져가야 하니까 환전을 해야 했고, 환전을 하자니까 감독기관의 지시에서 순응하는 척하는 인상을 주어야 했다. 실제로 교묘한 술수를 써야 했다.7)

최승희는 본명이자 예명으로 사용했다. 남북 아메리카와 유럽 대륙을 순회공연할 때는 유명한 조선무용가(코리안 댄서) 샤이쇼키(Sai Shoki)라는 일본식 영문을 사용했다. 창씨 개명이 시작되면서 일부측에서는 당연히 일본식 창씨를 바랐을 것이다. 그러나 최승희는 예술가의 이름을 바꿀 수 없다고 끝까지 버텼다. 이런 태도는 물론 최승희의 활동에 불리하게 작용했다. 그래서 묘안을 짜낸 것이 부군과 딸의 창시 개명이었다. 안막은 야스이 와타루(安井和), 딸은 야스이 가스코(安井勝子)가 되었다.8)

12월 제국극장 공연에서 최승희는 제자들에게는 무용의 기본동작을 시켰다. 20~30분 정도 시간이었는데도 사람들이 열심히 봐 주었다.

공연이라기보다는 관객에 대한 무용계몽이라 할 수 있었다.

당시 오사카에는 조선인이 많았다. 피리소리만 나면 객석에서 좋다고 하면서 전부 다 일어나고 유학생들도 야단을 하니까, 일본 순찰은 언제나 신경을 곤두 세웠다. 하루는 오사카로 공연하러 떠난 선생으로부터 도쿄의 연구소로 연락이 왔다. 실내에서 입는 옷 유카다(浴衣)를 급히 보내 달라는 내용이었다. <장고춤>을 추는데 경찰이 치마저고리를 입지 말고 유카다를 입으라고 한다는 것이다. 타이즈도 없던 시기에 앞이 다 벌어지는 잠옷 같은 것을 걸치고 장고춤을 춘다는 것을 상상해 보면 그때 긴장된 시국을 감지할 수 있다.

1943년 8월 8일에는 유명 문화인들을 '회원'이라 지칭하고, 그들을 위한 제1회 최승희무용감상회를 열었다. 친일적인 무용을 강요하는 당국의 방침에서 벗어나려는 일종의 편법 발표회였다. 무용발표회라 하면, 검열이 더욱 까다롭고 간섭이 많아지는 것을 피하려는 일종의 전략이었다. 그러나 저들의 방침을 수긍하는 인상을 주기 위해 일본의 사무라이(무사) 역할을 등장시켜 그들식의 '무혼'(武魂)을 주제로 하는 작품을 넣기도 했다. 이 작품을 연습하는 도중에 선생은 무릎까지 다쳤다.[9)]

선생은 때마침 일본에 업무 차 귀국 중이던 중화전영연합공사(中華電影連合公司) 부사장 가와가타 나가마사(川喜多長政)를 만나 상담한 뒤 중국 공연을 성사시켰다. 그의 협조로 8월 하순부터 11월 초까지 만주에서 상하이, 남경에 이르는 순회공연을 했다. 도중에 경극의 대배우 매란방(梅蘭芳 1894-1961)을 만날 수 있었다.

1944년 1월 27일부터 2월 15일까지 제국극장에서 23회 연속공연을 했다. 연일 만원사례를 했는데, 사실상 일본에서의 마지막 공연이었다. 같은 기간에 제국화랑에서는 최승희무용화(舞踊畵) 감상회가 열렸다. 국내에서는 오늘날에도 찾아보기 어려운 특이한 미술전이었다. 여기에는 일본의 유명 화가와 조각가들이 최승희를 주제로 한 작품을 내놓았다. 당시 최승희의 대중적 인기를 가늠할 수 있는 역사적인 이벤트였다.

김백봉은 제국극장 공연에 대해 이렇게 기억했다.

"선생은 하룻밤 공연에 12개 작품을 혼자서 연행했다. 요즘 사람들은 불과 몇 작품 하면서 힘들어 하지 않는가. 제자 몇이 붙어서 다음 작품의 의상을 신속하게 갈아 입혔다. <보살춤>은 쇠로 된 의장이 많아 차가울 테니까 미리 품에 안고 있다 입혔다. 지금도 눈에 선한 것은 한 번은 무대에 이미 조명이 들어왔는데 <보살춤>의 의상에서 구슬이 떨어졌다. 선생은 구슬을 마저 다 떼어 버렸다. 떨어진 것을 주으러 다녔는데 그거 다 뗄 때까지 무대에 나가지 않고 가만히 서 있었다. 이렇게 제자에게도 공연의 책임을 맡게 했다."[10]

일본에서 최승희의 인기는 대단했다. 공연이 끝나면 인력거를 타고 돌아가려는 그녀를 보기 위해 사람들은 대기하고 있다가 몰려들었다. 너무 밀치는 바람에 인력거가 넘어가는 사태도 벌어졌다. 이런 혼잡을 피하기 위해 최승희는 단발한 제자 장추화를 인력거에 태워 보내고 자신은 뒷문으로 몰래 빠져 나가곤 했다. 평생 단발인 최승희는 장추화와 뒷모습이 비슷했기 때문이다. 그러나 김백봉은 단발이 자신에게 맞지 않는 것으로 여겨 그렇게 하지 않았다.[11)]

그해 가을, 최승희는 일행과 함께 조선 순회공연, 중국 상하이를 비롯한 각지를 순회공연했다. 서울에서는 딸 승자(후일 성희로 개명)를 재동국민학교에 입학시켰다. 중국 근대극의 선구자 오양위첸(歐陽予倩 1889-1962)의 극단과 함께 '최승희무용 단기훈련대'를 설립했다. 베이징을 중심으로 조선무용과 일반 무용을 교육하는 일을 진행했다. 개인적으로 동방무도연구소를 운영했다. 아시아무용 전체를 포용하려는 의지의 표명이었다. 그녀는 매란방을 다시 만나 중국고전무용을 배우기도 했다. 1945년에는 몽고신문에 광고를 게재하고 2월에 그곳에서 대규모의 공연을 해 큰 반응을 일으켰다.

김백봉은 자신이 일본에서 처음 무대에 오른 것은 '겨울의 어느 지방공연 무대에서 남자역의 작은 배역이었다. 하나가사(花笠 꽃을 장식한 갓)라는 작품으로 기억된다'고 했다.[12)] 이것은 정식 데뷔 이전이니, 최승희의 활동 전후를 따져보면, 1942년 초겨울의 일본 국내 순회공연으로 추론된다. 벙거지모자에 종이꽃을 장식한 것을 머리에 쓰고 추는 춤을 하나가사오도리(踊り)라 하는데, 일본 풍류계(風流系) 예능의 총칭이다. 전국의 여러 지역에 전승되는 민속춤의 일종으로 화려한 자태를 뽐낸다.[13)]

김백봉은 1942년 12월 6일부터 22일까지 선생의 제국극장 공연에 출연했다. 무용연구소에 들어온 지 1년 6개월 만에 드디어 데뷔 무대에 서게 된 것이다. 물론 선생과 함께 하는 본무대가 아니라 제자들이 추는 토요일과 일요일 낮공연 무대였다. 이른바 공연을 더욱 풍성하게 하기 위한 마치네(machine) 프로그램이었다. 신문에는 '기대되는 신인'이라는 김백봉에 관한 기사도 났다. 부친은 이 공연을 보기 위해 평양에서 도쿄로 왔다. 김백봉은 시라도리 미네코(白鳥峰子)라는 이름으로 <궁녀무>를 추었다. 영산회상의 타령 곡에 맞춘 춤이었다. 이 이름에서 비롯된 것이 후일 김백봉이라는 예명이다. 백조 같이 아름다운 여인을 상징한 이름이다.[14)]

언제인가, 선생이 공연 도중에 갑자기 담이 결려 무대에 출연할 수 없는 일이 벌어졌다. <초립동> 순서였다. 이 작품에는 무용수가 뒤로 바짝 누웠다가 일어나는 장면이 있는데, 선생은 그 장면을 도저히 할 수 없었으므로, '누가 대신할 수 있겠느냐'고 물었다. 김백봉은 '저요!' 하고 곤장 큰 소리로 손을 들었다. 곁에 있던 안막이 '너 심장에 털 났냐?' 하고 웃었다. 곁에 있던 사람들이 모두 따라 웃었다. 김백봉은 선생의 그림자를 보고 암기해 두었던 <초립동>을 열심히 추었다. 그녀의 잠재력이 유감없이 발휘되는 순간이었다. 그리고 사람들의 칭찬을 받았다.[15)]

여러 지역을 순회공연하며 잊지 못할 사건이 있었다. 1944년 초여름 함경도에서 현대무용 기본을 할 때이다. 점프를 하고 내려오는 순간, 무대의 바닥이 밑으로 가라앉아 김백봉은 무대 밑으로 사라졌다. 혈기 왕성하던 시절이라 별 다친 곳은 없었다. 또 한 친구는 일기가 몹시 추운 날, 목단강시에서 공연을 할 때 무대 바닥에 주저 앉았다가 자신도 모르게 그만 방뇨를 하고 말았다. 실수를 용납하지 않는 선생은 그 친구를 다시 출연시키지 않았다.[16)]

중국에서 공연할 때 옷을 정리하다 선생의 팔찌 하나가 없는 것을 발견했다. 먼저 싼 짐들은 이미 옮겨 갔는데 큰 문제였다. 무서운 밤길을 찾아가 짐을 부치려고 정리해 놓은 것을 다시 풀어 조사했다. 팔찌는 다른 짐 속에 묻혀 들어가 있는 것을 발견했다. 밤늦게 일본인의 여관으로 돌아가니 두 손은 얼어 중국의 사탕무우같이 빨갛게 된 것을 알았다.

최승희는 금전 관계에 있어서도 무척 경우가 밝은 성품이었다. 이런 일이 있었다. 김백봉은 무대에 출연해도 수고료를 받은 것이 없었다. 어디까지나 무용 수련의 과정이라 생각했다. 그런데 중국 순회공연이 끝나고 돌아온 최승희는 김백봉에게 큰돈을 주셨다. '그 동안 수고 많이 했다'는 말과 함께 수고료까지 주신 것이다.[17)]

1944년 겨울부터 광복 이후 귀국할 때까지 북경에서 몇 번 한중친선공연을 가졌다. 창작 <월야수신>(月夜水神)이 발표된 무대는 베이징 자금성(紫禁城) 서북쪽에 있는 빠이하이(北海) 야외공원이었다. 대동강에 빠져 죽은 여인은 한 많은 물귀신이 되었고, 그 귀신은 남자를 불러들여 죽이고, 대신 자신이 빠져 나오려 한다는 이야기를 춤사위와 판토마임을 응용해 연극적으로 표현한 작품이었다. 어린 시절을 대동강 곁에서 보낸 그녀로서 고향 여인들의 한 많은 삶을 그리고자 했다. 중국음악을 반주로 물귀신 여인을 솔로로 연행했다.[18]

일본에서 중국으로 떠나기 전에 이시이 바쿠(石井漠 1890-1962)의 춤을 본 적이 있었다. 장기판을 가운데 놓고 한쪽에는 중국인, 반대편에는 조선인이 있고, 이시이가 가운데서 마치 장기를 두듯이 모던 댄스를 했다. 매우 정치적인 인상을 받았다. 나중에서 안 일이지만 이시이는 실명(失明)한 상태로 그런 춤을 추었던 것이다. 무대에서 제자들이 '여기요~ 여기요~' 하면서 인도하는 것을 보았고, 앞이 보이지 않는 그가 정확하게 타악기를 연주하는 소리를 따라 동작을 했다는 것이 놀랍기만 했다.[19]

이시이에 대해 김백봉은 이런 평가를 했다.

"동양에서 신무용을 일으킨 선구자라고 할 수 있다. 그는 민족차별을 하지 않았다. 최승희의 춤을 보고 높이 평가했다. 이런 영향으로 일본의 신문기사들도 '최승희를 일본 제일의 무용가'로 기사를 내보냈다. 일부 일본 지식인들은 자존심이 몹시 상해 그런 기사에 강한 불만을 나타냈다. 선생이 미국공연을 하게 된 배경에 이시이 바쿠의 충고가 작용했을 것으로 생각한다. 미국의 신문들이 '동양 제일의 무용가'라는 기사를 내보내니, 일본에서 최승희의 존재를 다시 인식하게 되었다."[20]

선생의 친일(親日)문제에 대해 김백봉은 이렇게 말했다.

"선생의 친일적인 무용과 행각은 일단 무용을 하기 위해 불가피했던 것으로 생각한다. 친일을 하려는 것이 아니라 그렇게 하지 않았다면,

당시 무용 자체가 불가능했고, 세계적인 무대를 밟을 수도 없었다. 선생의 레퍼토리에 우리 춤이 많았다는 것도 잊어서는 안 될 것이다. 선생은 광복 후, 조국이 있다는 것은 정말 행복하다고 말했다. 나는 일제시대 무궁화가 우리나라 꽃인 줄도 몰랐다. 친구가 내 졸업장에, '무궁화 꽃은 피고 또 피는데, 벗꽃은 한 번 떨어지면 그만'이라고 써 주었다. 무슨 뜻인지를 몰라서 기차를 타고 가다 일본 헌병에게 물어 보았다. 그 사람도 모른다고 했다. 선생께 말씀 드리니, '이 글을 헌병에게 보여주면 안 된다. 무궁화는 조선의 꽃'이라고 가르쳐 주었다. 이렇게 은연중에 민족교육을 시킨 분이다."21)

5. 안제승의 가계

김백봉은 최승희와 사제간일 뿐만 아니라 도중에 한 가족이 되었고, 월남하기 전까지 공연과 생활을 줄곧 함께 했다. 따라서 여기서 김백봉의 생애를 이해하기 위해서는 안제승의 가계를 이해하는 것이 필요하다.

안제승의 부친 안기선은 경기도 안성 사람이다. 부친은 부여, 예산의 군수를 지내고 서울로 이사해 종로구 팔판동 88번지에서 넉넉하게 살았다. 부인 박경선과의 사이에 12명의 자식을 두었지만 아들만 셋을 살리고 모두 잃었다.

맏형 안보승(輔承 1994년 사망)은 시인이자 성악가였다. 양정중학교를 졸업하고 도쿄제국음악학교를 나와 양정의 음악교사를 했다. 작곡가 안익태(安益泰 1906-1965)와 친밀하게 지냈다. YMCA성가대를 지휘하고, 음악학원을 설립해 운영했으며, 빅터 레코드에서 음반을 내기도 했다. 보승은 광복 후 아우들의 월북을 반대한 자유주의 신봉자이기도 했다.[1)]

둘째 형 안필승(安弼承 1910-미상)은 숙부 안창선에게 아들이 없어 양자가 되었다. 경성제2고등보통학교(현 경복중학교) 5학년 때 학생운동으로 퇴학처분을 받았다. 독학으로 도시샤(同志社) 대학에 입학했다가 와세다제1고등학원(현 와세다대학) 러시아어과로 편입했다. 당시 임화(林和)와 함께 총독부에서 조선 최고의 좌익급진주의자로 지목을 받고 있었다.[2]

이시이 바쿠 밑에서 두 번째 공연을 끝낸 최승희는 1929년 11월 귀국해 서울에 최승희무용연구소를 설립했다. 그리고 1930년 2월에 제1회 창작무용발표회, 이듬해 2월에 제2회 창작무용발표회를 열었다. 이때 최승희는 큰오빠 최승일(崔承一)과 문학비평가 박영희(朴英熙)의 소개로 안필승을 알게 되었다. 이들은 모두 당시 젊은 층의 관심을 모으던 사회주의 프롤레타리아문학운동에 참가하고 있었다. 사회주의는 당시 젊은 지식인들이 몰입했던 새로운 풍조(new trend)였다.

안필승은 1931년 3월에 일본 프롤레타리아문학 잡지인 『나프』(NAFP)에 「조선 프롤레타리아문학예술운동의 현상」이라는 논문을 발표해 유명해졌다. 최승희는 5월에 제3회 창작무용발표회를 열었고, 이어서 안필승과 결혼했다. 이미 상처한 적이 있는 필승에게는 재혼이었다. 그들은 함경남도 석왕사(釋王寺)로 신혼여행을 갔는데, 장래가 촉망되는 부부로서 당시 신문기사로 크게 보도되었다. 7월에 최승희는 서빙고동으로 무용연구소를 이전했다.

1931년 10월에 조선공산당 재건공작사건이 있었고 안필승이 사건에 연루되어 검거되었다.[3] 최승희는 부군의 투옥을 계기로 <관상>(觀相) <해방을 구하는 사람들> <고난의 길> <고향을 그리는 무리>

같은 반일, 민족적인 작품들을 발표했다. 이듬해 1월에 경상북도 안동에서 공연할 때 석방된 안필승은 최승희를 찾아갔다.

1932년 4월에 제5회 창작무용발표회를 열었고, 때마침 이시이 바쿠의 서울 공연을 틈타, 부부는 그의 협력을 얻어 2차 일본행을 하게 되었다. 안필승은 그해 가을에 먼저 도일했고, 6월에 딸 승자를 낳은 최승희는 1933년 3월에 제자 김민자(金敏子)와 함께 이시이 바쿠 무용단원의 자격으로 도일했다.

1934년 9월에 최승희 부부는 일본청년회관에서 제1회 신작무용발표회를 열어 일본의 무용계에 도전장을 내밀었다. 이 공연을 계기로 안필승은 이시이 바쿠의 이름을 습명한 '바쿠'(漠)를 자신의 예명으로 삼아, 안막으로 부르게 되었다. 안막은 일본에서 사상적으로 감시의 대상이었고 자신이 희망하는 프롤레타리아 작품활동도 할 수 없게 되자 아내의 매니저로 역할을 굳혔다. 그러나 이념마저 포기하지 않았던 것은 그의 후일 행적으로 보아 입증된다.4)

안제승(安濟承 아호 금헌 1922-1998)은 경성사범부속보통학교를 졸업하고 경성제1고등보통학교(현 경기중학교)에 다녔다. 어릴 때부터 영화를 좋아했다. 부친과 가까운 사람의 배신으로 가세가 기울고 그 충격으로 부친마저 갑자기 사망하는 불행에 빠졌다. 고등보통학교마저 휴학하게 되었다. 이미 성장한 형들에 비해 안제승은 좌절의 고통에서 방황했다.5)

안막은 아우를 도쿄로 데리고 가서 다마가와(玉川)중학교를 다니게 했다. 1941년에 졸업한 그는 이어서 일본대학 예술학부 영화과에 입학해 2년간 수학했다. 안제승은 공연에도 관심이 많아 형수(최승희)의 발표회를 돕게 되었다. 안제승과 김백봉은 최승희의 조수 노릇을 하며 무대공연을 경험을 함께 쌓았다.

한편, 최승희의 큰오빠 최승일은 일본대학 문학부를 졸업하고 귀국해 1922년에 프롤레타리아문학단체인 염군사(焰群社)를 조직하고 활동했다. 1925년에는 카프(조선프롤레타리아예술가동맹)의 회원으로 활동하면서 소설을 집필했다. 1926년에 경성방송국이 설립되면서 아나운서로 취직해 유명 인사가 되었다. 마해송(馬海松 1905-1966)과는 대학 동창이었다.6)

동일한 성향을 지닌 안막과 최승일은 가족 관계(처남)가 되기 전부터 동지였는데, 매부(妹夫)가 되면서 더욱 절친해져 최승희의 작품에 대한 두 사람의 영향력은 거의 절대적이었다. 두 사람은 이시이 바쿠와도 의사소통이 잘되어 이른바 최승희의 '조선풍 무용'을 일으키고 발전시키는 데 지속적으로 기여했다. 최승희 부부가 남북 아메리카와 유럽 대륙을 순회공연 하는 동안에 서울과 도쿄의 두 집 살림을 이끌어 간 사람도 최승일이었다. 1935년부터 최승희의 공연은 전국적인 인기와 더불어 수입이 대폭 늘었다. 이를 계기로 최승희는 자금을 빌어 무용연구소를 개인 소유로 건설했다. 이노가시라선(井頭線)을 타고 교외로 나가는 에이후쿠쵸(永福町)의 언덕에 2층 건물을 지었다. 이 건물은 일제 말기 미군의 대공습으로 폭격을 맞아 불타 사라졌다.7)

연구소에는 선생의 시어머니(안막의 양어머니, 사천댁)와 최승희의 부친, 부군 안막, 딸 안승자, 시동생 안제승, 8촌 동생 최병인, 노인들에게 시중드는 여자, 집안을 관리하는 아줌마, 식사를 담당하는 여자, 김백봉과 제자들이 함께 기거했다. 연구소였으므로 기거하는 사람들이 일정하지 않았다.

안제승은 연구소에서 최승희의 생활을 다음과 같이 회고했다.

"형수는 집에서 가운 같은 것을 입고 식당이나 연습장에서 자기 침실로 오르내렸다. 그런 모습을 보면 어떻게 저런 여인이 많은 사람들로부터 대접을 받는지 모르겠다고 홀연히 머릿속에 들어올 때가 있었다. 그런데 무대에서 장고를 치고 춤을 추는 모습을 보거나 산조나 즉흥무를 추고 있는 모습을 보고 있으면 형수라는 것을 잊어버리고 매력적이면서 더할 나위 없이 아리따운 여인을 생각하게 했다. 그 멋, 그 특성, 그리고 유난히 예민한 감수성, 머리가 영민했다."[8]

6. 안제승과 결혼

1944년 8월에 학도근무령이 발표되었다. 안제승은 학도병지원에 따르지 않고 도쿄에 숨어 지냈다. 기지를 발휘해 일본을 탈출할 계획을 세웠다. 중국에서 공연 중인 최승희의 공연 프로그램을 가지고 가야 한다는 핑계였다. 일단 모친이 있는 서울에 귀가했지만 경찰에 끌려다니는 모친의 처지를 보다 못해 어쩔 수 없이 입대를 서약했다. 만약 서약을 지키지 않으면, 모친이 잡혀갈 위기였다. 이 소식을 듣고 중국에서 순회공연 중이던 최승희 부부가 김백봉만을 대동하고 급히 서울로 왔다. 그리고 안제승과 김백봉의 결혼이 갑자기 결정되었다.

'여행을 가는 것이 아닙니다. 제가 군에 갔다 만약 잘못 되기라도 한다면 김백봉은 어떻게 되겠습니까. 장래를 보장 할 수 없는데 그녀의 장래를 묶어 놓을 수 없습니다.' 결혼 이야기가 나오자 안제승은 펄펄 뛰었다. 그는 이렇게 분명한 태도를 보였다.[1)]

김백봉의 부친이 평양에서 서울로 왔다. 부친은 딸에게 '평생 과부로 살아야 할지도 모르고, 불구의 남편을 뒷바라지해야 할지도 모른다. 그래도 결혼을 하겠느냐'라고 단호히 물었다.

'최 선생과 춤만 출 수 있다면 하겠다'고 그녀는 분명히 대답했다. 당시 심정은 자신은 이미 춤과 결혼한 사람이고 생각하고 있었고, 남성과의 애정 같은 것은 헤아리지 못했다.

갑자기라 했지만, 이보다 앞서 어른들 사이에서는 김백봉과 안제승의 결혼에 관한 논의가 있었던 것으로 보인다. 최승희는 한때 8촌 동생인 최병인을 김백봉과 맺어줄 생각을 했었고, 안막은 동생과 김백봉을 맺어줄 생각을 했었다. 김백봉의 부친으로서도 딸의 결혼을 은근히 걱정해 온 처지였다.[2]

어른들의 설득으로 두 사람은 결혼에 동의했다. 서울 남산에 있는 신궁에서 결혼식을 간소하게 했다.[3] 식을 마치고 내려오는 자동차의 유리를 억수 같은 소나기가 사정없이 때리고 있었다. 서울역에 도착했을 때 빗발은 거짓말처럼 개고, 남산의 머리 위에는 오색 무지개가 떠 있었다. '비 온 뒤에 땅이 굳어진다(雨後堅土) 하더니 이것은 좋은 징조이다'라고 누군가 말했다.[4]

하늘같이 여겼던 최 선생은 그때부터 김백봉의 동서(同壻)가 되었다. 한편으로는 영광스러운 일이지만 한편으로는 매우 거북하고 조심스럽고 어려운 관계가 되었다. 김백봉의 부친은 '남자가 전쟁에서 살아 돌아오려면 삶의 목표가 있어야 한다. 사랑하는 아내가 큰 의지가 되지 않겠느냐' 하고 사위를 격려해 주었다.[5]

1945년 1월 20일 안제승은 평양 44부대에서 훈련을 받았다. 시력이 몹시 나빴으므로 '일절 책을 읽지 말라'는 명령을 받았다. 다른 동료가

읽어주는 군사지식이나 규칙을 듣고 그대로 이해하거나 암기했다. 처가와 가까운 곳이었으므로 훈련을 받는 동안 그는 어린 처남과 처제들을 만날 수 있었다. 훈련을 마치고 그는 중국 칭타오의 일본군 진지로 배속되었다. 육군 제5혼성독립여단이다.[6)]

중국에 체류하고 있던 안막과 김백봉은 칭타오의 부대로 가서 안제승을 면회했다. 근무시간에는 대면할 수 없어 군부대 담을 사이에 두고 부부는 오래간만에 얼굴을 쳐다볼 수 있었다. 말을 탄 채 정복을 하고 그녀를 바라보던 늠름한 모습을 지금도 잊지 못한다. 부부의 깊은 정이 들기도 전에 훌쩍 떠난 남편이었다.[7)]

앞서 기술한 대로, 김백봉은 1944년 가을에 최승희공연단의 일원으로 중국에 갔다. 1945년 8월 15일, 상하이에서 일본군을 위문공연하고 있을 때 일본 항복의 소식을 들었다. 일본군들은 동요하기 시작했고 최승희는 불안한 마음에 하루 빨리 베이징에 마련해 둔 자택으로 돌아가고 싶어 했다. 필사적으로 열차를 얻어 타고 베이징으로 갔다. 대부분의 단원들은 도망치듯이 최승희의 곁을 떠났다. 남은 제자라고는 김백봉 혼자뿐이었다.[8)]

이 무렵에 최승희는 15년만의 임신을 알았다. 안막은 '해방이 되었으니 빨리 돌아가야 한다'고 했고, 최승희는 아이를 키우기 위해 주저앉으려 했다. 초조해진 안막은 마시지 않던 술로 잠을 청해야 했다. 본래 안씨 집안은 술을 못 마셨다. 안막은 중국에 동행했던 최승희의 오빠 최승일을 정보 수집을 위해 임시정부가 있는 상하이로 보냈다. 그러나 기다려도 그는 돌아오지 않았다.

일제강점기 말기 중국에는 김일성, 최용건을 중심으로 한 동북항일연군(東北抗日連軍), 김두봉, 무정, 최창익, 김찬만, 허정숙을 중심으로 한 연안(延安)의 조선독립동맹, 중경(重慶)에 본거지를 둔 대한민국 임시정부 등 3대 계열이 일제에 투쟁하고 있었다.

안막은 평소 연관이 있던 사람들을 통해 연안으로 찾아 갔다. 현지에서 그들과의 만남으로 그는 이른바 '연안파'에 속하게 되었다. 북한 정권이 수립된 이후 앞서 지적한 동북파와 연안파는 심한 권력 갈등을 겪게 되었는데, 후일 안막 가족이 숙청되는 사건은 이런 사실과도 관련된다.[9)]

안막이 사라진 후에 최승일이 베이징으로 돌아왔는데, 도중에 병이 나서 시일이 오래 걸렸다고 했다. 아마도 최승일이 일찍 돌아왔다면, 안막은 남한으로 왔을지도 모른다.[10)] 9월 말경에 안막으로부터 한 통의 편지가 도착했다. '조선 의용군과 함께 평양으로 진군할 거야' 하는 선언이었다. '우리는 어떻게 하라고' 하면서 최승희는 울부짖었다. 선생과 제자가 생과부처럼 우울하고 불안한 시간을 보냈다. 결국 안막은 평양으로 가버렸다.[11)]

그해 겨울이 되고, 12월 말, 몹시 추운 어느 날, 안제승은 형네 가족과 아내가 머물고 있는 베이징의 집을 찾아왔다. 광복 소식을 듣고, 칭타오에 머물고 있다 북경대학을 나온 친구와 함께 걸어서 북경까지 온 것이다. 발뒤꿈치에 파편이 박혀 다리가 곪아 썩어가는 고통을 겪었고,

군의관은 다리를 잘라야 한다고 해서 위기를 맞았다. 친구의 헌신적인 간호로 상태가 호전되어 건강을 되찾게 되었다. 물어물어 아내를 찾아 온 것이다.[12)]

'1946년 봄, 베이징에 머물던 최승희는 일본의 스파이라는 오해를 받았다. 지인의 도움으로 오해가 풀려, 최승희는 조선인과 중국인의 친선을 도모하고자 공연을 개최했다. 임신 8개월의 몸이어서 춤을 출 수 없으므로 최승희는 장고를 쳤고, 김백봉이 <초립동>을 추었다. 그 후 최승희는 미군의 주선으로 프랑스 가톨릭계병원에서 제왕절개수술을 받아 아들 안병건(安秉健 후일 文哲로 개명)을 낳았다.'[13)]

김백봉 부부는 최승희, 그의 아들, 최승일 등과 함께 1946년 5월에 미군이 내준 LST 귀국선을 타고 천진에서 인천으로 돌아왔다. 당시 후일 대통령이 된 박정희가 부산으로 가는 LST 귀국선에 동시에 출항했다는 사실은 유명한 일화로 남았다.

서울집에서는 최승희의 양시어머니가 춤을 추며 계단을 내려와 손자와 며느리를 반겼다. 후손이 귀했던 집에 며느리가 아들을 낳아 돌아 온 것은 경사중의 경사였다. 또한 그 동안 외롭게 지내던 시어머니(안씨 형제들의 친모)는 최승희와 아들, 김백봉 부부를 감격으로 맞았다. 막내아들에 대한 애착이 깊었던 시어머니는 최승희보다 김백봉에게 더욱 정을 기울였다.[14)]

7. 분단의 소용돌이에서

최승희는 인천에 도착했을 때 기자들의 질문에 '예술을 할 수 있는 장소는 서울밖에 없다'라고 분명히 대답했다. 도착한지 5일 후인 1946년 6월 3일, 이승만(李承晩 1875-1965)은 남한 단독정권수립계획을 발표했다. 최승희는 활동을 재개하려고 했다. 이승만에게 서신도 보내고, 미국 군정청의 하지(John Reed Hodge 1893-1963) 중장도 만나 협조를 요청했다. 이미 딸이 입학해서 다니는 모교 숙명여자고등학교의 강당에서 공연하려 했다. 김백봉을 대동하고 다니며 공연의 꿈에 부풀었다. 친일파라는 비난도 감수했다.

김백봉은 일제시대에 '조국이 없으니 미국에서 슬픈 일이 많았다'라고 한 선생의 말을 지금도 기억한다. 미국 체험을 말하는 가운데 나온 말이지만, 이것은 비단 미국만을 지칭한 것으로 보기 어렵다. 미국을 일본제국주의에 비유해서 심정을 토로한 것으로 여긴다. 이러한 사실을 고려하면, 최승희는 자신이 친일파라는 말을 듣고 비난을 받아도 조국의 무용가로 거듭나려는 의지를 지녔던 것이 분명했다.[1)]

2개월 남짓한 서울 생활이었다. 이때 최승희는 제자가 하는 시내 연건동(현 대학로) 장추화무용연구소를 찾았다. 장추화와 함께 공연을 할 계획을 세웠지만 무산되었다.[2] 그때 무용가 송범이 연구소의 조교를 하고 있었다. 어린 시절에 송범은 중국 상하이에서 광고회사를 했던 친형이자 화가인 송정훈(宋政勳)을 통해 최승희를 알고 있었고, 기회가 되면 선생에게 춤을 배우려는 마음을 먹고 있었다.

광복후 송범은 장추화 선생을 만나 최승희의 교육방법을 거의 그대로 전수 받았고, 최승희가 남긴 마리 뷔그만에 관한 '노트'를 장 선생과 함께 해석해 다른 교육자들을 훈련시키고 있었다. 그런데, 그가 꿈에 그리던 우리 근대무용의 신화적 존재인 최승희를 연구소에서 감격스럽게 만날 수 있었다. 딸 안승자는 연구소에 나와서 송범과 함께 잠시 연습을 하기도 했다.[3]

1946년 6월에 조선문화단체총연맹 산하에 조선무용예술협회가 결성되었다. 조택원(趙澤元 1902-1976)이 위원장, 함귀봉(咸貴奉)이 부위원장을 맡았고, 50여 명의 회원 가운데 최승희의 이름도 들어 있었다. 조택원은 최승희보다 나이는 위지만 최승희보다 늦게 일본에서 이시이 바쿠의 지도를 함께 받은 둘도 없는 학우(學友)였다. 그러나 당시 두 사람은 친일파 문제로 혹독한 비판을 받고 있어 어쩔 수 없이 서로 거리를 두고 지냈다. 최승희는 예술협회에 나가지 않았다.

어느 날 송범이 최승희를 찾아 집으로 왔다. 때마침 그녀는 출타하고 없었다. 전화가 없어 사전 약속이 불가능했던 시절이었다. 김백봉이 송범을 맞았다. 송범은 최승희의 지도를 받고 싶다는 뜻을 털어 놓았다. 추후 다시 찾아오겠다는 말을 남기고 송범은 돌아갔다.

8월 중순에 안막이 38선을 넘어서 가족을 찾아왔다. '반가워 해야 할 텐데 부부가 막 싸우면서 우는 소리가 들렸다'고 김백봉은 그 순간을 회고했다. 평양의 친정아버지도 안막과 함께 딸을 보러 서울로 왔다. 실로 오랜만에 부녀가 반갑게 만났다.[4)]

최승희는 부군의 월북행(越北行) 제안에 반대한 것이 분명했다. 이미 서울에서 공연 일정까지 잡아 놓았고, 수년간 자유세계를 일주하며 '세계 최고 무용가' 평판을 얻은 그녀가 설사 부군의 사회주의 사상을 이해한다고 해도 문화적으로 뒤떨어진 북쪽으로 가는 것을 좋아하지 않았다. 자유분방한 창작을 지향해 온 그녀가 오직 사회주의를 위한 목적으로 무용을 해야 한다는 데 선뜻 동의하지 않은 것이 당연했다.

안제승은 군대에서 귀가한 이후 형수 최승희의 사고방식이나 생활방법에 대해 비판이 잦았다. 아내 김백봉에게 형수네와 떨어져야 '새로운 길이 열린다'는 주장을 했다. 김백봉은 그런 남편의 태도가 선생에게 알려질까 봐 신경을 곤두 세웠다. 안막이 동생을 설득했다. '나는 정치를 해야 하니까 너희 부부가 이제부터 형수를 도와주기 바란다.' 큰형(보승)의 뜻과 같이 월북을 거부하던 안제승은 결국 둘째형의 권유를 받아 들였다. 그것은 그동안 형에게 입은 남다른 은혜 때문이었다.[5)]

안막은 '친일파 소리가 싫지 않으냐' '내가 여기 있으면 감옥에 간다'라고 아내를 설득하다가 말을 듣지 않자 타협안을 제시했다. '일단 북쪽에 가서 사정을 보고 결정하라. 아이들은 여기에 두고 갔다가 결정이 되면 그때 가족이 함께 살기로 하자'는 제안이었다. 최승희는 타협안마저 거절할 수 없어 안막을 따라 나섰다.

조택원은 월북 소식을 듣고 종로구 가회동 11번지 최승희의 집을 찾아왔다. '가지 말고 무용계를 위해 함께 일하자'라고 간곡히 말했다. 그러나 최승희는 이미 안막을 따르기로 한 뒤였다.[6]

김백봉은 당시 자신의 월북행에 대해 말했다. "나는 아직 무용을 배우는 과정이라 생각했다. 최 선생이 없으면 안 된다고 생각했다. 최 선생이 북한으로 간다니까 따라 나선 것이다. 한편 부모님이 평양에 계시니 집을 찾아가는 심정이었다."[7]

7월 20일 최승희 부부, 김백봉 부부, 김시학, 이원조 등 6인은 서울의 마포를 건너 인천, 강화도를 거쳐 진남포로 갔다. 거기서 평양을 향해 떠났다. 최승희가 서울로 되돌아오지 않자 미리 약속한 대로 남은 가족들이 2차로 월북했다. 딸 안승자, 어린 아들 안병건, 유모, 교장을 역임한 최승희의 둘째 오빠 최승오(崔承伍), 큰오빠 최승일과 자식들이 8월 22일 북으로 넘어갔다. 최승희의 제자 이석예는 별도로 월북했다.[8]

당시 '김일성은 예술가를 우대한다'는 소문이 파다했다. 남한에서는 미군 군정청에서 극장세를 받는 문제로 갈등이 심한 상태였으므로 이 말에 현혹되어 월북한 예술가들도 적지 않았다. 안막은 아내를 월북시키기 위해 여러 가지 거짓말을 했지만 사실은 1946년 3월에 이미 조선

노동당 중앙당 선전선동부(宣傳煽動部) 부부장, 문학예술가동맹 상무위원을 맡고 있었고, 아내를 월북시킨 후인 1949년 11월에는 평양국립음악대학 초대 학장에 취임했다.[9)]

최승희 부부가 진남포에 내리자 기다리던 소련제 지프 자동차가 그들을 태워 주었다. 최승희 부부는 곧장 김일성이 거처하는 곳으로 안내되었다. 이런 대화를 나누었다.

김일성 "최동무, 여기에 살러 왔소? 다니러 왔소?"

최승희(한참 대답을 주저하다가) "살러 왔어요."

김일성 "살러 왔으면 내가 도와 드리려고 그래요."

김일성의 지시로 즉시 만들어진 것이 최승희무용연구소였다. 9월이 되기 전이었다. 일제강점기 대동강변에 있던 요정 동일관을 연구소로 개조 수리했다. 백평 정도의 연습실, 최승희와 안막의 방, 김백봉과 안제승의 방, 안승자의 방, 최승일과 최승오의 방, 조교실, 악사실, 사무실, 의상실 등이 있었다. 천미터 정도 떨어진 곳에 기숙사가 있었다.

초기의 교수진은 김백봉, 안승자, 사아진(소련 출신 강사), 안시온(피아노)이 있었고, 무대감독에 안제승, 조교로 임정옥, 최정옥, 최옥명, 전임악사로 박성옥, 최옥삼, 김일광, 안기옥 등 전라도 출신의 국악인들, 조명에 윤재천, 의상에 최용녀, 총무에 최승일, 회계에 최승오가 있었다. 의상실에는 당시 북쪽에서 구할 수 없는 최승희의 귀중한 옷과 여러 나라의 옷이 보관되어 관리가 철저했다.[10)]

연구생은 3개월마다 한 번씩 모집했다. 최승희의 면접과 실기시험을 통해 선발했는데, 우편으로 합격 여부를 알렸다. 우수한 사람은 국비생으로 하고, 오히려 장학금으로 오백 원씩을 제공했다. 교과목은 조선춤, 발레, 모던 댄스, 남방춤, 중국춤, 인도춤, 리드믹(rhythmic)[11] 등을 가르쳤다. 3년 과정으로 연구생 40명, 학생반(중고등학생들은 야간에 수업) 20명 정도를 선발했다.

작품을 발표할 때는 안막이 먼저 보고 교정하는 절차를 거쳤다. 그 후 당원들 앞에서 시연하는 절차가 이어졌다. 이미 사전검열이 시작된 것이다. 그들은 아직 김일성의 속내를 알지 못했고, 청년시절 사회주의에 대한 동경과 기대가 안막으로 하여금 가족의 북한 체류를 고집하게 했다. 50년대 후반 최승희 가족이 김일성에 의해 숙청될 무렵에야 비로소 북한정권의 기만술을 깨달았지만 때는 이미 늦었던 것이다.[12]

무용연구소 시절에 김백봉은 자신의 소감을 이렇게 밝혔다.

"지금까지 아무런 저항도 회의도 없이 거의 맹목적이라 할 수 있는 절대적 신뢰감으로 '최승희 무용기본'을 익혀 왔던 나는, 연구생들의 춤추는 모습을 보고서야 비로소 막연한 불안감 같은 것을 의식하기 시작했다. 거기에는 멋도 없고 흥도 없었다. 그저 움직이는 기계가 있다고 느낄 정도였다. 어디엔가 근본적인 결함이 있다고 생각되었으나 그 원인을 알 길이 없었다. 지도방법에 잘못이 있다고 일단 판단해 보았으나 며칠에 한 번씩 올라오는 선생님은 그들은 칭찬까지 하는 것이 아닌가. 하나의 회의(懷疑) 또 다른 회의가 몰고 왔다."[13]

한때 김백봉과 안제승이 연구소를 떠나 평양예술단으로 자리를 옮긴 사건이 일어났다. 이때 안막은 '김백봉은 가도 좋지만 너는 이곳에 있어야 한다'라고 아우를 붙잡았다. 그러나 정작 먼저 옮기고자 한 사람은 안제승이었다. 형수의 사생활이 너무 이기적이었기 때문이다. 김백봉으로서는 안승자에 대한 선생의 편애가 심정에 크게 거슬렸다. 부부는 얼마 안 있어 다시 연구소로 돌아왔다.[14)]

최승희의 월북을 전후해 가족들은 마음의 고통을 겪는 수난 사건이 일어났다. 안막은 자신의 정치활동을 위한 자금이 필요했다. 서울에서 최승희가 살고 있던 집을 담보로 어느 은행에서 거금의 빚을 얻었다. 그녀는 빚을 갚지 못한 상태에서 급히 월북하고 말았다. 그런데 이 빚이 최승희의 명예를 침해할 소지를 안고 있었다.

이 사실을 뒤늦게 깨닫게 된 최승희는 김백봉의 부친과 상의했다. 그리고 자신이 지니고 있던 패물을 내놓았다. 아마도 부족한 대출금은 김백봉의 부친이 부조했을 가능성이 있다. 부친은 빚을 대신 갚아주기 위해 38선을 넘었다. 그때까지 38선에 대한 통제는 그다지 심하지 않았다. 그러나 부친 김병삼의 행동을 수상해 여긴 경찰에게 잡히고 말았다. 그는 모든 은행서류를 다 보여 주었다. 그리고 준비해 간 것을 내놓았다. 무단출입죄를 진 김병삼은 즉석 판결을 받았다. '최승희는 빚을 갚기 위해 사람을 보낸 훌륭한 사람이고, 이 사람은 심부름을 하러 온 사람이니 돌려보내도 좋다'는 결정이 내렸다. 부친은 무사히 평양으로 되돌아갔다.

한편, 김백봉은 부친이 잡혀 돌아오지 못하는 것으로 여기고 며칠을

뜬눈으로 지냈다. 때마침 모친이 동생을 낳은 직후여서 부모에 대한 걱정이 더욱 컸다. 오직 딸을 위해, 최 선생의 일에까지 나서서, 목숨을 걸고 노력하는 부친에게 죄송스럽고 한편 감격스러웠다.[15)]

광복 이후 북한 무용계의 사정을 이해하기 위해 먼저 시국의 정세와 최승희의 활동을 기술할 필요가 있겠다. 1946년 7월 17일 38선 통행을 금지하는 조치가 내렸다. 20일 안막, 최승희 일행의 월북은 이러한 조치에 대한 사전의 대비책으로 볼 수 있다. 1947년 7월 19일 여운형(呂運亨 1886-1947)이 서울에서 피살되었다. 미소공동위원회는 한반도에 대한 신탁통치와 반탁통치를 둘러싸고 대립했다. 남한에서는 이승만의 단독정부안과 김구(金九 1876-1949)의 단독정부수립 반대 안으로 또한 대립했다.

1947년 12월에 북한에서 화폐개혁이 발표되었다. 1948년 4월 3일에 제주도에서 이른바 4.3사건이 일어났다. 5월에 제헌국회가 개원되었고, 8월 15일에 남한에 대한민국정부의 수립이 선포되었다. 줄곧 한반도의 공산화를 획책했던 북한측은 통일국가 건설의 실패를 남한정부의 탓으로 돌리고, 9월 9일 북조선민주주의인민공화국의 수립을 선포했다.

이러한 혼란 가운데서 최승희는 1947년 5월에 신의주에서 공연하고, 또한 북한에 남아 있던 일본인 거류자들을 위해 공연했다. 일본식 이름을 규탄하는 북한의 제도에 맞추어 딸 승자의 이름을 성희(聖姬)로 바꾸었다. 성희라는 이름은 최승희의 일대기를 소설화한 <노도(怒濤)의 기록 - 무희 백성희의 반생기>라는 작품에서 차용한 것이다. 유아

사 가쓰에(湯淺克衛)가 1935년 8월에 「주간조일」(週刊朝日)에 4회 연재한 작품이었다.[16)]

최승희는 11월에는 평양지구 인민위원회대의원에 당선되고 노동당 문화부장 차석에 올랐다. 안막과 함께 북한의 문화예술 지도자가 된 것이다. 최승희의 위상이 높아지면 질수록 허정숙과의 권력투쟁이 시작되었다. 어딜 가든지 자기가 왕 노릇 했던 그녀는 허정숙에게 머리를 숙이지 않았다.[17)]

1948년 4월 남북연속회의가 평양에서 개최되었을 때 모란봉극장에서 환영회가 개최되었다. 남측에서 김구와 김규식(金奎植 1881-1950), 20여 개 단체의 대표가 참가했고 그 앞에서 최승희무용연구소가 공연했다. 광복기념일에는 <해방의 노래>를 공연했다. 그해 가을에 딸 안성희는 헝가리 부다페스트에서 열린 세계청년무용대회에서 대상을 수상했다. 최승희는 그해 김백봉을 대동하고 베이징에서 열린 세계부인대회에 참가했다. 당시 숙소에 불이 나는 바람에 사람들이 당황했다.

1949년 4월 최승희예술단은 소련에서 공연했다. 1950년 북조선의 인민군은 무단으로 남침해 6.25전쟁을 일으켰다. 그해 10월에 남한의 국군이 북진함에 따라 최승희 가족은 베이징으로 피난했다. 1951년 3월 주은래(周恩來 1898-1976)의 적극적인 후원으로 베이징 중앙희극(戱劇)학원에 최승희무용훈련반을 설립했다.[18)]

이상에서 최승희 일행의 월북부터 베이징으로 피난을 떠나기 전까지 김백봉은 그녀의 충실한 조교로서 언제나 곁을 지켰다. 김백봉은 월북한 이듬해 1947년에 장남 안병철(安秉哲)을 낳았다. 김백봉이 아들을 낳았을 때 그녀의 외할아버지는 산모를 위해 망태기에 닭을 가지고 왔다. 외손녀의 보신을 위해서였다. 기쁜 마음에 산모가 아이를 보여 주려고 해도 외할아버지는 돌아앉았다. 이미 아들(외삼촌)과 손자(외사촌오빠)를 잃은 충격 때문이었다. 모든 비극이 자신 때문이라고 생각하는 듯했다. 외가의 몰락은 그녀에게 오랜 마음의 아픔으로 남았다.

평양에서는 최승희의 아들 병건을 돌보아야 했다. 베이징에서부터 김백봉은 선생 대신 어린 조카의 엄마 노릇을 해왔다. 1년 후 병철을 낳았고 같이 키우다 외국 공연활동을 위해서 어쩔 수 없는 형편으로 아들 병철을 친정어머니에게 맡겼다.[19]

주말이면 대동강 건너에 있는 친정에 배를 타고 건너갔다. 어머니는 병철을 업고 언제나 강가에 마중을 나왔다. 거기서 모자의 반가운 상봉이 이루어졌다. 모친은 강가의 둑(동둑이라 불렀다) 밑에 밭을 일궈 농사를 지었다. 그리고 그 소작물을 여러 이웃에게 나누어 주는 것을 기뻐했다.

부친의 딸에 대한 열정적 지원은 조금도 꺼질 줄 몰랐다. 월북 뒤에 최승희와 김백봉이 가장 부족을 느꼈던 것은 악사의 문제였다. 남한의 훈련된 악사들에 비해 북한에서는 좋은 악사를 구하기 어려웠다. 또한 서울에 남기고 온 가회동의 자택을 처분해야 했다. 이 소식을 들은 부친 김병삼은 최승희와 상의한 후 38선을 넘어 남쪽으로 내려가 집을 처분하고 악사를 데려왔다.[20]

이 악사가 누구였을까. 당시 상황을 현지에서 목격한 중요무형문화재 발탈의 예능보유자 조영숙(曺英淑 1934-)의 증언에 의하면, 악사는 가야금의 명인 안기옥(安基玉 1894-1974)으로 여겨진다. 유엔군의 진격으로 최승희 일행이 평양을 떠나 신의주 방면으로 피난할 때 안기옥, 조상선, 정남희, 임소향, 박동실, 최옥삼(崔玉三 1905-1956) 등이 동행했다. 북한에서 안기옥과 최옥삼이 주로 반주를 맡았는데, 최옥삼은 월북한 것이 아니라 일제강점기부터 줄곧 북한에서 활동했던 명인이다.[21)]

부친은 딸이 무용연구소에서 연구생들을 도맡아 가르치는 것을 바람직스럽게 여기지 않았다. 경쟁자가 있어야 더욱 열심히 하고 발전할 수 있다고 여겼기 때문이다. 부친은 최승희에게 딸을 위해 '다른 제자를 한 사람 더 연구소 교육자로 데려와 달라'고 요구할 정도로 딸의 실력 향상에 관심을 쏟았다. 딸이 무용 선생이 아니라 뛰어난 무용가로 거듭나기를 진정으로 소망했다.[22)]

1947년 평양 국립극장에서 제1회 김백봉무용발표회를 가졌다. 작품 중의 하나가 <고전형식>(현 화관무)이었다. 어린 시절 자신의 고향인 기양 사람들의 생활과 자연을 배경으로 구상한 작품이다. 고모의 딸인 팔영 언니 결혼식에서 보았던 활옷의 맵시와 색의 조화, 잔칫날의 풍성함과 행복함, 가족애, 큰절을 올리며 부모에게 감사하는 효심 등, 어린 눈에 비춰진 그날의 풍경은 매우 아름다운 기억으로 남아 있었다.[23)]

김백봉은 최 선생이 하지 않던 군무(群舞)를 처음 시도했다. 선생의 원무인 <천하대장군>을 재안무해냈다. 의상과 소도구를 염색해서 직접 만들었다. 완전 타악반주로 징, 바라를 연주하고, 조명도 구식이었지만 음악의 분위기에 맞추어 했다. 선생은 공연을 보고나서 '네 공부가 무섭다'고 칭찬하며 눈시울을 적셨다. <계월향>(桂月香) <농촌풍경> <지효>(至孝) 같은 작품을 동시에 발표했다.[24]

<천하대장군>은 원작의 분위기에 맞추어 더욱 돋보이게 하려는 것이 애초의 의도였다. 그런데 북한의 내각출판 지도국(선전 선동의 분야를 지휘하는 부서)에서 명령이 떨어졌다. 제목을 <거꾸러진 천하대장군>으로 하고, 붉은 색과 흙색으로 채색된 사모관대형의 의상 앞줄에 별(星)을 누벼 미제국주의를 상징케 하라는 것이다. 마지막에는 흰 비둘기를 등장시켜 북한을 평화세력으로 부각시키고 안하무인(眼下無人)격인 천하대장군은 몰락하고 만다는 내용으로 개작할 것을 지시했다.

마치 체제 선전용 풍자만화를 그리라는 명령처럼 들린다. 처음 이 지시에 최승희는 노발대발하다가 끝내는 통곡까지 했다. 그러나 결국 당국의 지시에 굴복하고 말았다. 이 모습에 김백봉은 몹시 당황했고, 한편 선생에게 처음 실망을 느꼈다.

직접 속내를 털어 놓지는 않았지만 최승희는 자신의 작품 활동에 대한 김일성 정권의 노골적인 간섭에 점차 실망하는 빛이 역력했다. 무용이 공산주의 목적을 위한 수단으로 전락되고 있었다. 그녀가 원하는

진정한 창작정신은 감추어야 했고, 저들의 목적을 위한 선전으로 위장해야 했다.[25)]

김백봉발표회는 예약한 극장 날짜보다 2주일이나 뒤로 밀렸다. 최승희는 그 날짜를 딸 안성희에게 물려 주고 공연을 시켰다. 김백봉은 산후 조리를 해야 한다는 이유였다. 물론 최승희의 독단이었다.

김백봉이 무당춤에 착안해 부채춤을 하고 싶다고 하면, '유물론 사회에서 샤머니즘이 될 뻔이나 한 말이야'고 역정을 내었다. 그리고는 부채춤 소재를 딸에게 주었다. 김백봉이 백마강 3천 궁녀의 비화를 춤으로 하고 싶다고 하면, '왜 하필이면 남반부에서 소재를 구하느냐'고 화를 내었다. 그리고 딸에게는 남반부의 논개(論介) 설화를 공연하게 했다. 간절한 모녀의 정을 이해하지 못하는 것은 아니었지만 최승희의 이러한 횡포와 편애는 김백봉에게 실망을 더욱 가중시켰다. 논개 대신에 북한지역 출신의 의기(義妓) <계월향>을 소재로 한 것은 이런 이유였다.

<지효>는 후일 무용극 <심청>의 모체가 된 작품이었다. 심청이 아버지를 구하기 위해 인당수에 몸을 던지기 전에 겪는 공포와 두려움을 그린 것이다. 2001년 11월에 김백봉무용단이 <심청>을 공연할 때 김백봉의 2녀 안병헌의 구상으로 이 <지효>의 정조를 되살려 안병주가 공연하기도 했다.[26)]

1947년 체코의 프라하에서 열린 세계청소년무용대회에서 안성희가 수상한 이후 김백봉에 대한 차별은 더욱 가중되었다. 비록 아마추어들

의 경쟁이었지만 북한이 종합 2등, 개인 1등을 하고 돌아오자, 최승희는 김백봉을 제외하고 딸을 전면에 내세우기 일쑤였다. 김백봉으로서는 아직 풋내기에 불과한 성희를 대단하게 의식하지는 않았다. 문제는 성희의 출품작에 대해 거의 전적으로 지도해 준 김백봉의 성의를 모녀가 깡그리 무시하고, 독불 장군으로 행세하는 인격 파탄의 모습이었다. 실망은 이만저만이 아니었다.

김백봉이 밝힌 그녀의 춤과 안성희 춤은 성질이 달랐다. 즉, 그녀의 춤은 내면적으로 깊이를 구하는 춤이고, 또한 남성적이라 할 만큼 행동 질양(質量)의 확대가 큰 춤이었다. 이에 대해 안성희는 외면적으로 화사하고 약동적인 춤이고, 잘고 세밀하지만 경박하지 않고 깨끗한 춤이었다. 움직임은 남성적이고 활발했다. 이런 점에서 안성희의 가능성을 감지하면서 춤을 지도해 주었던 것이다.[27]

1948년 제2회, 제3회 김백봉무용발표회를 평양 국립극장에서 가졌다. 무용극을 처음 해 보았다. 무용발표회 이외에 김백봉은 예나 다름없이 선생의 공연을 뒷바라지 했다. 제자 서너 명이 따라 다니면서 의상을 정리했고, 선생이 옷을 갈아입는 시간에 무대에 나가 춤을 추는, 소규모의 공연이었다. 당신의 작품만 했을 뿐, 선생은 여전히 제자를 가르치지 않았다. 북한에 있는 4년 동안 김백봉은 선생 대신 제자들의 교육을 전적으로 맡았다.[28]

그해, 김백봉은 청년예술무용단장으로 소련, 동구 제국의 주요 도시를 순회공연했다. 러시아 볼쇼이발레 공연을 보면서 우리 춤의 테크닉

개발의 필요성을 절감했다. 소련의 대극장에서 솔리스트로서 출연하는 영광과 기쁨을 누리기도 했다.[29]

1949년 북한의 방중(訪中)예술단 안무자 겸 주역무용수로 중국 순회공연을 했다. 제4회 김백봉무용발표회를 평양 국립예술극장에서 가졌다. 1950년 봄, 북한의 방소(訪蘇)예술단 안무자 겸 주역무용수로 소련 순회공연을 했다. 레닌그라드에 도착해 역전 게시판에 보도된 것을 보고서야 전쟁이 난 것을 알았다. 평화로울 때 소련으로 가는 것은 아오지를 거쳐 쉽게 갔다. 그러나 돌아올 때는 중국의 동북을 거쳐 안동에 이르렀지만 폭격 때문에 위험하여 압록강 다리를 건널 수 없었다. 기차가 다시 연결된 뒤에야 평양으로 돌아올 수 있었다.[30]

안막에 대해 부기하고 싶은 내용이 있다. 그가 평양국립음악대학 초대 학장에 취임했다는 것은 이미 밝혔지만 전통음악 발전에 기여한 그의 업적을 주목할 필요가 있다. 그는 오랜 체험을 바탕으로 학과를 성악과, 기악과, 작곡과, 민악과(民樂科)로 나누고, 당시로서는 최고로 유명한 음악인들을 교수로 채용했다. 또한 그는 전통악기로 편성된 오케스트라와 전통악기의 개량을 시작했다. 이런 변화의 배경에는 최승희의 요청도 한 몫을 했다.[31]

8. 자유를 찾아서

방소예술단이 평양에 돌아왔을 때 시가지는 몹시 파괴된 상태였다. 유엔군의 폭격으로 부상자가 속출했는데 안막도 파편에 맞아 상처를 입었다. 휴식을 취할 시간도 없이 김백봉 부부는 남조선으로 떠나라는 명령을 받았다. 싸우는 북한의 인민군 위문 및 전쟁 선무선전(宣撫宣戰) 공작대에 편입되었던 것이다.

최승희는 무슨 수술을 받아 평양에 남았고, 최승오는 서울에 남겨둔 가족을 만나기 위해 동행했다. 공작대는 1950년 9월 1일 서울시청 뒤 내자호텔에 묵었다. 서울에서 2회 공연했다. 안성희는 김민자의 안내를 받아 무용가 한영숙(韓英淑 1920-1989)을 만났다. 최승희가 쓴 '북한으로 와 달라'는 편지를 전했고 춤을 '가르쳐 달라' 라고 했지만 한영숙은 응하지 않았다. 안막은 아버지(숙부 안창선)를 찾아가 만났다.

서울 공연이 끝나자 일행은 3~4명씩 안동지역, 여수지역, 광주 및 목포지역 등 3개 반으로 나뉘어 출발했다. 9월 18일 서울의 내자호텔에서 다시 만나기로 했다. 안동조는 김백봉 부부, 김순희, 김순원 등이고, 여수조는 이춘희, 최완용, 김하신, 구정혜 등이고, 광주조는 최승오,

전황(全璜 1927-), 안성희, 임정옥 등이었다.

김백봉 부부는 김천까지 갔다가 낙동강전투가 치열해 되돌아 왔다. 약속한 날짜까지 광주조는 돌아오지 않았다. 15일에 시작된 유엔군의 인천상륙작전이 성공했고 서울 탈환을 목표로 진격중이어서 일행은 서울에 머무를 수 없었다. 필사적으로 평양을 향해 도주했다.

어느 날 최승희 부부, 최승일, 안제승 부부가 모여 회의를 했다. 안제승은 출신 성분을 이유로 들어 월남행을 주장했다. 그러나 안막의 반대로 무산되었다.1)

평양은 하루에도 몇 차례 비행기 폭격을 당해 폐허가 되고 있었다. 하루에도 수차례 방공호 신세를 져야 했고, 폭격에 죽은 사람, 상처를 입은 사람, 가지고 다니던 악기가 파손된 사람 등, 주위에서 들리는 소식은 모두 불안하고 공포스러운 내용이었다. 김백봉은 어느 날 시아주버니인 안막이 방공호 속에서 한 말을 기억한다.

"백봉은 그 동안 나를 원망했지? 성희와 백봉은 성격도 다르고 개성도 달라. 서로 다른 세계에서 예술을 할 수 있었어. 성희가 하도 극성을 부리니 나도 그만 말려들고 말았지. 아마도 성희는 죽었나 봐. 백봉, 앞으로는 잘 해보자구."

김백봉은 이 말을 의심했다. 그렇게 도도하고 하늘 같은 자존심을 가졌던 안막의 말이라고는 도저히 믿어지지 않았다. 텁수룩한 수염에 생기 없는 그의 모습은 패배자를 연상시켰다. 최승희 부부에 대한 갈등이 마음 한 구석을 떠날 줄 몰랐다. 유엔군의 북진 정보가 계속 들려

오고, 사방에서 피난하는 사람의 이야기가 들렸다. 안성희는 그때까지 소식이 없었다. 어쩔 수 없이 그들도 피난해야 한다는 결론에 이르렀다.

김백봉 부부는 한 가지 제안을 내었다. 최승희 부부의 진정을 보려 한 것이다.

"형님, 지금 병철(장남)이가 강서의 친정에 있습니다. 이렇게 다급해졌으니 데리러 갈 시간이 없겠지요?"

"그래, 그냥 두고 가자!"

이렇게 안막은 서슴지 않고 대답했다.

이 대답에 김백봉 부부는 그들의 속마음을 알아 차렸다. 안성희가 귀가하지 않는 것은 몹시 마음 아파하면서도 평양 시내 가까운 곳에 있는 조카를 그냥 내버리고 피난하자는 그들의 말은 그간에 쌓인 정을 단번에 떨어지게 했다. 앞서, 김백봉에 대한 안막의 미안감의 표시는 진정이 아니었음을 깨닫게 했다.[2)]

폭격이 더욱 심해지자 최승희 일행은 피난길에 올랐다. 평양에서 석암, 다시 신의주를 거쳐 결국 중국 베이징까지 갔다. 김백봉 부부는 간격을 두고 뒤를 따를 것처럼 행동하다가 미리 마음먹은 대로 되돌아서 도주했다. 유엔군은 10월 19일 평양에 입성했고, 최승희 부부와는 영영 결별이었다.[3)]

한편, 남쪽으로 갔던 최승오와 안성희 일행은 온갖 수난을 겪으며 뒤늦게 평양으로 돌아왔다. 안성희가 늦어지자 그녀의 사망설이 나돌

기도 했지만 그녀는 발에 큰 상처를 입고 동상까지 걸려 가며 생존했다. 유엔군의 공습을 피해 야간에만 걸었다. 평양에서 부모를 만나지 못한 안성희는 계속 북쪽으로 피난해 훨씬 뒤에 가족과 상봉했다.

안제승은 최승희와 마지막 이별을 할 때 최승희의 입장을 다음과 같이 설명했다.

'우리는 항상 출신성분에 대해 걱정하며 지냈다. 형은 아버님이 서당 선생이었다는 사실만 밝히라고 했다. 많은 사람이 하루아침에 숙청되는 것을 보면서 우리도 언젠가는 당할 것이라 감지했다. 우리 부부는 월남을 통해 예술 속에서 자기를 이을 수 있었고, 형수는 인민군을 따라 피난함으로써 결국 사랑하던 예술을 버리고 타의(他意)로 무대를 떠났던 것이다.'[4)]

여기서 타의란 남편 안막의 정치적 선택을 의미한다. 이 선택은 예술적 자유의 포기이고 무용을 공산주의 목적에 희생시키는 것을 뜻한다. 그러므로 최승희에게는 예술적 무대의 포기이고 무대와의 결별이 된다. 안제승의 이러한 발언은, 최승희가 월남할 수 있었던 마지막 기회를 놓친 것이 사실상 그녀의 예술적 죽음, 예술에 대한 자살이라는 해석에서 나온 것으로 볼 수 있다.

김백봉 부부는 기양의 큰댁으로 가서 한 동안 숨어 지냈다. 부친과 모친의 친정 가족, 아들 병철 등도 그곳에 피신하고 있었다. 압록강까지 진격했던 유엔군은 10월 말에 중국군의 대규모 개입으로 후퇴하기 시작했다. 대동강 철교는 이미 끊어지고 말았다. 군인들이 민간인을 피난시키는 작전이 함께 진행되었다. 이때 군국장교 고정훈(高貞勳)을 만났다. 부부의 월남을 도와준 은인이자 월남 이후에도 상당 기간 부부를 도와주었다.

"국군이 평양을 수복했다고 전해지자 아버님이 앞장 서 1사단 G-2에 자수한 나는, 그 후 해방된 평양거리에서 적지 않은 분들과 지우(知友)를 얻게 되었다. 극작가 이서구(李瑞求 1899-1981) 선생이며 소설가 선우휘(鮮于煇 1922-1986) 씨 같은 분도 그때 처음 만났다." 이것은 김백봉의 회고이다.[5)]

1950년 11월 17일의 「동아일보」에는 매우 주목되는 기사가 게재되었다. '서울이 그리워 못 견뎌요. 무희 김백봉의 눈물의 호소'라는 제목의 11월 5일자의 평양 인터뷰 기사이다.

'<농촌풍경> <녹음방초> <춘광> 등 창작무용으로 평양의 인기를 독점했던 백합꽃 같이 아름다운 김백봉, 그의 남편인 안제승은 지금 모 수사기관의 보호를 받고 있다. 기자(崔興朝)는 정보장교와 함께 김백봉 부친의 안내를 받아 평양시내에서 약 40리 되는 강서군 초리면 포리로 찾아갔다. 김백봉은 서울로 보내 줄 것을 원했고 공산당 치하에서는 예술을 할 수 없다고 분명히 말했다. 그들은 지프차를 타고 시내 모란봉극장 옆 양옥집으로 함께 돌아왔다.'

김백봉이 후일 회고한 바에 의하면, 이런 와중 어린 아들 병철은 북한의 유아원에서 배운 '김일성 장군 노래'를 차안에서 불러 김백봉 부부를 긴장시키기도 했다.[6)]

1950년 12월 4일이었다. 유엔군은 대동강 강둑에 쌓아 놓았던 폭탄을 모두 터뜨렸다. 평양을 포기한다는 선언이었다. 대동강변의 집에 도착한 모친은 동생들을 곁에 앉히고 피난하지 않겠다고 말했다. 먼저 떠나라고 했다. 친정집에서는 그해 여름 성적표를 받으러 학교로 간 김백봉 바로 밑의 여동생 성실(간호원으로 차출되었다는 설이 돌았다)과 남동생 서균이 겨울이 되어도 귀가하지 않는 참담한 가정 비극을 안고 있었다. 전쟁 요원으로 동원되어 간 것이 분명했다. 전쟁의 포화 속에서 가족은 마음을 태우고 있었다.

그날은 진눈깨비가 내리고 있었다. 일곱 살짜리 동생이 '아빠, 누이와 잘 갔다 와' 하며 손을 흔들었다. 부친은 '일주일 있다 올께' 하며 돌아섰다. 어쩔 수 없이 김백봉의 가족은 부친과 함께 피난길에 올랐다.

부친은 일단 큰딸네를 무사히 피신시키고 다시 가족을 데리러 평양으로 돌아갈 예정이었다. '곧 다시 평양으로 돌아올 수 있다'는 희망적인 소문도 떠돌고 있었다. 부친은 큰댁 오빠들에게 남은 가족을 부탁하고 딸네 가족과 함께 남행길에 올랐다. 그 후 남자들이 다 군인으로 끌려가는 판국이 되자 모친은 북한에 남은 오빠들에게 피난하도록 내보냈다. '남쪽으로 간 아버지를 찾아가라'는 것이 모친이 마지막으로 남긴 말씀이었다.[7]

일행은 황해도 해주로 갔다. 하룻밤 묵으려고 여관집으로 들어갔는데, 마침 결혼식을 끝낸 집이었다. 갈 곳이 없으니 염치 불구하고 모두 그 자리에 주저 앉았다. 사람들이 많이 몰려들어 신혼부부의 신방을 마련하기조차 어려운 형편이었다. 모두 창고에 들어가 쌀을 퍼내다 밥까지 해 먹었다. 주인은 그런 현실을 그대로 받아 들였다. 그 정도로 인심이 좋은 시절이었다.

일행은 도중에 용변을 보기 위해 갈대밭 근처에 앉아 있었다. 때마침 폭격이 시작되었다. 다시 출발해 가다 보니, 앞서 지나간 몇 사람은 폭격에 희생된 채 길가에 쓰러져 있었다. 엄숙한 운명의 순간을 체험했다. 운 좋게도 위기를 모면했다.[8)]

2002년 2월호 『춤』지에는 핀란드 헬싱키에서 교수를 하고 있는 고송무(高松茂)가 제공했다고 하는 김백봉의 사진이 게재되었다. 금연재(琴硏齋)의 소장품으로 공개된 것이다. 한복으로 된 무용 옷을 입고 두 팔을 부드럽게 벌리고 찍은 모습이다. 옷의 짙은 주름과 함께 몸매가 날씬하다. 후면에는 스탈린과 김일성의 대형 사진이 벽에 걸려 있고, 왼쪽 구석에는 대형 태극기가 걸려 있다. 이 사진은 남과 북, 미국과 소련의 회담이 진행되던 분단시대의 정황을 극명하게 드러낸다. 이러한 정황 속에서 아직 월남하기 전 김백봉의 갈등이 내재된 모습이라고 할 수 있다. 고향이 북한이면서도 이산(離散)가족으로서 자유를 찾아 남한으로 온 그녀에게 민족적인 고뇌는 무엇보다 실존적 삶의 문제였다.[9)] 그녀에게 삶은 곧 무용이었다. 김백봉 부부의 월남은 무용에 대한 자유의 선택이었다.[10)]

여기서 참고로 최승희 가족의 최후에 대해 약술해 두기로 한다. 평양에서 피난길에 오른 그들은 1950년 11월 김일성과 주은래의 배려로 2년간 베이징에 거처하게 되었다. 전후 안막은 문화선전성 부상(副相 1956,2), 작가동맹 중앙상무위원(1956,10)까지 역임한 뒤 반당종파(연안파)분자로 체포되었다가(1958,8) 지하철 노동자로 전락했고 사망한 것으로 알려졌다. 최승희는 안막과 함께 연금되었다가 무용학교 평교사로(1958,10) 재직했다.

최승희는 다시 복권되어 문학예술총연맹 중앙위원, 조소(朝蘇)친선협회 중앙위원, 조국통일 중앙위원, 조선무용동맹위원회 위원장(1961-1967)으로 활동했지만 사실상 실권이 없는 존재였다. 1967년 6월에 숙청되었고 2년 뒤에 사망한 것으로 알려졌다. 방직공장 서클지도원, 원산 부근 인민극장 청소부로 근무했다는 설도 있다.[11]

딸 안성희는 당원들 앞에서 부모를 공개비판했고(1959,10), 숙청된 이후 농촌에서 살다가 탈곡기에 손목이 절단 된 것으로(1965) 알려졌다. 모녀는 정치범수용소에서 자살 또는 병사했거나 함께 중국 국경으로 탈출하다가 사살된 것으로 알려졌으나 확실한 자료는 구할 수 없다.[12]

9. 전후 무용계와 김백봉

김백봉의 가족은 고정훈의 도움으로 무사히 서울에 도착했다. 서울집에 당도해 늙으신 시어머님과 재회의 감격을 나누고 막 자리에 들었는데, 무려 20~30명 형사대의 습격을 받아 종로경찰서에 연행되었다. 수사관들은 무지무지한 거물급 간첩을 잡았다고 기세가 등등한 데, 손가방 속에 들어 있는 무대의상용 스팡클을 보고는, 굉장한 금은보석을 공작금으로 휴대했다고 하는 판이라 어처구니가 없었다.[1)]

몇 차례 조사를 받았다. 생년월일을 단기(檀紀)로 물었다. 서기(西紀)로 대답하자 심문관은 따귀를 때렸다. 단기를 배운 적이 없었기 때문이다. 김백봉과 안제승은 각각 다른 감방에 수감되었다. 잡혀가는 엄마를 붙잡으려다 아들 병철은 경찰의 발길에 차이기도 하고, 경찰서 앞 전봇대에 기대어 잠이 든 적도 있었다.[2)]

최승희에게 무용을 배웠고, 또한 그 밑에서 조교 노릇을 했을 뿐만 아니라 한 사람의 무용가로서 거듭나게 된 자신의 과거에 자존심을 걸고 모든 조사에 당당하게 임했다. 최승희 부부의 회유에도 불구하고 자유를 찾아 월남한 결단력에 자부심을 가지고 수사관 앞에서 발언했다. 몇 번을 조사해도 그녀에게서 얻을 수 있는 북한에 관한 시국 정보는 없었던지 방면되었다. 죄라면 김백봉은 춤을 춘 죄밖에 없었다. 수감 중에 정훈장교 고정훈과 이용상(李容相)이 찾아 온 것도 석방에 도움이 되었다. 당시는 반공이 국가적 이념이었고 그로 인한 연좌제(緣坐制)가 시행되던 시절이었다.[3)]

김백봉이 월남하는 모습을 미군 뉴스맨이 찍으려 했다. 그러나 그날따라 날이 추워 렌즈에 서리가 끼어서 사진을 찍을 수 없었다. 만약 자진 월남하는 모습이 그때 리버티 뉴스로 방영되었더라면 그렇게 여러 번 경찰서 드나들지 않아도 되지 않았을까 여겨진다.[4)]

조사 받고 있을 때 감방에서 목격한 일화를 소개하기로 한다. 감방에 들어가 있으라고 하는데 도저히 발을 들여놓을 수 없었다. 그때 감방에 들어 있던 어떤 아이와 눈이 마주쳤다. 순간 고향집에 두고 떠나온 7살 동생 홍우가 생각났다. '아빠, 누나, 빨리 갔다 와' 하던 동생이다. 아이를 보고 용기를 내어 안으로 들어갔다.

잠시 후 입술을 빨갛게 칠하고 파마 머리를 한 여자가 들어왔다. 그 여인은 경찰을 보고 '야, 너 내가 나가면 국물도 없어!' 하고 소리쳤다. 다시 '담배 한 대 내놔!' 했다. 그 경찰이 담배에 불을 붙여 창살 안으로 던졌다. 사람들은 양갈보라고 수군댔다. 여인은 사람들에게 '뭘 봐! 이 ××들아!' 하고 눈을 부라렸다.

사방이 조용해지고 여인의 담배 연기만 피어오를 때 옆방에서 갓난아기 우는 소리가 요란하게 들렸다. 그 아기의 부모가 사상범으로 도망을 갔는데 부모를 검거하기 위해 아기를 대신 잡아 두었다는 이야기가 돌았다. 아기의 울음소리는 더욱 커졌다. 경찰이 감방 앞에 와서 '아기에게 젖을 좀 줄 사람이 없느냐'고 물었다.

빨간 입술 여인이 손짓을 했다. 사람들이 다시 수군대기 시작했다. 울던 아기는 그 여인의 젖을 빨다 조용히 잠이 들었다. 그 광경을 지켜보던 김백봉은 그 여인에게서 막달라 마리아 같은 이미지를 발견했다.

서울 시어머니의 건강은 좋지 않았다. 1951년 추운 겨울, 중공군의 남하로 1월 4일의 서울후퇴가 시작되었다. 김백봉 부부는 다섯 살 된 아들을 안고 대구로 피난했다. 피난살이는 고달팠지만 세 식구의 마음은 행복했다. 서울이 재탈환되었다고 기뻐하던 어느 날, 피난을 못하신 시어머니가 별세했다는 소식이 날아들었다. 남편이 그렇게 슬프게 우는 것을 일찍이 본 적이 없었다.5)

한편, 딸과 함께 남하한 부친은 남쪽으로 내려 온 뒤에야 북에 두고 온 모친과 어린 자식들과 쉽게 만날 수 없다는 사실을 깨닫게 되었다. 나날이 초조와 불안에 떨었다. 행여나 하는 마음으로 탄환이 날아다니는 데도 38선 근처까지 되돌아갔다. 월북이라도 해서 그들을 구출해 나올 방도가 있지 않을까 하는 도전이었다. 그러나 이미 넘어올 적과는 완전히 딴판이 된 상황을 알아차리고 쓸쓸히 김백봉에게로 되돌아왔다.6)

피난 중에 삯바느질을 하기도 했다. 바느질한 옷을 가지고 가면, 혹시 최승희의 제자 김백봉이 아니냐고 묻는 사람들이 많아 그 일을 그만 두었다. 남편과 종일 장작을 패 내다 팔기도 했다.

어느 날 피난민촌을 걸어가는데 사람들이 모여 있었다. 가까이 가보니 승무를 추는 사람이 보였다. 박지홍(朴知弘) 선생에게 승무를 배우게 된 인연은 이렇게 시작되었다. 고즈넉이 뭔가 생각에 잠긴 듯 천천히 휘돌아가는 선생의 춤사위에 사람들은 마치 세상사를 잊은 듯 넋을 놓고 있었다. 선생의 춤을 보는 순간 김백봉은 겨드랑이에 날개라고 돋는 듯 그 동안 잊었던 춤사위가 생각났다. 좁은 마루방에서 승무를 배웠다. 나중에 안 일이지만 선생은 명창 박귀희(朴貴姬 1921-1993)와 김소희(金素姬 1917-1995)에게도 춤을 가르친 분이다.[7]

대구 피난지에서 김백봉과 부친은 뒤따라 월남한 사촌 오빠들을 감격스럽게 만났다. 평양에 남은 모친이 시킨 대로, 그들은 먼저 월남한 가족을 찾아내 상봉한 것이다. 감격은 이루 말할 수 없었다. 후일 서울에 정착하면서 평양에 가족을 두고 온 부친과 사촌 오빠들은 모두 홀아비 생활을 벗어나 새 가정을 이루었다. 모친은 남편과 딸이 월남한 이후 얼마 생존하지 못하고 작고했다는 소식을, 먼 훗날 외가 친척으로부터 들었다. 가슴에 맺힌 어머님에 대한 그리움은 김백봉 작품의 주제를 이루었다. 떠나올 때 모친의 사진 한 장 들고 나오지 못한 후회를 영영 지우지 못하고 있다.[8]

서울로 상경했지만 마땅한 일자리는 없었다. 부친이 부산에서 보내주는 얼마간의 돈과 조카들을 돌보아 주면서 생기는 푼돈으로 연명해 가는 나날이었다. 그런 중에도 즐거움은 우리 춤사위의 산증인들을 찾아다니는 일이었다.

동대문 근처에 기거하던 이동안(李東安 1906-1995) 선생에게 춤을 배웠다. 경기도 화성 재인청 도대방의 아들인 이동안은 12살에 부친의 반대를 뿌리치고 남사당패에서 활동을 시작했다. 줄광대 김광보, 김인호, 재담가 박춘재(朴春載 1881-1948), 춤꾼 한성준 등 여러 명인에게 온갖 기예를 습득한 명인이다. 김백봉은 선생의 <태평무> <진쇠춤> 등을 통해 전통무용의 세계를 넓혔다.

후일, 김백봉은 이동안 같은 춤의 명인이 겨우 발탈의 중요무형문화재로 지정된 것을 안타깝게 여겼다. 돈암동에 있던 마지막 궁중무당의 집을 찾아가 무속 춤을 배운 것도 값진 보람이었다.[9]

1953년 3월 김백봉은 가회동의 빈집을 빌어 처음으로 무용연구소를 내었다. 피난 간 주인이 돌아올 때까지 집을 지켜 준다는 조건으로 대청마루가 20평이나 되는 한옥 한 채를 사용하게 되었다. 가진 것이라고는 장고 한 대뿐이었다. 그것도 최승희 선생님의 장고였다. 소설가 박종화(朴鍾和 1901-1981) 선생을 비롯한 내외 귀빈과 백여 명이 넘는 연구생들의 축복을 받으며 개소식을 가졌다. 부부는 장차 해야 할, 하고 싶은 설계도를 그렸다. 김백봉의 존재를 알리는 것이 우선이라고 생각했다. 이때 찾아왔던 제자로 어린 배정혜(전 국립무용단 예술감독)가 있었다.[10]

무용연구소를 개설할 때의 심정을 이렇게 밝혔다.

"우리 것 가운데 훌륭한 것들을 현대화하기로 방향을 정했다. 그래서 밀실에만 머물고 있었던 무속, 광대들의 춤사위를 내 것으로 만드는 데 전력했고, 부채, 북 따위의 아름다운 것들을 자연스럽게 춤 속으로 끌어들이는 데 혼신의 정열을 기울이고자 했다."[11]

여기서 잠시 전후의 무용계를 살펴볼 필요가 있겠다. 1954년 4월에 한국무용예술인협회가 결성되었다. 마산 출신 무용가 김해랑(金海郞 1915-1969)이 주도했다. 그는 한때 일본에서 무용가 다카다 세이코(高田聖子 1895-1977)에게 수학한 경력을 지녔다.

1954년 7월에 진수방을 주축으로 한 한국무용가협회가 결성되자 무용계는 양분되었다. 이 협회의 중심 무용가 송범, 임성남, 김백봉은 안제승의 연출로, 각자 안무작을 발표했다.[12] 1956년에 무용예술인협회에는 내분이 일어났다. 무용계는 김해랑, 반(反)김해랑, 진수방 등, 3파로 나뉘어 광복 이후처럼 주도권 갈등이 벌어졌다.

1959년 4월에 문총회관에서 진수방을 회장으로 한국무용협회가 결성되었다. 이를 계기로 무용가협회는 무용협회와 통합되었다.[13] 앞서의 다른 집단들도 무용협회로 모였다. 무용협회는 1961년 사단법인체로 개편되고, 최초의 이사장에 송범이 선출되었다. 그 동안 정치적인 편향성보다는 창작에 매진해 온 그의 순수성이 무용인들에게 훌륭한 모범으로 인식되어 전국의 무용인을 대표하는 이사장에 오르게 된 것이다.

무용협회 이사진에는 임성남(부회장), 강선영(姜善泳 1924-), 김백봉, 정인방, 조용자, 김진걸, 김문숙, 권려성, 조광, 진수방, 정무연 등이 선임되었다. 이 협회는 결성 이후 현재까지, 정부의 공식적인 행사에 참가하는 한편, 신인예술상 경연대회, 중고등학생 무용경연대회, 교사 및 전문가 무용연수회, 대한민국무용제 등을 통해 무용 발전에 기여해 왔다.

무용가 개개인의 활동을 보면, 1953년부터 김천흥(金千興 1909-2007), 김보남(金寶男 1912-1964), 이매방(李梅芳 1927-), 강선영, 김백봉, 송범, 권려성, 김진걸, 이인범, 김문숙, 주리, 임성남, 조광, 파조 등이 무용연구소를 개설하고 공연과 후진 양성에 나섰다.

1953년 이화여자대학교 체육과에 무용전공이 처음 개설되었고, 1957년에는 서울예술고등학교에 무용과가 개설되었다. 최승희와 다카다 세이코의 제자인 박외선(朴外仙 1915-2011)은 남편 마해송(작가)의 완고한 만류로 무용가 활동을 접고, 이화여대에서 제자를 가르치기 시작했다. 무용계 최초로 대학교수가 된 것이다.[14] 지난날 궁중아악생 출신인 김천흥과 김보남은 이화여대에서 전통무용을 가르쳤다.

서울에 환도한 이후 김윤학, 정인방, 강선영(이상 1953), 조용자(1954), 김순성, 배숙자, 김백초, 김진걸(이상 1955), 정무연, 권려성(이상 1957), 홍정희 및 류인희(무용석사학위발표회 1958), 윤석운, 김백초, 김백봉, 김천흥(이상 1959) 등이 무용발표회를 열었다.

김백봉은 가회동에서 1953년 낙원동으로, 낙원동에서 다시 묵정동으로 연구소를 이전하며 연구생들을 가르쳤다. 낙원동 김백봉무용연구소에서 예술협회 주관으로 무용발표회를 열었는데, 여기서 처음 <부채

춤>이 선을 보였다. 1964년에는 당의를 처음 입었고 군무(群舞)로 개작하기까지는 아직 독무였다. 1968년 멕시코올림픽에서 군무로 개작했다. 1953년 8월 15일 광복기념예술제에서 <조국 찬가>를 안무했다.[15]

10. 첫 발표회

1954년 벽두 김백봉은 '무용은 예술창작 활동이 기본이고, 그 동안의 연마와 연구생 지도는 발표회를 위한 준비였다. 머지않아 발표회를 통해 연구 결과를 공개할 것이니 냉혹한 비판과 지도를 바란다'라는 요지의 심정을 밝혔다.1)

1954년 11월에 명동 시공관에서 월남 후 첫 공식 발표인 제1회 김백봉무용발표회를 열었다. 제1부에서는 김백봉과 12인의 <칼춤> 및 <밤> 허경자 · 정채경 · 방길자의 <남매> 김백봉의 <부채춤> <지효> 초 · 중 · 고등반의 <꿈>이 연행되었다. 제2부에서는 안영숙과 8인의 <무궁화> 김백봉 · 손상림의 <녹음방초>(부제 처녀 총각) 아동반 · 중등반의 <고전형식> 허경자 · 정채경의 <동심> 김백봉의 <사슬을 끊고> <장고춤>이 연행되었다.

김백봉은 발표에 즈음하여 다음과 같은 글을 발표했다.

'무용가가 무용만 잘하면 되는 선진국에 비해 혼자서 모든 것을 다 준비해야 하는 우리 무용가들은 불쌍하다고 하겠다. 고전무용을 맹목적으로 받아들여 형태만을 그대로 재연한다거나 외국무용의 섭취 운운

하면서 버터 냄새만을 풍긴다면 무용은 국민생활과 거리가 멀어질 것이다. 새롭고 우수한 무용을 창조해내는 것이 발표회의 가장 중요한 방향이다. 고전적 수법을 새로운 형식에 편성하는 것, 실생활의 주제를 무용으로 그리는 것, 무용적 테크닉과 판토마임을 현상 화하는 것, 민족적인 향기를 갖출 수 있는 신무용을 창작하는 것, 외국무용을 통해 노력해 보는 것' 등 다섯 가지 방법을 제시했다.[2)]

월남 이후의 데뷔에 해당하는, 이 공연에서 그의 명품으로 <부채춤>과 <고전형식>이 관객들에게 처음 공개되었음을 주목하게 된다. 또한 연구생들을 통해 김백봉의 안무가 처음 공개된 것은 무용사적 의미를 갖는다고 할 수 있다. 김백봉은 국내 극장의 규모와 시설이 러시아에 비해 너무 빈약한 것을 비로소 느꼈다. <부채춤>과 <지효>는 당시 USIS(미국공보원)의 리버티 뉴스로 제작되어 극장에서 방영되었고, 김백봉과 연구소는 널리 알려지게 되었다.[3)]

<녹음방초>에서 김백봉은 남자역을 했다. 허름한 바지저고리에 조끼를 입고, 머리에는 수건을 동여매고 오른손에는 갈퀴를 들었다. 상대역은 처녀였으므로 남녀의 듀엣이 되었다. 김백봉은 여자의 춤은 물론 남자역의 춤을 개성 있게 잘 추어 관객들에게 주목을 받았다.[4)]

<녹음방초>가 공식적으로 데뷔한 시기는 1954년으로 되어있으나, 실상 이 작품은 이미 한국동란 당시 군대위문순회공연을 돌며 김백봉 자신이 남성역을 맡아 추었던 작품이다. 그녀는 '내 작품에서 고향은 항상 밑그림처럼, 생명의 근원처럼 살아나는 곳'이라 했다. 안무자의

성장배경이 되었던 고향의 소박한 정서와 자연친화적인 색채가 깊게 묻어나는 작품이다.

풀피리를 한가로이 불며 여유로운 봄날의 정취를 즐기고 있는 젊은 총각의 모습이라든가, 들꽃을 꺾어 바구니에 담으며 마냥 행복해 하는 아리따운 처녀의 모습, 그리고 두 남녀의 옥신각신하는 사랑놀이 등이 묘사된다. 전래동화처럼 편안하고 푸근한 춤이다. 그러면서도 다른 작품에 비해 무수한 마임 장면이 펼쳐져 관객에게 매우 친근감을 주는 작품이다.[5)]

조동화(趙東華 1922-2014)는 이 공연에 대해 '민족무용에 대한 절망에서 예기치 않게 한국무용사의 여명기를 맞이하게 되었다. 지금까지의 무용과는 전혀 무교섭하게 언젠가 벌써 현대무용들이 차지한 위치에서 고전조(古典調)로서 이처럼 안심되고 감격한 무대무용에 접한 것은 처음'이라고 평가했다.[6)]

강이문(姜理文 1923-1992)은 이 공연에 대해 '그 내용에 있어서 별로 독창성을 발견할 수는 없었다. 그러나 형식면, 전통무용의 비판적 해석에서 해방 후 줄곧 혼미하여 편린적 회고조(懷古調)로 전진의 기력을 상실한 국무계(國舞界)에 단연 생신(生新)한 기풍과 하나의 뚜렷한 방법론이나마 제시한 점, 특히 군무 구성에 있어서의 현대무용적 위치 확보'가 방법으로 돋보였다고 평가했다.[7)]

김경옥(金京鈺 1925-2010)은 이 공연에 대해 '고전조의 새로운 해석과 기법의 응용으로 민속무용의 근본문제를 파고들었다. 현대적인 표현으로서 과거의 나열기교를 배격한 것이 그 특색이라 할 것이다. 정확한 연기 계산에서 자칫하면 템포 있는 현대생리에 지각하기 쉬운 고전조를 색(色)을 잃지 않으면서 활달 자재(豁達自在)롭게 다룬 것은 원숙한 기교와 지성의 힘에서일 것이다. 특히 발레의 수법을 등장시켜 활기 있는 대열반형의 기하학적인 유니즌(조화)의 효과를 꾀한 것, 그리고 무용의 대위법으로 평면적인 고전조를 입체화하려고 한 시도 등은 좋았다.'라고 평가했다.[8] 당시 경향신문의 단평에서도 이와 유사한 긍정적인 평가를 했다.[9]

무용가 조흥동(趙興東 1941-)은 막 중학생이 되었을 때 이 공연을 본 것으로 기억한다. '선생의 춤을 대하는 순간 너무도 큰 충격 속에서 흥분을 감출 수 없었다. 움직임 하나하나가 신비로울 정도였고, 의상(스팡클과 조세트 천의 염색)의 조화된 디자인, 조명, 그리고 안제승 선생의 연출에 의한 무대화 등은 당시 내가 보아 온 춤과는 너무도 다른 춤의 세계를 느끼게 했다. 그 후 대학에서 선생의 지도를 직접 받았고, 나의 창작무용 생활에도 큰 도움을 주셨다.'[10]

1955년 대구극장에서 김백봉무용발표회를 했다. 퇴계로 동국대학교 밑에 있던 묵정동 연구소의 공식명은 한국무용예술연구소였다. 해군제독 손원일이 김백봉의 어려운 사정을 오산의 미국제5공군관 앤더슨 중장에게 전한 것이 지원을 받게 된 동기였다. 사령부는 묵정동에 콘셋트(군대용 막사)로 연습실을 지어 주었다. 5백 평이 넘는 공간에 바닥에는 나무마루가 깔린 훌륭한 시설이었다. 개인에게는 지원을 하지 않는 원칙에 따라 공식명으로 붙인 것이다. 이런 지원의 내용은 널리 알려졌고, 수강자가 계속 늘어나 200여 명에 이른 적도 있었다. 하루 종일 쉬지 않고 매일 가르쳐야 했다. 이 연구소는 임성남, 조광, 송범 등과 시간을 나누어 사용하기도 했다.11)

1956년 4월 시공관에서 김백봉무용발표회 및 제1회 한국무용예술연구소 문하생수료기념공연으로 무용극 <우리마을 이야기>(2막 3장)를 공연했다. 전래 동화 혹부리영감을 소재로 한 것이다. 이 공연도 USIS(미국공보원)의 리버티 뉴스로 제작되어 극장에서 방영되었다.12)

김백봉은 이 작품에 대해 이렇게 말했다.

"내가 맡은 역할은 혹부리 영감이었다. 지금까지의 독무와는 달리 춤으로 해야 하는 구체적인 이야기 전달이 중요하기 때문에 2막 3장으로 세분화시키고, 무대장치도 설치하는 등 세밀한 신경을 썼다. 나는 얼굴에 수염도 붙이고 주름도 그렸다. 당시에는 얼굴을 특수분장으로 가리고 나오는 경우가 드물어, 왜 얼굴을 망쳤느냐는 엉뚱한 이야기도 들었다. 내가 최승희 선생과 공연할 때도 변사또와 같은 역할을 했었는데, 지금도 같은 생각이지만 캐릭터 댄스가 나한테는 더 잘 맞는 것 같다."13)

김경옥은 '우리나라 전래의 소재를 가지고 우리 민족정서를 충분히 무용극화할 수 있다는 사실을 증명해 주었을 뿐만 아니라, 그런 것이 우리 관객에게 가장 어필할 수 있다는 것을 담지해 주면서 우리의 민속무용 고대무용의 움직임을 현대예술무용의 대표적 기교로까지 승화

시켰다'라고 평가했다.14)

조동화는 '발레를 기조로 한 <징글벨>과 <내 버릇 남 주나>는 어린 연구생들의 무용으로서 배역이나 구성에 무리가 없었다. <우리 마을 이야기>는 권선징악의 따분하기 쉬운 이야기인데, 화려한 소품무(小品舞) 10여 개를 장면마다 편성해 비교적 성공적인 변화를 가져왔다. 술래잡이춤, 북춤, 줄넘기춤 등이 돋보였고, 허경자, 안영숙, 문영순 양은 어려운 역할을 잘 해냈다' 라고 평가했다.15)

강이문은 '고전발레 형식의 도입 과잉으로 하여 삽입된 술래잡이춤, 북춤 등은 볼품이 있었다 해도 대체로 흐름이 설명적이면서 묵극화(黙劇化)에 치우친 점은 재고를 요하는 점이었다. 국무(國舞) 현대화의 색다른 시도로서는 애상할 만한 가작이었다. 그러나 아직 독창적인 김백봉의 개성을 발표했다고 하기에는 불만이 없지 않았다'라고 평가했다.16)

1956년 11월 한국무용가협회의 작품발표회(김백봉, 송범, 임성남 합작합동 발표회)가 안제승의 대본, 연출로 공연되었다. 이 무대에서는 전6장의 <비련>이 공연되었다. 오리아 공주(김백봉)를 사이에 두고, 두 왕자인 세살태공(송범)과 베롯트(임성남)가 갈등하는 내용이다. 이월영(와이안장군), 주리(짚시녀), 김진걸, 김순성, 송순영, 권려성 등이 공연에 참여했다.17)

이 작품은 서로 영역이 다르고 개성과 체계가 다른 차이점에 유념해 개개의 특성이 십분 발휘되도록 세심하게 배려한 안무였다. 구성과 짜

임새는 온갖 희생을 무릅쓴 적극적 참여가 주효해 보기 드문 주목을 받았다.[18]

조동화는 <비련>에 대해 무용의 계보가 다른 세 사람이 하나의 음악인 화성(和聲)을 만들어낸 데 비유하며, 어려운 도전으로 평가했다. 김백봉은 발레가 전문이 아니면서도 발레 무용가를 무색케 할 정도로 훌륭하게 구사했고, 송범과 임성남의 춤도 볼 만하다고 했다. 송범과 주리의 대무, 이월영의 어두운 성격의 표현 등 무용극의 분위기를 잘 살렸다고 했다.[19]

1956년 타이완 정주로부터 쌍십절기념 문화행사에서 공연해 달라는 초청을 받았다, 그러나 뒤늦게 월남경력을 문제 삼아 여권을 내주지 않은 사건으로 참석하지 못한 불행을 겪어야 했다. 담당 공무원의 오판 때문이었다.[20]

1957년 3월 베트남의 사이공에서 개최되는 아시아반공대회(한국대표 장기영)를 계기로 제1차 동남아순방친선예술단이 19일에 출발할 예정이었다. 그러나 무용가 조용자와 정인방을 중심으로 아마추어 수준의 단원들을 포함시킨 것이 화근이 되어 김백봉과 송범은 불참을 선언했다. 처음 해외공연을 하는 만큼 대표적인 작품을 가지고 가야 한다는 것이 이들의 거부 이유였다. 이 사건은 당시 예술계에서 적지 않은 파문을 일으켰다.[21]

1958년 2월 제2차 동남아순방친선예술단(단장 공진항)이 LST를 타고 인천항을 출발했다. 전년도의 졸속 공연을 의식해 공보처(처장 오재경)는 보다 준비에 철저를 기했다. 베트남, 태국, 필리핀, 홍콩, 타이완, 오키나와 등지를 순회했다. 교향악단(64명) 합창단(30명) 군악 및 의장대(49명) 독주자(5명) 수행원(20명)에 무용은 김백봉과 제자 3명뿐이었다. 그러나 현지의 신문은 무용만을 대서특필(大書特筆)하는 이변이 벌어졌다.[22)]

1958년을 기준으로 우리 무용계는 우리 춤과 발레로 양대분되어 있었다. 우리 춤에는 무용가 김백봉을 비롯해 김천흥, 김진걸, 권려성, 정인방, 조용자, 김순성, 김백초, 김윤학, 김문숙 등이 활동했다. 발레에는 무용가 임성남을 비롯해, 진수방, 송범, 이월영, 조광, 이인범 등이 활동했다.[23)]

1959년 5월 김백봉무용발표회가 원각사에서 열렸다. 안제승 연출, 김백봉 안무로 제1부 <무녀도의 인상> <선의 유동> <희화>(戱畵) <잊어버린 하늘 아래서> <섬광>(쌍검무), 제2부 무용극 <고향>(1막 2장 김경옥 대본) 등이 발표되었다. <희화>는 양주별산대놀이의 먹중과장을 무대화해 주목을 끌었다.

조동화는 '우리 춤 현대화에 많은 제시와 약속을 주면서 제한성과 신소재를 시사하는 한편, 회선(廻旋)과 도약이 새로운 우리 춤의 기교권(技巧圈)으로 성공리에 소화되었는가 하면, 절도를 갖춘 대열변형과 훈련미로써 희디흰 명주발의 파문처럼 곱고 보드랍게 인상에 남은 <선의 유동>이 좋았다'라는 평가를 받았다.[24)]

강이문은 '소품은 모두 그의 안무력을 증명해 주는 작품으로 새로운 시도의 회선과 도약이 좋게 성공했다. <무녀도의 인상>은 그녀의 걸작 <부채춤>을 군무화한 것으로 회선의 묘(妙)와 템포가 좋았다. <희화>는 소재의 개척에도 의의가 있지만 그의 진지한 학문적 태도가 미덥다'라고 했다. <고향>은 무용극 <우리마을 이야기> 같은 환상적 설화에서 현대적인 이야기로 옮겨 보려는 의욕을 보인 작품이다. 우리 춤은 소품적 단위로 구성 압축되어 있는 것이 특질인데, 이 작품은 이런 핵심적 특질과 맞선 것이 어려운 과제였다. 발레와 같은 묵극적 연기가 정립되지 않은 상태에서 여러 면에서 무리가 빚어진 작품이었다'라고 평가했다.[25]

1959년 11월에 동아일보 주최 제1회 신인무용발표회가 시공관에서 열렸다. 이 자리에는 6인의 신인무용가와 김천흥, 김백봉, 송범, 임성남 등 일류 무용가들이 찬조 출연해 뜻 있는 행사를 마련했다.[26] 6인의 신인 가운데 문영순(文英淳)과 이복형(李福珩)은 김백봉의 교육을 받은 유망주들이었다.[27]

전후 1950년대의 줄기찬 활동으로 김백봉은 대표적인 무용가로 우뚝 섰다. 1959년 9월 서울시교육위원회는 사회교육공로상을 그녀에게 수여했다.

50년대의 사건으로 남기고 싶은 이야기가 있다. 김백봉의 낙원동무용연구소에서 한 미국인이 춤을 배운 적이 있다. 우리의 가난한 살림을 잘 아는 그는 귀국 후 뉴욕시티발레단이 신고 버리는 연습용 슈즈와 토슈즈를 모아 3박스 가득 보내 주었다. 무용을 배우는 연구생들은 그 슈즈를 신고 열심히 연습했다. 또한 김백봉은 '백조 아저씨'라는 별명을 지닌 사람에게 토슈즈를 제공하고 분해해서 만들어 달라고 했다. 그렇게 해서 국산 토슈즈가 만들어지기 시작한 것이다. 그런대로 훌륭한 제품이었다. 그 사람은 전쟁 때 어떤 사연으로 발가락을 모두 잃었다. 우리 무용계를 위한 백조 아저씨의 공헌을 잊을 수 없다.[28)]

참고로 밝혀 두고 싶은 사항이 있다. 흔히 김백봉은 6백여 편의 창작을 했다는 말이 전한다. 그러나 이러한 내용을 정확하게 기록해 놓은 자료는 아직 정리된 것이 없다. 이른바 '무용 연보'는 여러 자료에서 산견되는데, 연보들을 대조해 보아도 김백봉 작업의 전체성을 파악하기는 어렵다. 장차 무용평론이나 학자들의 과제로 남아 있는 셈이다. 앞서 그녀의 창작 발표에 대해 기술했지만, 그녀 자신은 1947년 북한 평양 국립극장에서의 발표를 제1회로 간주하고 있다. 따라서 월남 후 1954년 발표를 제6회로 기록한 것이다. 1989년까지 그녀는 제33회 발표회를 했다고 기록했다.[29)]

11. 1960년대의 활약

김백봉의 아호는 취봉(翠峰)이다. 1960년대 중반 불교신자들과 지인들의 여행길에서 경봉(鏡峰 1885-1969) 선사를 처음 만났다. 선사는 김백봉의 이름을 듣자 무용을 하는 사람으로서 백봉(白峰)은 너무 외로운 이름이니, 취봉이라 하라고 했다. 취는 물총새의 등빛과 같은 비취색을 말하는 것이니 신비롭게 빛나는 푸른 산봉우리를 일컫는다. 즉 귀한 존재가 된다는 의미이다.1)

경봉 선사는 소설가 이광수도 경탄에 마지않은 근대 최고의 학승으로서 총독부와 북한의 불교탄압에 정면으로 저항한 지성인이기도 했다. 선사 역시 법명이 경봉이었으니, 경봉이나 백봉이나 동일한 산봉우리였다. 거울 같은 마음(호수)에 비치는 산봉우리는 선사의 정신에 알맞은 법명이고, 비취색을 발산하는 산봉우리는 빛나는 무용가를 상징하는 아호로서 적격이었다. 선사는 만년에 통도사 선원에서 후학들을 지도하다가 열반했다.2)

1960년 4월에 학생혁명이 일어나 이승만정부가 무너졌다. 일본과의 관계에 매우 엄격했던 정부가 무너짐에 따라 양국교류의 분위기가 조성되었다. 11월에 한국학생문화사절단(단장 엄민영)이 일본을 방문하게 된 것은 광복 후 처음 있는 공식방문이었다. 도쿄, 오사카, 나고야, 교토 등지를 순회했다. 김백봉, 안제승 부부를 지도위원으로 김백봉무용연구소 수강자 24명이 참여했다. 이들은 일본의 중요 도시를 순회공연하며 좋은 반응을 일으켰다.3)

1960년대 초의 무용계 실정은 매우 열악했다. 성인 1인의 입장료는 3~4백원이었는데, 소규모의 공연이라 해도 한 차례 공연에 음악비만 40~50만원이 소요되어 1천인의 입장료와 맞먹는 부담을 안아야 했다. 만일 작곡, 편곡, 오케스트라의 조건까지 모두 갖추려면, 2~5백만원이 소요되어 음악비만으로도 무용제작의 범위를 훨씬 넘는 무리가 수반되었다. 무용가 개인의 실력에도 문제는 있었겠지만, 이러한 기본비용의 압력은 반주음악과 무용의 조화를 애초부터 추구하기 어렵게 만들었던 것이다. 의상비의 경우, 한국무용은 발레의 2~3배, 현대무용의 7~10배가 소요되었다.4)

1960년에 실시된 제2회 신인무용발표회는 8명의 신인을 배출했다. 특히 가장 훌륭한 평가를 받은 허경자(許京子)는 김백봉의 교육을 받은 인재였다.5)

1961년 5.16군사혁명이 일어났다. 김백봉은 경향신문이 기획한 「최고회의에 올리는 공개 건의문」에서 무용발전을 위한 다음과 같은 제안을 했다. 즉 국립무용단의 조직, 국립무용학교를 전제로 한 국립무용연구소의 설치, 국립극장의 대폭적인 시설확충, 무용상(賞)의 제정, 해외

공연의 보조, 해외 우수 무용단의 초청공연, 기성 및 신인의 해외유학 보조 등이 그것이다.[6)]

1962년 파리세계민속예술제에 한국민속예술단으로 참가했다. 귀로에 로마, 아테네, 앙카라 등지를 순회했다. 김백봉은 안무자 겸 주역무용수 역할을 했다. 파리세계민속예술제 참가는 1960년(단장 김관수)에 이은 두 번째였다.[7)] 김백봉은 10월에 서울시문화상을 수상했다.

1962년 2월에 국립무용단이 창단되었다. 1월 17일 중앙공보관의 문화살롱에서 국립극장 전속단체 결단식이 열린 후에 국립창극단(국립국극단의 개칭), 국립오페라단과 함께 무용단도 출범했다. 단원으로는 발레 부문에 임성남, 송범, 진수방, 주리, 이인범이고, 한국무용 부문에 김백봉, 김문숙, 권려성, 조용자, 정인방, 강선영, 김진걸, 이월영 등 모두 13인이었다. 단장은 임성남, 부단장은 송범과 김백봉이 함께 맡았다. 김백봉은 국립무용단의 원활한 결성을 위해 일단 참여하되, 개관공연이 끝나면 사퇴한다는 조건부로 단원이 되었다. 그녀는 그 약속을 지켰다.[8)]

"당시 서울에서 연구소를 가지고 있는 무용가가 13인 있었다. 규약에 따라 단장 선출투표를 했는데, 정인방이 최다수였다. 그러나 정인방은 그들의 선배였을 뿐, 그 동안 무용활동이 별로 없어 대외적 지명도가 약했다. 규약에 따라 극장장으로서 거부권을 행사했다. 재투표를 했다. 송범과 임성남이 최다 동수로 나왔다. 고민하고 있는데, 송범이 먼저 자신은 한국무용협회의 이사장이니 임성남을 단장으로 해 달라고 했다. 이렇게 해서 임성남이 초대 국립무용단장이 되었다." 이상은 당시 국립극장장 김창구가 밝힌 국립무용단 창단의 뒷이야기다.[9]

국립무용단이란 이름을 갖게 되었지만, 실제로 독립된 무용단이 아니라 정부 지원제도에 불과했다. 의기가 투합된 무용단이 둘 이상 합작해서 40분 정도의 중편(中篇) 공연을 하려고 하면, 정부는 그 공연에 안무비, 출연비, 작곡비 등을 지원해 주는 지원방식을 취했다. 유능한 무용단체를 유지하고 있는 인물이 많지 않았던 시절이라서 임성남과 송범은 이런 유리한 배경을 통해 등장하게 되었다.

앞서 13인을 창단 단원이라 했지만 실제로는 그들은 무용연구소의 대표자요 국립무용단 창단의 발기인에 지나지 않았다. 김백봉이 이미 제안한, 말 그대로의 창작집단인 국립무용단이 아니었으므로 그녀는 창단 직후 탈퇴했던 것이다. 국립무용단이 공식적으로 직업무용단이 된 것은 1972년부터였다. 이듬해 남산 신축 국립극장의 개관을 앞두고 송범이 무용극 <별의 전설>을 준비하고 있을 무렵이었다. 이때부터 월급제가 되고, 송범은 초대 단장(예술감독)이 되었다. 그는 20년간 단장을 하며 무용단의 발전에 크게 기여했다.[10]

1964년 제12회 도쿄올림픽 문화축전에 한국민속예술단으로 참가했다. 김백봉은 단장 겸 안무를 맡았다. 귀로에 베트남, 캄보디아, 홍콩 등지를 순회했다. 김백봉은 캄보디아에서 최고문화훈장을 수상했다. 수상 소감을 겸해 김백봉은 소회를 밝혔다.

"정말이지 예도가 얼마나 멀고 힘든 길인 줄 알아주었으면 한다. 일생을 바쳐도 모자란데 너무 성급하게 성과를 기대하는 것 같다. 그것은 무용계에 선배가 없다는 이유에서 그렇다. 나는 아직 중년으로 현역에 남아 있는 몸인데도 벌써 때로는 대가 취급을 해주는 경우를 당하고, 그럴 때마다 부끄러움을 이지기 못하는 실정이다. (중략) 막상 무용을 해보니까 남자였으면 더욱 좋겠다는 생각이 든다. 육체적 조건으로도 여자보다 남자가 좋고, 또 남자에게는 결혼이라는 장벽도 없기 때문이다. (중략) 무용은 남자나 여자나 마찬가지로 육체의 한계가 있다. 열여섯, 열일곱에서 20, 30대가 한창이고 40대를 넘으면 한물 지나가게 마련이다. 따라서 40이 넘으면 공연을 통해 보이는 사람이 아니라 가르치는 사람이 될 수밖에 없는 것이다. 예도 30년에 나도 그런 나이가 가까와 온다."[11]

1966년 4월에 창단식을 연 예그린악단은 <살짜기 옵서예>(1966,10)에 이어 세 번째 야심작으로 <대춘향전>(1968,2)을 제작하였다. 초연 이후 다섯 차례나 재공연된 뮤지컬이다. 초연 스텝으로는 황성일 · 박만규 극본, 박용구 구성, 김희조 작곡, 임영웅 연출, 김백봉 안무, 장종선 미술, 최창권 지휘 등 기존의 멤버들이었다.[12]

이 작품에는 수편의 무곡(舞曲)이 설정되었다. 봄을 그리는 여심(고을 처녀들), 꽃가마 행렬, 정사의 춤, 살풀이(기생들), 환상무(춘향, 몽룡, 무용수들), 망나니의 춤(망나니들) 등이 그것이다. 안무와 연출의 협동으로 입체적 효과를 내었고,[13] 전통적인 (춤의) 멋과 깊이를 가능한 유지하면서 시각적 구도의 효과를 내었으며,[14] 스펙터클한 약동적 효과를

살리기 위해 무용 요소를 효율적으로 안배한 점이 높이 평가되었다.15)

1968년 10월 제13회 멕시코올림픽 문화축전공연 및 제19회 세계민속예술제전에 한국민속예술단이라는 공식 명칭으로 참가했다. 우리 무용은 발전의 전기를 맞았다. 우리 무용의 해외공연은 기존의 국내 작품들을 어떻게 새롭게 안무할 것인가를 탐구하는 기회를 제공해 주었기 때문이다. 정부에서는 송범을 비롯한 김백봉, 전황, 김문숙에게 작품의 지도를 위탁했다. 전황은 농악류의 민속춤, 김백봉은 전통 소재를 재구성한 춤, 송범은 모든 춤기법을 익힌 안무에 능통했으므로, 3인의 협력과 조화로써 출품작을 만들게 되었다. 총연출은 안제승이 맡았다. 귀로에 멕시코 5개 도시, 일본의 도쿄, 오사카, 교토 등지를 순회했다.

이때 3인의 작품으로는 <화관무> <부채춤> <검무> <승무> <무당춤> <선(線)의 유동> <연가> <선녀춤> <농악무>, 리틀 엔젤스 작품으로는 <강강술래> <길쌈놀이> <장고춤> <가야금 병창> <북춤>이 각각 선정되었다.

올림픽 참가 공연은 애초에 리틀 엔젤스만을 파견하기로 했지만 우여 곡절 끝에 성인들이 참가하게 되었다. 그러나 이 공연으로 한국문화와 무용의 높은 가치를 세계에 널리 알리고 인식시키는 계기가 되었다. 당시 김백봉과 안제승이 소속되었던 경희대학교 출신 무용수로서는 이영희, 박정숙, 박연진, 심상호, 김말애, 천현실이 참가했다. 무용 발전의 계기에는 언론의 역할도 지나칠 수 없다. 올림픽위원이던 한국일보의 장기영 사장은 '한국무용이 올림픽의 금메달 감'이라고 높이 평

가했다. 이러한 여론이 힘이 되어, 정부는 국립무용단의 육성에 더욱 관심을 기울였다.16)

안제승은 당시 한국무용이 국제적인 호평을 받은 요인을 몇 가지로 지적했다. 첫째로 소재와 기법 속에 간직하고 있는 전통형식의 우수성, 둘째로 다양한 가락 속에 담겨진 심오한 민족적 정서와 그 매력, 셋째로 경이적인 색채의 조화에서 엿볼 수 있는 탁월한 심미감, 넷째로 대형(隊型 fomation)과 무적(舞跡 dancing line)에서 보여주는 횡도형상(橫圖形象)의 묘(妙), 다섯째로 고전적 기법 속에 재치 있게 주입된 현대적 감각, 여섯째로 정동(靜動)의 효율적 융화 등을 들었다.17)

1969년 8월 한국교육무용총연합회(이사장 김백봉)는 전국적인 강습회를 개최했다.18) 1969년 남북적십자회담 환영예술제에 참가했다. 가야금극장에서 김백봉 안무로 무용조곡(組曲) <관등제>(전5경)가 공연되었다. 같은 해에 경희대학교 개교20주년 기념공연 <경희찬가>(전8경)를 안무했다.

멕시코올림픽에서 귀국한 뒤 한국민속예술단은 정부 지원으로 상설화되어야 한다는 여론이 일어났다. 그러나 정부에서는 이 제안을 차일피일 미루며 수용하지 않았다. 민간 차원에서라도 이런 단체를 유지해야 한다는 의지에서 1970년 1월에 발족된 것이 사단법인 한국민속예술단이었다. 이 법인체에는 조택원(단장), 박용구(고문), 김백봉, 임성남, 김문숙, 전황, 최현(이상 이사), 안제승(운영위원장), 박영숙, 이예신, 최혜숙, 김말애, 박연진, 정봉애, 김경희(이상 단원) 등이 참여했다.

12. 우리 무용의 해외 선양

우리 춤의 해외 선양을 위한 김백봉 부부의 활동은 1960년대 초부터 시작되었고, 70년대에 더욱 활발해졌다. 1970년의 삿포로동계올림픽, 1970년의 오사카해양엑스포 공연과 안무가 이어졌다. 1972년 온천에 가려고 시골로 내려 가다가 자동차 사고가 났다. 골목길에서 갑자기 뛰쳐나온 아이를 피하려다 자동차는 길 밑으로 굴렀다. 이 사고로 다리를 다쳐 무용을 할 수 없게 되었다. '어쩌면 평생 무용을 할 수 없을지도 모른다'는 의사의 경고 속에서 다만 의지력으로 몸을 지탱하며 얻어낸 것이 후일의 <청명심수>였다.[1)]

1972년 뮌헨올림픽 때에는 축하공연과 동시에 한국민속예술단의 유럽 순회공연이 이루어졌다. 김백봉은 뮌헨에 직접 참가하지는 못했다. 그러나 그 동안 춤을 지도해 온 점을 고려할 때 간접적으로 참여한 셈이고, 이 공연들은 높은 평가를 받았다. 예컨대, 9월 3일의 런던 공연에 대한 반응은 다음과 같다.

"가장 놀라운 것은 한국의 고유예술이 그 이웃나라인 중국이나 일본의 고유예술과는 전혀 관계가 없는 독자적 예술이라는 점이다."(더 타

임스)

"이색적이고 황홀한 예술적 즐거움, 모든 관객들이 황홀경에 도취한 공연이었다."(가디언)

"어느 나라의 민속무용이나 10분은 볼 만하다. 그러나 한국의 고전무용은 2시간 이상 나의 주위를 휘어잡았다."(데일리 익스프레스)[2)]

또한 9월 11일의 파리 공연에 대한 반응은 다음과 같다.

"지금까지 수많은 동양의 음악과 춤을 보았지만 오늘밤 본 한국민속예술단의 공연처럼 특이한 것은 처음이다. 대개의 경우 동양예술이 너무나 정적이고 단조로운 데 비해, 한국 춤은 신비로우나 단조롭지 않고, 우리 서양인의 감정에도 통하는 바 크다. 한국의 민속무용은 창의성을 간직하고 있으면서 우리에게는 어렵지 않게 이해된다."(피가로)[3)]

이상과 같은 호평에도 불구하고, 국내에서는 이 순회공연을 두고 '무국적 무용' '쇼 같은 무용'이라는 비난을 퍼부었다.[4)] 이러한 반응에 대해 김백봉은 조목조목 근거를 들어 논박했다.

첫째로 한국무용(신무용계)은 전통에 기반을 둔 개인적인 창작무용이고, 둘째로 애초부터 원형적인 무용을 제시하고자 했다면 소위 인간문화재를 파견했어야 했을 뿐만 아니라 그 원형 자체도 지난날에 창조된 것이며, 셋째로 상투적인 쇼라고 말하기보다는 표현의 우열을 지적했어야 한다. 넷째로 우리 소재를 우리 가락으로 다룬 작품을 국적 불명이라 할 수 없고, 다섯째로 민속과 고전 개념의 혼돈에서 '민속춤을 위반했다'는 비판은 정당하지 못하며, 끝으로 이상과 같은 근거에서 앞

으로는 한국민속예술단에서 '민속'을 삭제해 버릴 것을 제안했다.5)

1972년 8월에 문화예술진흥법이 제정되고, 이 법에 의해 이듬해 3월에 한국문화예술진흥원(현 한국문화예술위원회)이 설립되었다. 1974년부터 한국문화예술진흥원은 창작지원금을 지급하기 시작했다. 무용부문에서는 한국무용의 김백봉 및 송범, 발레의 임성남, 현대무용의 박외선이 첫해 대상자로 선발되었다.

김백봉의 발표회는 10월에 국립극장에서 열렸다. 조지훈(趙芝薰 1920-1968) 작시, 윤해중 작곡, 안제승 연출의 <제>(祭 5경), 김백봉 구성, 박범훈 작곡, 안제승 연출의 <마음>(5경), 김백봉 구성, 김희조 작곡, 안제승 연출의 <풍년송> 등이 공연되었다. 안무는 김백봉이 맡았다.6)

1974년 12월에 문화예술진흥원에서 『무용용어집』을 발간했다. 이듬해 12월에는 『무용용어해설집』이 발간되었다. 우리 무용계와 학계의 오랜 숙원사업이었다. 애초에 이 사업은 조택원의 개인 지원에 의해 시작되었으나 문화예술진흥기금을 받게 되어 성과를 이루게 되었다.

당시 심의위원은 강선영, 강이문, 김경옥, 김문숙, 김백봉, 김상화, 김양곤, 김옥진, 김정연, 김정욱, 김진걸, 김천흥, 박외선, 박용구, 송범, 송수남, 신순심, 안제승, 오희근, 유성용, 육완순, 이병임, 임성남, 정막, 정병호, 조동화, 조흥동, 최현, 파조, 한영숙, 홍정희 등이 참여했다.7)

1975년 7월 국립무용단은 김백봉 안무로 <심청>(2부8장29경)을 공연했다. 극본 박만규, 작곡 및 지휘 김희조, 연출 안제승, 미술 김동진, 조명 구길웅, 안무보 김말애, 음향 김두환, 분장 이용주, 무감 박인원 및 김관규 등이다. 국립가무단이 합창을 맡고 국립관현악단이 반주를 했다.

배역은 심청에 김백봉・김문숙, 태자에 김진걸, 심학규에 은방초, 곽씨부인에 한순옥・김지수, 뺑덕어멈에 최희선・이숙향, 주지승에 정재만, 무당 박순자, 용왕에 최국환, 관음보살에 김백봉, 소녀심청에 백진선・성정민, 선주에 국수호, 노왕에 강만희, 광대북잡이에 민준기 등이다. 군무에는 인어군, 도미군, 선녀군, 뱃사공들, 귀신들(팔, 다리, 목, 전신)이 출연했는데 국립무용단원, 국립가무단원, 국립발레단원들이 모두 출연했다.

김백봉은 안무의 의도를 밝혔다.

"희노애락의 일차원적 감정 표출의 기능에서 오래도록 머물러 있던 우리 무용의 기법을 어떻게 질량면(質量面)에서 확대 비약시켜 춤추는 드라마의 대사로서 그 구실을 다할 수 있게 하겠는가 하는 데 목표를 두고, 이런 과제를 풀어 보려는 데 40년 가까운 무용생활은 이어졌다고 해도 과장은 아닌 것 같다. 한편, 여기서 분명히 해 두고 싶은 것은 우리 춤이 본질적으로 국악기의 탄주에서 우러나는 음색, 음각, 음계를 바탕으로 형성된 것이기에 당연히 그런 측면에서 음적 배경이 추구되었어야 할 것이다. 그러나 이 <심청>에서 서구식 오케스트레이션에 의지하려 한 것은 현 여건 아래서는 전술한바 한국적 신무용의 운동 질량을 국악으로서는 포괄, 여과시킬 수 없다는 판단 아래 취해진 차선의 방법이었다는 점이다."[8)]

연출을 맡은 안제승은 제작의 애로를 이렇게 털어 놓았다.

"배역을 결정하는 데 어려웠다. 일부 단원들은 불만을 품고 퇴단했다. 특히 남성 무용수의 부족과 수준 미달이 큰 문제였다. 김백봉의 제자로서 경희대학교 무용과에서 수학한 무용수들은 안무자의 요구에 잘 응했지만 다른 무용수들은 안무 자체가 무리라고 하며 반발하는 사례가 있었다. 평소 전신운동의 결여가 문제로 노출되었다. 우리 춤에 '그런 춤사위가 없다'는 고정관념을 제거해야 했다. 의상과 소도구의 재고 활용에 따른 전체적인 부조화를 감수해야 했다. 모든 제작에 경비 충당이 어려웠던 까닭이다."[9)]

1980년 9월에 국립무용단은 <심청>의 5장(15, 16, 17경), 6장(18, 19, 20경), 7(21, 22, 23경)장을 배역을 바꾸어 김백봉 안무로 재공연했다. 심청 역에 홍승옥 · 양승미, 태자에 지희영, 옥진부인에 한순옥, 용왕에 박정목 · 손병우, 선주에 김종엽, 청학에 강이섭, 홍학에 장용일, 신하에 김양곤이 열연했고, 군무에는 종전대로 소속 단체의 모든 단원들이 출연했다.[10)]

1975년 7월 김백봉은 제20회 대한민국예술원상(연예부문)을 수상했다.[11)] 11월에 그 동안 작업해 온 「봉산탈춤무보」를 완성했다.[12)]

1976년 미국 독립 200주년을 축하하는 순회공연 한국민속예술단이 참가했다. 김백봉은 안무를 맡았다. 이 공연에 대해 워싱턴 포스트는 '고요하면서도 신비로운 환희의 감홍' 아트란타 콘스티튜션은 '경악과 경탄으로 충만한 참신한 무대' 시애틀 타임즈는 '파도처럼 소용돌이치는 강렬함과 물 흐르듯이 고요한 부드러움이 공존하는 한국인의 모습' 로스엔젤 타임즈는 '고고하면서도 기교적이고 높은 차원의 예술성으로 충만된 작품들' 더 트리뷴은 '한 순간 서양인들을 강렬하고 복합적인 정서로 휘감아 넋을 잃게 만든 무대' 등, 격찬을 아끼지 않았다.

그런데도 귀국 후 국내 비평에서는 '미국에서 쇼를 하고 다녔다'는 악평을 받아야 했다. 우리 무용계에 잠재해 온 험악한 속내를 그대로 보여준 반응이었다.13)

이 밖에도 1978년 국립무용단의 일본순회공연, 1979년 국립무용단의 유럽순회공연, 1980년의 한국미술5천년전 기념공연 및 미국순회공연, 1981년 일본 국립극장 초청공연, 1983년 일본 나라시 아시아종합문화예술연구센터 기념공연 및 일본순회공연, 1984년 서울오페라단 <춘향전> 안무로 미국 4개 도시 순회공연, 1984년 미국 샌프란시스코 아시아박물관 기념공연 및 미국순회공연, 1985년 파리 한국문화원 초정공연 및 프랑스순회공연, 1986년 제101회 전미국체육학회총회 기념공연 및 미국순회공연, 1988년 캐나다 위니피그 한국문화원 초청공연, 1989년 캐나다민속예술제 초청공연 등의 안무를 맡았다.

서울시립가무단은 1979년 가을에 올리기로 준비한 뮤지컬 <시집가는 날>을 10.26사태로 공연하지 못했다. 실제 공연은 1980년 9월에 세종문화회관 소극장에서 소규모로 이루어졌다. 이때 안무를 맡은 김백봉은 풍자희극에 알맞은 춤사위를 살려 호평을 받았다.14)

김백봉은 1981년 정부로부터 보관문화훈장을 받았다. 1982년 11월에 남성무용수 중심으로 15인의 창작동인연무회가 결성되었다. 김백봉의 무용 계승을 목표로 중견 무용수 지희영(34세)이 주도했다. 1983년 4월에 창단공연을 가졌다. <오열> <애환> <흙속에서> <재수굿> 등을 공연했다.[15)]

1986년 7월 서울오페라단은 세종문화회관 대극장에서 오페라 <원술랑>을 공연했다. 유치진 원작, 표재순 각색, 오숙자 작곡, 유경환 연출, 김선주 지휘로 김백봉은 안무를 맡았다.[16)]

1989년 11월 세종문화회관 대극장에서 문화예술인장학기금을 위한 '김백봉무용공연'이 열렸다. 이 무대는 캐나다민속예술제 초청공연의 국내 재연을 겸한 공연이었다. 안제승이 총감독을 맡았다. 제1부에서는 김백봉(외)의 <화관무> 김현숙(외)의 <새싹> 전은자(외)의 <장고춤> 정진한(외)의 <웅비> 이명신(외)의 <선의 유동>, 제2부에서는 안병헌(외)의 <정을 남긴 채> 김현숙(외)의 <서늘맞이> 이영희(외)의 <시골처녀> 김백봉의 <산조>가 연행되었다. 제3부에서는 <선녀춤> 김현숙(외)의 <북춤> <희화>(戲畵) 김말애(외)의 <부채춤>이 연행되었다. <선녀춤>에서는 보살에 김백봉, 학(鶴)에 안병헌·박영수, 선녀에 전은자 외 9인, 연화(蓮花)조에 심혜경 외 4인이 출연했다. <희화>에서는 왜장녀에 권금향·한경자, 소무에 손영채 외 5인이 출연했다.[17)]

<정을 남긴 채>는 김백봉이 북한에 남기고 온 모친과 동생들을 그리며 통곡하는 심정으로 만들었다. 고향에서의 아름다운 추억을 타

고 그리움이 밀려온다. 사랑하는 가족, 눈에 가물가물한 모습. 그들은 기러기가 되어 하늘 높이 사라진다. 마지막 부분은 기러기들이 날아간 길 위에 시골길처럼 황혼이 비추다가 서서히 사라진다.[18]

김태원은 '김백봉 <산조>에는 북방녀(北方女)의 정열과 피의 맥박이 튕기고 <새싹>에는 화사하고 맑은 분위기가 감돌며, 안병헌 등 4인의 <웅비>에는 비대칭적 구성과 활달성, <선의 유동>에는 눈(雪)의 결정체를 닮은 듯한 발레적인 틀이 구현되었다고 했다. 또한 <화관무> <선녀춤> <부채춤> <장고춤> 등은 극장춤으로서의 장중함과 색채의 다채로움, 황홀한 움직임으로 우리의 문화자원임'을 과시한 것으로 평가했다.[19]

서울시립가무단은 1990년 12월에 창작뮤지컬 <고향의 민들레>를 공연했다. 박만규 극본, 김희조 작곡, 임영웅 연출, 김백봉·정재만 안무였다. 일제강점기 독립투사들의 활약을 그린 작품으로서, 프롤로그 장면 전체를 단독 무용극으로 안무한 것이 주목을 받았다.

막이 열리면, 고목에 깃들인 새둥지가 배경화로 나타나고, 새들의 가족이 평화롭게 사는 모습이 묘사된다. 아비 새는 일을 하기 위해 둥지를 떠나고, 이 기회를 노린 침입자들이 들어와 어린 아기 새들을 마구 공격한다. 어미 새는 자식들을 지키기 위해 싸우다 쓰러진다. 뒤늦게 아비 새가 나타나 사투를 벌여 침입자들을 물리쳤지만 모두 생명을 잃는다. 마지막으로 쓰러졌던 어미 새는 기력을 회복하고 몸에 잉태했던 아기 새를 낳는다는 스토리이다. 김백봉의 안무작 <정을 남긴 채>

와 같은 이산가족의 비극적 분위기에 민들레와 같은 질긴 생명력을 부각시킨 장면이었다.[20]

90년대에 들어와서, 1991년 미국 뉴욕 한국문화원 초청공연 및 샌프란시스코 라디오개국 기념공연, 1991년 일본 마유즈미재단 초청공연, 1993년 하와이이민90주년 기념공연, 1996년 국립무용단 애틀란타올림픽 축하공연 및 남미 순회공연, 1997년 일본 돗도리현 엑스포 초청공연, 1998년 LA 한국문화원 초청공연 등의 안무를 맡았다.

1993년 5월 김백봉은 지난 20년간 단편적으로 공연해 온 산조를 집대성한 <청명심수>(淸明心受 부제-예와 삶의 교향곡)를 문예회관 대극장에서 발표했다. 전체 장면은 삶을 위하여, 개안(길 위에서), 법열(기쁨을 새기며), 공(空 하나를 위하여), 환생(영원한 비상) 등 5장으로 구성되었다. 이 작품에는 지희영, 이명신, 이영희, 안병주, 안병헌, 남혜령 등이 출연했다.[21]

1995년 8월 15일, 광복절특집으로 MBC는 <최승희>를 2부작으로 방영했다. 탤런트 채시라가 최승희 역을 맡았고, 최승희의 춤장면은 무용가 양성옥이 실연했다. 이 작품에 대한 고증과 안무는 김백봉이 맡았다.[22]

1997년 4월 김백봉 춤 60년을 기념하는 <아, 김백봉!>이 국립극장 대극장에서 열렸다. 음악에 박성옥, 지영희, 성금연, 김희조, 이생강, 홍동기, 최종실풍물단 등이 협연했다. 제1부 <화관무>에는 김백봉, 김백봉춤보전회, 김백봉무용단, 춤타래무용단, 부산예술고등학교, <선

의 유동>에는 김현숙무용단 <무당춤>에는 김백봉춤보전회, 박영수, 장인숙무용단, <청명심수>에는 김백봉, 김백봉춤보전회, 김백봉무용단이 각각 출연했다. 제2부 <부채춤>에는 김말애, 춤타래무용단, <장고춤>에는 김백봉춤보전회, <만다라>에는 김백봉, 김백봉춤보전회, 유옥재무용단이 각각 출연했다.[23)]

1998년 12월 사단법인 벽사춤아카데미는 <무용계의 3대거목 유파전-한영숙, 송범, 김백봉>을 국립극장 소극장에서 열었다. 김백봉의 작품으로 홍승욱 · 장인숙 · 안병주 · 안병헌 · 김효순의 <장고춤>, 김말애의 <화관무>, 지희영 · 장인숙 · 안병헌 · 전북대학교무용단의 <무당춤>, 양성옥 · 장인숙 · 안병주 · 안병헌 · 김효순의 <청명심수>, 김백봉의 <부채춤>이 연행되었다.[24)]

21세기에 들어와서, 2001년 김백봉무용단의 샌프란시스코공연, 2002년 도쿄 한일베세토(BESETO)공연에서 오페라 <춘향전>, 이어서 베이징 한중베세토공연에서 오페라 <춘향전>, 2004년 김백봉무용단 호주 시드니공연, 2005년 뉴욕국제문화예술대제전, 2005년 독일 프랑크프르트 한국도서전 기념공연 등의 안무를 맡았다.

김백봉은 1958년 2월 제2차 동남아순방친선예술단으로부터 2005년 프랑크프르트 공연에 이르기까지 47년 동안 우리 무용의 해외 선양에 크게 기여했다. 20세기 후반 세계무용사에서 우리 무용이 해외에 알려지고 훌륭한 평가를 받게 된 것은 주로 김백봉의 공적이라 해도 지나친 말이 아닐 것이다.

13. 무용 인재의 양성

과거에는 무용가들이 무용연구소를 하면서 자신의 작품을 발표했다. 연구생들도 무대 발표의 기회를 얻었다. 그러나 대학에 무용과가 생기면서 점차 연구생들은 입시를 위한 무용을 배우게 되었다. 급기야는 입시용 전담 무용지도도 생겼다. 그런데 일단 대학에 입학하면 무용을 열심히 하지 않는 경향이 나타났다. 무용에 대한 정신이 희미해진 것이다. 입시를 위한 무용은 우리 무용을 망치게 된 요인의 하나이다.

한편, 지도자들은 어떠한가. 교수가 아니면 지원을 받기도 어렵고, 제자가 없어 무용발표를 하기 어렵다. 그래서 교수가 되려 한다. 교수가 되려면 박사학위가 있어야 한다. 석사는 실기를 인정하지만 박사는 실기를 인정하지 않는다. 박사는 이론을 많이 해야 한다. 몇 년간 무용을 하지 않고 이론을 하다 보면, 김백봉이 지적하는 '앉은뱅이 무용가'가 되고 마는 것이다. 아까운 무용 인재들이 무력해지고 있다. 이런 문제에 대해 우리 사회는 깊은 관심을 가져야 한다는 것이 김백봉의 견해이다.

1953년에 대학으로는 이화여자대학교에 무용강좌가 처음 생겼다. 박외선 교수는 김백봉에게 이화여대로 오라고 권유했지만 그때 생각으로 자유롭게 창작활동을 하고 싶어 가지 않았다. 본래 큰 예술가가 되려면 프랑스 파리에 가서 인정을 받아야 되는 것으로 알고 좀 더 자유롭게 큰물에서 놀고 싶었던 마음에 교수가 되는 것을 원치 않았다. 그런데 어느 날 무용을 전공하지 않은 사람이 초등학교 아이들한테 <춘향전>을 지도해 만든 것을 보았는데, 아동극으로는 적합하지 않았다. 신문에 '한국무용을 학교에서 가르치지 말라'는 기사가 났다. 이 기사를 보고, '이래서는 안 되겠다'라고 생각했다.[1)]

대학의 교수가 되고, 대학생이 되기 위한 춤 인구가 늘어났다. 무용계가 급속히 확장되면서 우리 춤이 무질서하고 기초부터 흔들리는 위기를 느끼게 되었다. 제대로 가르쳐야 한다는 생각, 지도자들부터 근본을 튼튼히 해야 한다는 생각에 김백봉은 연구소 밖으로 나가기로 작정했다. 연구생 지도에 국한하지 않고 대학에서 무용을 가르치기 시작한 것이다.[2)]

그때 수도여자사범대학(현 세종대학교)은 졸업하면 모두 교편을 잡았다. 무용 교사를 양성하는 것이 가장 빠른 길이라 여겼다. 우리 춤의 올바른 기본동작을 가르치기 위해 수도사대에 나가기로 했다. 12년간 수도사대에서 강사를 했고 전임강사도 했다. 개인 연구소를 희생하면서까지 강의에 열중했다. 서울예술고등학교에도 무용교육이 없었다. 김백봉은 파조 선생과 함께 신봉조 교장에게 수차 무용을 넣어 달라고 졸랐다. 예고에 무용과가 생기면서 강사로 나가게 되었다.

예고의 신 교장은 '여러 선생님들은 내 아들과 딸이지만 김백봉 선생님은 우리 집 며느리'라고 강조했다. 파조 선생은 전임이었다. 대부분의 교사들이 '교정에서 장고, 꽹과리 소리가 뭐야!' 하던 시절이었다. 그러나 예고에 무용과가 생김으로써 대학의 무용학과에도 오늘날과 같은 기틀과 수준이 잡히게 되었다.[3)]

1953년부터 1960년대 전반기까지 수도여자사범대학을 시작으로 서울예술고등학교, 서라벌예술대학, 부산 동아대학교, 한양대학교, 경희대학교 등에서 무용을 가르쳤다. 서울예고 시절의 제자이자 초대 김백봉춤보전회 회장인 무용가 유학자는 과거를 이렇게 회고했다.

"1950년대 되었을 때 선생님은 30대이셨다. 학생들을 데리고 밤을 새워 연습해 작품을 만들면, 안제승 선생님이 먼저 보시고 냉정하게 지적해 주셨다. 선생님은 부족한 부분을 보충해 주셨고, 최종적으로 발표회에 나갔다. 후일 내가 무용 지도자가 되어 학생들과 함께 작품을 만들 때마다 선생님의 가르침을 잊은 적이 없었다."[4)]

한양대학교와 경희대학교는 남자 무용수를 길러야 한다는 생각으로 강의를 맡았다. 그때나 지금이나 우리는 남자 무용수가 부족하다. 이런 의지를 바탕으로 경희대학교에서 교수 생활을 시작했다. 정릉 포도밭 가운데 고아원이 있었는데, 거기에도 나갔다. <초립동>을 해 보았는데, 아이들의 어두운 얼굴 그림자가 좀처럼 바뀌지 않는다는 사실을 알게 되었다. 먼 길을 걸어 다니며 안타까워했던 마음이 기억에 남아 있다.[5)]

1950년에는 우리 춤의 기초와 기본을 말하는 사람이 없었다. 김백봉은 기초와 기본을 정립하는 데 최선을 다했다고 할 수 있다. 그 후 기본을 가르치는 사람들이 나타났지만 손들고 내리고 발 드는 순서가 약간 다를 뿐, 김백봉과 다른 점이 별로 없었다. 어차피 우리 가락이고 무대예술 작품을 만들어야 하니까 같이 추려면 기본이 맞아야 한다고 생각했다.[6)]

김백봉은 우리 춤의 기초와 기본 및 기초에 대해 다음과 같이 말했다.

"춤을 출 때 가장 중요한 것은 기초가 확실해야 한다는 것이다. 최승희 선생은 인체과학적으로 기초를 가르쳤다. 기본이 없으면 좋은 것을 다 가르쳐 줘도 할 수 없다. 기본이 없으면 원래 하던 습관 때문에 가르쳐 줘도 원래의 반복이거나 딴 것을 하게 된다. 우리는 리듬을 잘 알아야 한다. 물론 악사들도 춤을 알아야 한다. 이런 점이 우리에게는 취약하다. 최승희 선생은 작품을 준비할 때 악사들과 하루 종일 연습을 반복했다. 물론 녹음기가 없던 시절이기도 했다. 손가락에 핏물이 고일 정도였다."[7)]

"무용수나 악사나 서로 마음대로 표현해도 하나의 춤이 될 정도로 노력해야 한다. 서로 마음이 그 정도로 통해야 한다. 마음의 그릇이 커야 춤이 달라진다. 최선을 다하는 것이 아름다운 마음이다. 무용가가 가진 것은 두 손과 발뿐이다. 그러니까 이 몸을 과학으로, 창의적으로 사용할 수 있도록 하는 것이 최선이다."[8)]

김백봉은 기본을 통일시켜야 한다는 목표로 1960년대 초부터 부산의 동아대학교 가정과 학생들을 가르쳤다. 일주일에 한 번씩 기차로 오르내렸다. 아이를 낳아 키워야 했고, 매사에 바쁘고 피곤했지만 점차 우리 춤의 기본이 무너지는 것을 두고 볼 수 없었다.[9]

우리 춤의 기본과 관련해서 김백봉의 수석제자인 양성옥의 증언은 주목된다. 경희대학 무용과 졸업 후 국립무용단에 입단하고 선생에게 <부채춤>을 다시 배울 기회가 있었다. 군무 속에 센터를 맡았는데 역시 학교 시절과 같이 했다. 군무 의상은 공장형(工場型)으로 누구나 똑같이 입혔지만 센터의 의상만은 특별히 제작하도록 했다. 의상 만드는 것을 체험하도록 가르친 것이다. 당시 국립무용단의 단점은 일률적으로 공장형 의상을 입었다는 것, 다시 말하면 그 공장형 옷에 무용수를 맞추는 격이라 할 수 있었다.

요즘 무용수들을 보면 일반인들보다 신체 조건도 좋고 너무나 아름다우며, 어떠한 옷을 입어도 잘 어울린다. 그러나 김백봉 선생의 생각은, 다 아름답지만 그 사람의 개성에 맞는, 체형에 맞는 의상이 제작되어야 한다는 것을 가르쳤다. 춤은 당연히 잘 추어야 하는 것이고, 그러한 것들이 뒷받침 된다면 더욱 아름답게 더욱 좋게 표출되는데, 공장에서 만든 옷(공장형)은 그렇지 않았다.

대부분의 무용가들은 자신의 특기인 춤사위를 함부로 내놓는 것을 꺼린다. 그러나 김백봉은 한 번도 그런 적이 없었다. 당신의 경험과 노하우들을 제자들에게 다 가르쳐 주려고 애썼다. 체득이라는 것은 연습, 연습, 연습에서 나온 결과이다. 어떤 춤이나 나름대로 형태는 있지만 내용이 없어 보이는 경우가 많다. 선생의 춤사위를 흉내 낼 수는 있어도 선생의 체득된 노하우나 감정을 받아들이지 못하기 때문일 것이다. 감정 이입(移入)은 무용수의 연습에서 나오는 것이지, 말로써 가르쳐 되는 것이 아니라는 것을 깨닫게 해 주었다.[10)]

14. 경희대학교 무용학과

1965년에 경희대학교 조교수로서 들어갔을 때는 무용학과가 아니고 체육대학 무용과였다. 후일 학교의 도움으로 무용학과가 되었다. 4학년은 교생실습을 나갔다. 다행히 무용교사가 있는 학교에서는 무용과 교생들의 특기를 살려주었다. 그렇지 못한 대부분의 학교에서는 운동장에서 학생들과 지내다가 얼굴 새카매져 돌아왔다. 무용이 과목으로 독립되어야 하는 당위성을 말해 주었다.1)

처음 강의할 때 체육학 교수들은 무용하는 교수와 학생을 '딱따구리'라고 했다. 무용이 체육대학 내에 소속되어 있어서 일반 체육학이 중심인데, 무용과 교수와 학생은 그 체육을 나무처럼 놓고, 딱따구리처럼 쪼아댔으니, 그런 별명이 붙었다. 지금도 그런 경향이 있지만 체육대학에서는 무용을 독립학으로 인정하려 들지 않았다. 무용학은 갈등과 어려움 속에서 성장했다. 실기 위주의 무용과에서 무용학부가 된 것은 얼마 되지 않았다. 물론 김백봉의 노력과 실력이 크게 기여했다.

김백봉의 하루 일과는 새벽 5시부터 시작되었다. 새벽 4시에 통행금지가 풀리고 5시 전에 눈을 뜨면, 출근 준비를 마치고 학교 연습장으로 갔다. 빈자리를 찾아 연습을 했다. 그 후 간단히 요기를 하고, 바로 교실에 들어갔다. 경희대학교에 수업이 없는 날은 다른 대학에 강의를 나가거나 사무를 보았다. 아직은 교통이 불편한 시절이라 걸어 다니는 경우가 잦았다. 그래도 피곤하다는 느낌보다는 무용을 하는 것이 행복하다고 늘 생각했다.

김백봉은 학생들의 교육 위주, 강사들의 실력 위주, 예술 개념 위주로 학과의 교수진을 구성했다. 학벌이나 자격증 같은 것을 중시하지 않았다. 한국무용과 현대무용을 구별해서 직접 가르쳤다. 예술가적인 성향과 체계로써 학생을 지도했고, 막연한 춤을 배제하고 형태 속의 내용이 있는 춤을 강조했다. 김백봉 이외에 발레에 송범・김정욱・엄영자 선생 등이 강의를 해 주었다.

그 당시까지만 해도 한국무용과 현대무용을 확연히 기술적으로 구별하는 수업은 다른 대학에서 찾아보기 어려웠다. 김백봉의 현대무용 지도는 철저히 현대적이었다. 한국무용은 지금까지 전승되는 선생의 체계적인 기법이었다. 한국무용은 주로 <장고춤> <부채춤> <화관무> <산조> 등이고, 창작무용으로서 많이 추어진 춤은 <바라춤> 등이었다. 매년 경희학원제를 통한 여러 가지 창작무용이 공연되었다.

이 <바라춤>은 현재 전승되는 불교무용, 무속무용이 아니라 그러한 춤이 바탕이 된 바라를 이용한 춤으로서, 예그린의 작품 중 <종이여 울려라>의 한 장면에서 실연되었던 것이다. 당시 김백봉은 예그린 악단의 안무를 주로 맡았고, 학생들은 작품에 찬조 출연함으로써 많은 창작무용을 경험하게 되었다. 그녀의 창작무용은 현재 다른 무용가들이 하고 있는 것과 같은, 그런 복합적이고 다장르적인 창작무용은 아니었다.[2)]

김백봉 때문에 경희대학교 무용학과를 선택하는 학생들이 대부분이었다. 심지어는 다른 대학에서 장학금을 약속 받고도 김백봉의 지도를 받고자 포기하고 경희대학교를 찾아오는 학생들도 있었다. 이 선택은 정통적인 한국무용을 통해 무용가의 길을 가겠다는 결정으로 일생을 좌우하는 문제였다. 따라서 당시 경희대학교 무용학과의 입학은 보통 대학교 무용학과 합격 이상의 의미를 지녔다고 할 수 있다.

김백봉이 부임하고 나서 무용학과에서는 전국무용콩쿨을 시작했는데, 첫해에 120종 이상이 신청을 했다. 그 동안 가르친 제자들, 또는 제자의 제자들이 많이 신청을 해 주었고, 무엇보다도 무용의 기본이 잡혀 가는 것이 김백봉에게 큰 보람이었다. 지금 이름을 대면 쉽게 알 수 있는 허경자, 김혜식 등도 그때 데뷔했다. 동아일보사에서 무대를 만들어 주었다.[3)]

김백봉의 학생 지도방법은 하나하나의 춤에 대한 완벽함의 요구였다. 옷감을 고르는 것을 시작으로 의상제작, 소품에 이르기까지 무용수의 신체와 얼굴에 알맞게 디자인했다. 원하는 디자인에 의한 의상이 제대로 나오지 않으면, 해당 무용수들에게 옷을 입혀 보고, 재정비를 위해 스스로 바느질을 하게 했다. 그래서 자신의 체형 또는 작품의 이미지에 맞는 의상으로 재탄생시켰다.[4)]

무용학과의 교내 활동은 매년 열린 경희학원제로 이어졌다. 1969년 경희대학교 개교20주년 축하공연 <경희찬가>로부터 본격적으로 시작된 학원제는 유치원부터 초등학교, 중학교, 고등학교, 대학까지 모두 참여하는 축제로서 각종 발표회와 집단발표회를 열었고, 전체 안무를 김백봉이 맡았다. 생각하기에 따라서는 골치 아프고 번잡한 일이었지만 김백봉에게는 매스 게임이나 집단무용을 안무해 볼 수 있는 절호의 기회였으므로 최선을 다했고 언제나 호평을 받았다. 테니스 코트장 4, 5개를 무대로 해서 공연하는 작품을 매년 만들어내는 창의적인 작업이었다.[5)]

넓은 관점에서 보면, 김백봉은 자신이 제자들을 가르친 것보다 경희대학교에서 배우고 터득한 것이 더 많다고 생각한다. 경희학원제는 누구도 해보기 어려운 기회요 체험이었기 때문이다. 그 당시 경희대학교 조영식 총장은 무용을 중요시하여 1년에 2회 학원제를 갖게 하였다. 이런 체험이 후일 88올림픽의 집단무용을 가능하게 한 원동력이 되었던 것이다.[6)]

28년을 근속하고 경희대학교에서 1992년 2월에 정년을 맞았다. 다시 명예교수에 추대되었다. 여자 무용수가 절대 다수인 우리 무용계에서 남자 무용수를 동시에 교육시킨 것을 특히 보람으로 삼는다. 김백봉은 체육대학 무용학과를 오늘날 예술디자인대학 무용학부로 성장시키는데 결정적인 기여를 했고, 그녀가 재직하는 동안 전국에서 '무용' 하면, 경희대학교를 손꼽을 정도로 훌륭한 교수, 안무가, 지도자로 존경을 한 몸에 받았다.

실로 오랜 세월 그녀는 제자들을 가르쳤다. 그들은 졸업 후에 훌륭한 무용가와 유능한 지도자가 되었다. 그녀에게는 일생의 보람이었다. 길거리에 나서면, 이제는 나이 든 무용계 및 체육계 제자들이 모두 김백봉에게 머리를 숙이고 높은 학은(學恩)에 감사하는 것을 잊지 않는다. 외국에서도 예외가 아니다. 세계 어디를 가도 경희대학교를 졸업한 제자들이 굳건하게 자리를 잡고 있다. 그들도 한결 같이 선생에 대한 감사를 잊지 않는다. 진정으로 대학의 의의는 훌륭한 교수에게 있다는 점을 각인케 한다.

15. 신무용의 르네상스를 이루다

21세기가 시작되면서, 김백봉은 국립극장에서 <신고전 무용대공연>으로 새천년을 맞았다. 그녀에게 지난 20세기는 어둡고 괴롭고, 기쁘고, 빛나는, 실로 만감(萬感)이 교차되는 생애였다. 더욱 발전된 조국의 새천년을 맞는 것은 더할 나위 없는 경사이지만 무용가에게 나이는 기쁜 일만은 아니었다. 무대에 서는 것이 점점 두렵고 힘들어지는 까닭이었다.

2005년 3월부터 2007월 5월까지 김백봉은 서울시무용단 예술감독(단장)을 역임했다. 대학을 정년한 뒤 사실상 마지막 공직이었다. 세종문화회관 대극장에서 이 시기에 몇 가지 주목할 만한 안무 공연이 이루어졌다.

<무애지무>(無㝵之舞 2005,6)는 김백봉이 우리 춤의 기본체(體)로 일컫는 학체, 필체, 궁체의 원리에 따라 대표적인 작품을 선정했다. 막힘이나 거침이 없다는 의미의 무애라는 전체 주제를 통해 옴니버스 형식으로 구성하고 김백봉이 안무 및 재안무했다. 선정된 작품은 <선녀춤> <한량무>(사풍연가) <섬광>(검무) <청명심수> <처용무>

<봉산탈춤> <승무>(이매방류) <진도북춤>(박병천류) <타의 예>(장고춤Ⅲ) <부채춤> <정을 남긴 채> <광란의 제단>(무당춤) 등이다.

춤과 춤 사이에 판소리꾼 왕기철이 창을 불렀고, 안병헌과 박영수가 찬조 출연했다. 안병헌은 조안무를 맡았다. 최명석의 조명, 미스터 리와 윤성호의 의상, 구유진의 분장이었다.[1)]

그해, 자주평화통일을 위한 8.15민족대축전 남측 축하공연으로 <무애지무>가 재공연되었다. 앞서 공연된 작품 가운데서 <선녀춤> <한량무>(사풍연가) <섬광>(검무) <부채춤> <승무> <타의 예>(장고춤Ⅲ) <진도북춤> <청명심수> <광란의 제단> 등이 선정되었다.

<청계>(淸溪 2005,11)는 한양 설화의 하나로 청계천 이야기를 주제로 한 것이다. 김백봉은 이 안무의 의도에 대해 이렇게 말했다. "우리 모두 그 동안 개발논리에 묻혀 청계천 아래 물이 흐르고 있다는 사실을 까마득히 잊고 지냈다. 캄캄한 지하 어둠 속 생명에 대한 경외심을 일깨우는 일, 그것은 곧 또 다른 새로운 시대로의 희망찬 도약의 기점이 되리라고 믿는다. 청계천은 새로운 생명의 물로 거듭나야만 한다. 생명, 자연과 상생하는 서울이 되기 위해서는 암천(暗川)에 갇혀 버린 생명체들을 다시 불러내 대화해야 한다. 그들도 이제 우리와 함께 호흡해야 할 것이다."

대본의 장면은 어린 소녀가 새벽하늘을 쳐다보며 미래를 꿈꾸는 데

서 시작된다. 이것은 어린 시절 고향집 마루 나와서 김백봉이 꿈을 꾸던 모습을 옮겨 놓은 것이다.2)

이렇게 프롤로그가 시작되면, 신비의 인연 속으로, 별 뜨듯 꽃 피듯, 눈멀고 귀 먹어, 고기가 연꽃 위 나비가 되어, 에필로그 등의 장면으로 전개된다. 김숙현의 대본, 김태완 음악, 엄진선 무대, 정진덕 조명, 안병헌이 안무를 보조했고, 안병주가 단장인 김백봉무용단이 찬조출연을 했다.3)

유인화는 이 공연에 대해 '세 개의 청계천 다리는 디자인이 각기 다르다. 다리에 등장하는 군상들의 지위와 사연도 다르다. 남녀의 사랑, 각설이들의 장난, 아낙들의 수다 등이 발레의 디베르티스망처럼 펼쳐진다. 여성 군무는 푸른 그릇을 들고 의식춤을 보여준다. 전반부에 비해 후반부로 갈수록 집박춤, 물춤, 바라춤 등 대중적인 요소가 전해진다. 청계천 복구 행사장에서 공연되었더라면 더욱 좋았을 작품'이라고 지적했다.4)

무용극 <심청>(2006,5)은 국립무용단 제10회(1975,7) 제26회(1980,9) 및 김백봉무용단(2001,11)에 이은 네 번째 공연이었다. 초연 당시 작곡 및 지휘의 김희조, 연출의 안제승은 이미 고인이 되었다. 조수동 연출, 안병헌 조안무, 이성호 조명, 이경하 무대, 미스터 리 의상, 구유진이 분장을 맡았다.

배역은 심청에 이해선 · 박수진, 심학규에 박종필, 옥진부인에 장미희, 뺑덕어멈에 장해숙, 주지승에 최태선, 왕무당에 박현민 · 김승애,

용왕에 한수문, 관음보살에 최효선, 왕에 조대식 · 김진원, 소녀심청에 금보라 · 정유진 등이다.

장광열은 이 공연에 대해 '안무가는 스토리가 이어지는 사이사이에 소품을 삽입해 무용극의 강점을 살려냈다. 선녀춤, 보살춤, 바라춤, 북춤 등이 그러했고, 굿장면에서 무당춤과 지전춤도 같은 시도로 해석된다. 바라춤 장면을 포함한 몇몇 장면에서 군무진들의 집중력이 떨어지는 것은 20년이 넘는 직업무용단의 단원임을 의심하게 할 정도'라고 지적했다.[5)]

언제나 최고 · 최선 · 정직을 신조로 지키며 살아온 김백봉이었다. 그러나 서울시무용단에는 출퇴근제가 있었고 노동조합도 있었다. 예술감독의 창작정신이나 방침, 직업무용단으로서의 실력 향상을 위한 오디션 같은 것은 이런 제도에 밀려 실현이 불가능했다. 애초부터 최선을 다할 수 없었고, 최고가 되는 길은 요원했다. 노사분규라도 나면 예술집단과는 거리 먼 밥그릇 싸움판으로 변질되기 일쑤였다. 김백봉은 예술작품의 성공과는 관계가 없는, 퇴락해 가는 무용계의 현실을 뼈저리게 체험하면서 단장직을 마감했다.[6)]

서울시무용단 예술감독을 하는 동안에 김백봉은 팔순을 맞았다. 세종문화회관 대극장에서 그녀에게 제자들이 바치는 팔순기념공연(헌정의 무대) <김백봉 예의 삶>(2006,4)이 개최되기도 했다. 이 공연은 김말애무용단, 김백봉무용단, 경희대태권도 시범단, 소리꾼 김영임의 출연 등으로 이루어졌다.

김백봉 원작을 기준으로 하여, 김말애 재안무의 <화관무> <선의 유동>, 안병주 재안무의 <부채춤> <타의 예>(장고춤Ⅲ), 안병주·정진한 재안무의 <녹음방초> <광란의 제단>, 김말애 안무작 <태권무> <굴레>, 김영임의 노래 <회심곡>, 김백봉의 영상 <만다라> 등이 상연되었다.[7]

우리 춤의 대중화라는 측면에서 김백봉의 활동은 역사적인 업적이라 할 수 있다. 1986년 제10회 아시아경기대회 개막식공연, 1988년 제24회 서울올림픽 개막식공연, 제8회 세계장애자올림픽 개막식공연, 1996년 월드컵유치를 위한 문화축제공연, 2002년 한일세계월드컵 서울문화축제공연 등에서 집단군무를 안무한 사람이 바로 그녀였다.

오늘날 집단군무하면 김백봉을 연상하게 되는 것은 이런 이유이다. 외국인들은 말할 필요도 없고, 내국인들도 우리 춤의 진정한 가치를 이런 행사를 통해 인식한 사람들이 대부분이었다. 전 세계의 사람들이 우리 춤의 매력에 경탄을 자아냈다. 안무가 개인으로뿐만 아니라 민족예술로서의 성공이었다.

특히 서울올림픽 안무의 감격을 김백봉은 이렇게 토로했다.

"한국무용을 총괄했다. 하늘과 땅과 인간(天地人)을 주제로 한 작품, 그러니까 하늘에서 영광이 이 땅에 떨어져 인간이 번영한다는 작품을 하기로 했다. 세계 각국의 사람들이 낙하산을 타고 하늘에서 내려오고, 큰 운동장에서는 그들을 맞이하는 춤의 행렬이 펼쳐지는 가운데 마지막에 태평성대를 그리는 <화관무>를 추었다. 우리가 올림픽을 하는 나라가 되었다는 것이 정말 꿈만 같았다. 이미 하늘로 가신 아버지가 일찍이 이런 국가적인 큰잔치를 대비해서 자신을 무용가로 키워주신 것처럼 느껴졌다. 세계의 손님을 놓고 춤을 추는 감격에 눈물을 흘렸다. 무용가로서 개인적인 영광인 동시에 하늘의 축복이라고 생각했다."8)

아직 경희대학교 무용학과 교수로 재직할 때였다. 대학에서 해마다 개최된 경희학원제 총연출과 안무를 맡은 경험이 2천명이 함께 추는 올림픽의 집단무용 <화관무>를 가능하게 했고, 거대한 작품을 완성시키도록 해 주었다.

<화관무>를 추는 사람들을 '김백봉군단'이라 불렀다. 그중에는 무용의 '무'자도 모르는 실업계열 고등학교의 남학생이 섞여 있는가 하면, 채 여물지 못한 나이 어린 여학생이 1천여 명 가까이 배속되어 있었다. 모두가 황당해했고 그 결과에 회의하는 눈치가 역력했다. 그런데 집단무용이 성공적으로 끝났을 때는 모두가 기쁨의 환성을 울렸다.9)

김백봉이 무용을 지도한다고 하니까 옛 제자들을 포함한 많은 무용가들이 기꺼이 참여해 주었다. 그중에는 무용을 하지 않고 가정으로 돌아간 40대의 주부들도 있었다. 특히 직장을 갖고 있던 사람들은 연습 시간을 내는 일이 정말 무리였다. 장장 몇 달 동안의 연습기간이었다. 지도만 하고 선두에는 다른 무용가를 세우려 했는데, 사람들은 김백봉이 선두에 서 주기를 요청했다. 이렇게 해서, 김백봉과 함께 수천 명이 추는 <화관무>가 이루어졌다.10)

<화관무>의 사전 구상과 계획은 실로 그녀의 목숨을 건 투쟁에 비유된다. 가족도 건강도 모두 초월했다. 강의에 바쁜 일정을 소화하며, 연습실에서 일을 하다 보면 밤새는 줄 몰랐다. 밤늦도록 연습실에 불이 켜져 있을 때 집으로 돌아간 학생들이 새벽에 와서도 여전히 불이 켜져 있으니까, '선생님 벌써 와 계셨네요' 하고 인사를 했다. 말 그대로 잠자고 먹지(宿食)도 않고 안무에 미쳐서 지낸 세월이었다. 이 일화는 지금까지 전설로 전해지고 있다.[11)]

김백봉은 최승희의 수석제자로서 누구보다 선생의 작품에 대해 정통성을 지니고 있음을 의심할 여지가 없다. 과연 그녀는 선생의 작품을 어떻게 계승하고 있을까. 실제로 선생 대신 선생의 작품을 연행해 우수성을 입증한 적도 있었다. 그러나 그녀는 '내 작품을 그대로 반복하는 춤을 추지 말고 자신의 창의성을 살린 무용을 하라'는 선생의 말씀을 그대로 실천해 왔다. 그것은 전통무용과 모던 댄스에 기반을 둔 창작무용이었다. 여기서 하나의 대표적인 사례를 살펴보기로 한다.

1996년 12월 국립국악원 예악당에서 공연된 「서울예술단 창단10주년 기념공연」 <최승희 - 어제와 오늘>의 영상 자료를 분석해 보면, 김백봉의 안무방법을 확인할 수 있다. 이 공연은 전체 7장으로 구성되었다. 천상, 초립동, 격(格), 여인도(女人圖), 낙천(樂天), 세 가지 전통리듬, 만다라 등이 그것이다. 이 작품은 최승희의 무용 정신과 고전성(古典性)을 최대로 되살려 김백봉이 재안무했고, 한편 김백봉의 새 안무작을 포괄해 전체를 통일시킨 점에서 탁월성이 드러난다. 두 무용가의 춤들은 각장에서 대칭과 조화를 이루고 있다.

천상 장면은 <옥적곡>(최승희 원무) <선녀춤>(김백봉 안무) <칠석의 밤>(최승희 원무)으로 이루어졌다. 현세에서 지고의 선(至高善)은 내세의 낙(樂)으로 이어진다는 정신을 바탕으로 했다. 할아버지의 이야기를 통해 하늘과 땅의 존재들이 서로 만나는 광경이 연극적으로 묘사되었다.

초립동 장면은 <초립동>(최승희 원무)이 내포하고 있는 난만성(爛漫性)을 훌륭하게 표현했다.

격 장면은 <검무>(최승희 원무)와 <섬광>(김백봉 안무)으로 이루어졌다. 신라시대 관창의 검무 기백을 토대로 만든 <검무>와 무예를 닦는 무인들의 쌍검무를 토대로 만든 것이 <섬광>이다. 앞장면의 부드러운 이미지와 대칭되는 강렬한 힘의 이미지가 사실성보다는 유형성 있게 넘치는 무용이었다.

여인도 장면은 <장고춤>(최승희 원무)과 <향기>(김백봉 안무)로 이루어졌다. <장고춤>은 기생이 장고를 지고 걸으면서 흥겹게 기량을 뽐내는 춤이다. <향기>는 한국 여인의 자유분방한 정신과 흥을 활달함과 절제를 통해 표현한 명품이다.

낙천 장면은 <에헤야 노아라>(최승희 원무)와 <풍류>(김백봉 안무)로 이루어졌다. <에헤야 노아라>는 마치 친정아버지가 술 한 잔에 회포를 풀며 즐겁게 웃으시는 모습을 그린 춤이다. 이에 대하여 <풍류>는 '인생을 낙천적으로 살자'는 김백봉 선생의 정신을 표현한 춤이다.

세 가지 전통 리듬의 장면은 최승희 안무의 느린 장단인 진양조에서 좀 더 빨라지는 굿거리장단으로, 다시 더욱 빨라지는 자진모리로 이어지는 춤이다. 서양에서는 일찍이 '민족적인 춤'으로 평가되었다.

끝으로, 만다라 장면은 <보살춤>(최승희 원무)과 <청공>(淸供, 김백봉 안무)으로 이루어졌다. 김백봉은 스승의 <보살춤>을 직접 실연했고, 또한 <청공>에서는 미륵보살 역할을 했다. 모든 출연진은 <보살> 군무와 <등명>(燈明) 군무에서 연행함으로써, 대단원의 앙상블을 창출해내었다. 7장 전체적으로, 먼저 떠난 스승 최승희의 독무에 비해 김백봉은 군무를 배치한 것이 창조적인 안무였고, 주제를 '인류의 구원을 위한 간절한 기도의 춤'으로 새롭게 부각시켰다.

음악은 원작이 지녔던 기존의 멜로디는 물론, 이준호의 작곡 및 편곡을 사용했다. 정선과 미스터 리의 의상은 인물의 개성을 돋보이게 했다. 서한우(장고), 이홍모(징), 이영규(쇠), 이인권(북)의 반주와 경기도립국악관현악단의 협연이 뒤따랐다. 천상에 출연한 무용수 유희성(선녀춤 할아버지), 이종문(견우), 안병헌(학), 최병규(사슴)의 역할도 개성이 보였다. 그러나 누구보다 이 공연을 통해 양성옥은 국내 최고 무용수로서 진가를 드러냈다. 이 공연을 통해서 양성옥은 최승희, 김백봉의 춤맥을 잇는 대표성을 얻게 되었다.[12)]

2011년 7월 대학로예술극장은 <한국춤 백년화>라는 명칭으로 김백봉, 김문숙, 송수남의 명무전을 열었다. 김백봉의 명무로는 정은혜무용단의 <화관무> 전은자의 <청명심수> 지희영의 <광란의 제단> <부채춤>이 연행되었다. <부채춤>에는 김백봉이 딸 안병헌 및 김백봉무용단과 함께 직접 출연해 박수갈채를 받았다.[13)]

김태원은 김백봉 춤의 신무용적 가치에 대해 다음과 같이 지적했다.

"그녀의 춤의 주제들은 자연의 변화, 선남 선녀와 계급이 다른 사랑 감정의 교환, 목가적 정취들을 담고 있었지만, 춤은 그 주제나 정서적 내용보다는 형식미가 더 빼어났다. 이러한 측면들은 김백봉 춤의 프로페셔널리즘을 입증해 주는 것이며, 나아가 그녀와 그녀의 춤 세대가 영향을 받고 가담했던 이른바 신무용이란 것이 오늘날의 관점에서 단순히 옛것으로 돌리기에는 더 새로운 것, 극장예술적 균형미와 산뜻한 형식미를 담고 있다고도 볼 수 있다."[14)]

강이문은 김백봉 춤의 신무용적 가치에 대해 다음과 같이 지적했다.

"초기의 막연했던 최승희식 신무용(독무 위주)의 경향을 점차 탈피하면서 개성적 한국민족 신무용으로 출범 기반을 정립했다. 이 길 위에서 척척 진전을 시도하고 있음은 신무용 발전사상 일각의 획점(劃點)을 나타낸다. 이것은 제3회 발표회부터 시발되었고, 자칫하면 당대적 숙명적 무용으로 종국(終局)할 위험성도 없지 않다. 때문에 더 깊고 넓게 전통무용에 대한 연구로써 보혈(補血)해야 한다."[15)]

성기숙은 '신무용의 관점에서 김백봉의 창작 이후에 무용 레퍼토리가 별로 늘어나지 않았다'고 지적했다. 이 지적은 명작무가 별로 없기 때문에 레퍼토리를 기획하는 데 애로가 적지 않다는 이야기로 들리기도 한다. 진정 창작무와 명작무를 기대하고 바라는 마음은 무용인들만이 아니라 관객들도 마찬가지임을 웅변하고 있다.[16)]

김백봉의 작품에 대한 구체적인 분석은 뒤에서 서술될 것이다. 그녀는 전통무용의 무용적 원리와 방법을 실천적으로 정립시켰고, 선생 작품의 범주에 안주하거나 머물지 않고 신무용의 정신을 계승하면서 훌륭한 작품들을 창작했다. 그의 작품들은 오늘날 무용 레퍼토리의 주종을 이루고 있으며 대외적으로는 한국무용의 걸작으로 평가되고 있다. 그녀를 통해서 신무용은 1930, 40년대 한때의 경향으로 끝나지 않고 세기를 뛰어넘어 현재까지 우리 춤으로서 신선하고 품격 있는 예술성을 유지하고 있다. 앞서 기술한 내용에 나타난 대로 그녀의 작품을 통해서 우리 춤 신무용은 르네상스를 이루었다는 것이 잠정적인 결론이다.

16. 무용 가족

김백봉은 월남 이후 이산가족으로서 북에 두고 온 모친과 동생들을 한시도 잊은 적이 없었다. 누구보다도 이산의 아픔을 뼈저리게 느끼며 살았다. 골수에 사무친다는 표현은 그녀에게 어울린다. 함께 고향에서 월남한 부친과 뒤에 월남한 사촌 오빠 관균(둘째 큰아버지의 아들)을 언제나 따뜻하게 모시고 지냈다. 두 사람을 공경함으로써 자신에게 그분들이 쏟은 평생의 정성과 희생에 대해 조금이라도 보답하려는 마음을 잊은 적이 없었다.

설날이면 김백봉 가족은 '큰집'(관균댁)에서 다 함께 조반을 들고, 점심에는 '외가'(부친댁)에 모였나. 한시라도 고향을 잊지 못하는 두 사람은 과음이라 할 정도로 술을 마셨다. 빨갛게 달아오른 얼굴에 웃음을 잃지 않으며 김백봉 부부와 함께 고향 이야기로 시간 가는 줄 몰랐다. 끊임없이 이어지는 서울의 시집(안씨네), 평양의 친정집(김씨네), 그리고 김백봉의 몰락한 외가에 대한 이야기를 곁에서 들으며, 김백봉의 자녀들은 가족의 소중함을 발견하게 되었다.

부친, 사촌 오빠, 그리고 부군(안제승)의 묘는 강원도 경춘공원묘지에 흩어져 있었다. 참배를 가면, 세 곳을 모두 돌아야 했으므로 시간은 언제나 촉박했다. 자녀들은 아버지 묘에 오래 머물지 못하는 것이 늘 아쉬움이었다. 수년 전, 김백봉은 산세가 좋은 곳에 자리를 잡아 세 분의 묘소를 함께 이장했다. 남한에 와서 새로 이룬 가족이 있는데도, 서둘러 주도적으로 일을 추진한 것이다. 아름다운 묘소가 완성된 뒤에야 가족들은 비로소 김백봉의 간절한 마음을 알게 되었다. 가족과 친척들의 참배는 전보다 훨씬 편리해졌다.[1)]

부친은 당뇨로 1984년에 타계했다. 부친은 평생 딸의 공연을 빼놓지 않고 거의 다 지켜보았다. 어릴 때의 부녀 약속을 어기지 않고 딸이 훌륭한 무용가로 성장한 것을 언제나 흐뭇하게 여겼다. 자신의 성공처럼 기뻐하며 지냈다. 1962년에 딸이 서울시문화상을 수상할 때 현장에서 축하해 주었다. 1975년 예술원상을 수상할 때는 조택원과 함께 현장에서 축하해 주었다. 1981년 대한민국문화훈장(보관장), 1983년 미국 유니언대학교 명예박사학위를 받았을 때에는 제일 먼저 부친에게 달려가 기쁨을 안겨 드렸다.

아내의 예술을 위해 일생 헌신한 사람이 다름 아닌 부군 안제승이다. 부부는 작품 구상의 아이디어를 언제나 함께 다듬었고, 안무와 연출의 영역을 도맡아 무대에 올렸다. 우리 춤의 원리를 정립하고 다듬는 데도 부부의 기탄없는 토론은 이어졌다. 1941년 6월 김백봉이 도쿄의 최승희무용연구소를 찾아갔을 때 안제승은 그곳에서 일본대학 영화학과를 다니며 형수 최승희 공연의 스태프 역할을 하고 있었다.

김백봉 역시 기초과정을 이수한 뒤에 선생의 스태프 역할을 했으니, 두 사람은 자연스럽게 오빠 동생의 사이로 가까워졌다. 공연기간에는 함께 무대 뒤에 머무르는 시간이 많았고 연구소에서 함께 생활했다. 이런 이유로 후일 두 사람의 결혼은 많은 사람들에게 청춘 남녀의 연애로부터 성사된 것으로 보이기 십상이었다. MBC문화방송에서 방영된 김항명 편의 ＜빼앗긴 꽃다발 김백봉＞의 스토리가 이런 사례에 속한다.[2]

그러나 두 사람은 1944년 가을에 최승희 부부가 결혼을 권유할 때까지 서로 일정한 거리를 지키며 지냈다. 정신적으로나 육체적으로 두 사람은 젊은이답지 않게 완고하다고 할 정도로 오빠 동생의 사이를 넘지 않다가 부부가 되었다. 일단 부부가 된 다음에는 최승희와 안막이 모든 창작에 공동으로 노력했던 것처럼, 김백봉과 안제승도 모든 창작에 공동으로 노력했다. 누구보다도 안제승은 아내의 창작에 선제적(先制的)으로 노력한 점에서 높이 평가되는 연출가요 학자요 평론가이다. 김백봉은 남편에 대한 고마움을 '버젓이 도쿄 유학까지 한 인텔리가 자신의 일을 버리고 평생 나만을 위해 살았고, 나 때문에 빛을 못 보고 갔다'라고 자주 표현했다.

이 발언은 먼저 곁을 떠난 부군에 대한 고마움과 미안함을 함축한 것이지만 '빛을 못 보고 갔다'는 말은 진실이 아니다. 안제승의 연출은 김백봉의 발표공연을 계속 성공시킴으로써 우리 춤 역사에 무용연출가로서 그의 위상을 확고하게 했다. 불모 상태에서 우리 무용연출의 선구자였다고 할 수 있다. 그가 장녀 안병주(安秉珠 1961-)와 함께 저술한 『무용학개론』은 20년이 지난 지금도 다른 사람들의 저술을 능가하는 독창성과 해박함을 지닌 독보적인 업적으로 평가된다. 그의 「신무용론」같은 논문은 당시 어느 평론가도 접근하지 못한 역사적인 가치를 유지하고 있다. 이 논문은 일부 보완되어 1984년 『한국신무용사』(승리문화사)로 출판되었다. 그는 1988년 경희대학교 교수로 정년퇴임했다.[3)]

김백봉은 1992년에 대학을 떠났다. 이듬해인 1993년 김백봉, 안제승, 안병주 무용가족은 이시이 바쿠의 미망인 이시이 야에코(石井八重子) 여사를 찾았다. 당시 92세였다. 무용가 이시이 미도리(石井みどり)도 함께 만났다. 여사는 이미 67년 전의 최승희를 또렷이 기억하고 있었다. 경성역(현 서울역)에서 최승희가 이시이 바쿠 무용단을 따라서 기차에 올랐을 때 갑자기 나타난 최승희의 모친이 플랫폼에서 슬피 울던 모습을 그대로 설명했다. 당시 무사시사카이(武藏境) 무용연구소와 그 후의 지유가오카(自由が丘) 무용연구소 이야기로 꽃을 피웠다. 이러한 방문은 김백봉에게 스승을 되새기는 의미가 있고, 안제승과 안병주에게는 우리 신무용사의 발상을 탐구하는 의의가 있었었다.[4)]

앞서도 잠시 언급했지만 장남 안병철(安秉哲 1947-)은 부모와 함께 월남 가족으로서 어린 시절에 이런저런 수난을 겪으며 자랐다. 경희대학교 한의과대학 침구과를 졸업하고 교수로서 침구과의 과장까지 역임하고 독립해 개업했다. 뒤늦게 태어난 장녀 안병주(安秉珠 1961-)와 차녀 안병헌(安秉憲 1963-) 역시 어린 시절을 쓸쓸하게 보냈다. 1960년대에 장남은 대학입시를 준비하는 고등학생이고 두 딸은 갓난아이였다. 아버지와 어머니가 국제적으로 명성을 얻고, 우리 춤의 세계화를 위해 크게 공헌하는 일은 당시 국가적으로 중요한 업적이었지만 자녀들에게 이른바 '어머니의 부재'로 겪는 고충은 이만저만이 아니었다.

두 딸은 수개월의 해외공연 뒤에 엄마가 귀가하면, 엄마를 알아보지 못하고 두려움에 울음을 터뜨렸다고 한다. 너무 바쁜 일정으로 부군에게도 자상한 아내가 될 수 없었다. 가족이 함께 즐거운 시간을 보낸 기회가 아주 드물었다. 김백봉은 가족의 희생을 늘 가슴 아프게 생각하며 천직이라 여기는 작품에 열중해야 했다.[5)]

장녀 안병주는 어릴 때부터 무용을 했고 경희대학교 무용학과를 졸업한 후 미국에 유학했다. 인디아나주의 볼(Ball)주립대학에서 체육학 석사, 유타주의 부리감영(Brigham Young)대학에서 무용학 석사를 취득했다. 2005년 동덕여자대학교 대학원에서 「김백봉의 부채춤 연구」로 박사학위를 취득했다. 경희대학교 무용학과에 재직하고 있다. 우리 춤의 원리를 해외에 소개하는 데 많은 기여를 했다. 김백봉무용단의 수석무용수 및 지도강사, 단장을 맡기도 했다. 『무용미학 입문』(2004) 배수을과 공저로 『무용교양 필독서』(2008)를 내기도 했다.[6)]

차녀 안병헌은 대학에서 공학을 했지만 어릴 때부터 무용을 한 경력을 지녔다. 경희대학교 대학원에서 「학무의 문화사적 고찰과 현대적 위상」으로 석사를 취득하고, 2002년 같은 대학원에서 「무용문화정책의 변천에 관한 연구」로 박사학위를 취득했다. 신한대학교(구 한북대학교) 교수로 재직하며 현재 김백봉춤보전회 상임이사를 맡고 있다. 『신무용학개론』(2002) 안병주와 공저로 『무용감상을 위한 이해』(1996) 등을 저술했다.

제2부
김백봉의 작품세계

1. 창작을 위한 전통 탐구

시대와 지역을 초월해 무용은 인류문화와 함께 전승 발전해 왔다. 무용의 최초 형태는 개개인의 즉흥적인 춤이었을 것이다. 제멋대로 춘 것이 춤의 시원(始原)이라 할 수 있다. 같은 용어를 쓰더라도 현대의 즉흥 춤과 고대의 그것을 동일하게 볼 수 없다. 인류의 행동방식이 시대에 따라, 지역에 따라, 또는 특정 집단에 따라 다르게 진화한 데서 비롯된, 몸짓을 통한 표현의 차이를 고려해야 하는 까닭이다. 인간의 몸짓은 소통의 기호(記號)로 전승되었다. 현대 즉흥 춤은 말 그대로 즉석에서 연행되는 춤으로 인식되고 있지만, 실제로는 이미 기호화(유형화)된 몸짓(춤사위)을 바탕으로 한 춤이며, 경우에 따라서는 수준 높은 창작 춤에 비견될 수도 있다.

인류문화는 시대성과 지역성, 집단성을 갖는다. 이러한 요소들을 특수성이라 한다면, 인류문화는 한편으로 교류와 습득을 통해 서로 우수성(수월성), 창조성(생산성), 윤리성(도덕성)을 추구해 왔다. 이러한 요소들을 보편성이라 할 수 있다. 문화는 본질적으로 특수성과 보편성을 겸비한 채 지속적으로 발전하려는 성향을 지니고 있다. 아울러 문화교

류는 언제나 정치적 한계를 넘어 계속된다. 무용 역시 예외일 수 없다.

21세기, 현재를 기준으로 하면, 공연이 가능한 모든 무용은 통칭 현대무용이다. 동시대에 존재하고, 존재할 수 있는 무용들을 일컫는다. 전통무용(전승무용)이라 지칭하는 무용들도 일단 이 범주에 넣을 수 있다. 지난날 만들어진 숱한 무용들 가운데는 사멸된 것들이 많다. 전승 상태가 부실한 춤들도 적지 않다. 그러나 공연이 가능하고, 그런 춤을 수용하는 관객이 존재한다면 다 시간적으로 현대무용으로 간주할 수 있다. '모든 무용이 현대무용이라는 명제'는 이런 조건에서 성립된다.

무용을 전문적으로 하는 사람을 무용가(무용수, 안무가)라 한다. 누구나 무용가는 자기 개성이 넘치는 춤을 하고 싶어 한다. 인간의 가치의식은 타인의 행위를 그대로 모방하기보다는 자기 나름으로 다르게 또는 새롭게 해 보려는 의지를 갖게 한다. 의식적이든 무의식적이든 개성은 가치의식의 산물이다. 특히 예술 작품에서 작가의 개성은 관객(독자)과 소통하고 친밀성을 유지하며 작품의 의미를 창출하는 중요한 요소가 된다.

'모든 무용은 동일할 수 없다'라는 명제는 정도의 차이는 있을지언정 모든 무용에 창조성이 수반되거나 되어야 한다는 뜻이다. 전통무용이라고 해서 선인이 한 것을 그대로 흉내 내거나 복제(複製)한 것이라 할 수 없다. 이른바 인간문화재 춤꾼의 춤을 전통무용의 표상으로 삼는 경우가 잦은데, 이런 춤은 선인이 남긴 춤의 원형성(原型性)을 존중

하려는 태도가 짙게 유지되고 있기 때문이다. 그러나 그들 역시 자기 나름의 창조성을 살리는 것이 가장 중요한 과제라는 점에 이론이 있을 수 없다. 무용은 곧 실연(實演)인데, 실연에는 개성적 창의성이 작용하게 마련이다.

춤의 원형성은 상대적 개념이다. 움직임의 변수가 많고 잦은 인간의 몸짓이 늘 원칙대로 이루어져 동일한 형태를 유지하기란 쉽지도 않고 입증하기도 어렵다. 다만 원리상으로 동일하다는 인식일 뿐이다. 어떤 춤이 훌륭하다고 했을 때, 그리고 그 춤이 여러 사람을 통해 지속성을 지니고 있을 때, 우리는 그 춤의 탁월한 표현 방식을 원형성이라 이름한다.

"무용에서 엄밀한 의미에서 원형보존이 과연 가능할까? 설혹 그 가능성을 긍정하는 경우에도 분명한 것은 원형도 그것이 생성된 당시로 거슬러 올라가면 인간의 창조적 산물이라는 사실이다."[1] 따라서 원형보존은 해당 작품의 기본 정신이나 표현 방법을 성실히 거듭나게 하려는 상대적인 노력이고, 실제로 그 목표를 구현하기 위해 필요한 조건은 창조력이 아닐 수 없다.

전통의 필요성이나 의미 내용, 방법 등은 과거의 어느 권위자가 미리 규정해 놓은 것이 아니라, 현재의 사람들이 자기(사회, 집단)의 창조적 욕구에 따라 탐구하고 발견하고 체험하고 선택한 문화적 실체를 일컫는다. 즉 과거 또는 역사로부터 찾아낸 '살아있는 문화적 유산'을 말한다. 현실의 극복과 미래의 전망을 위한 '과거의 새로운 해석 및 응용 가능한 방법과 기술'인 것이다. 물론 이러한 전통을 가지고 얼마나 실질적인 창조적 결실을 이루어내느냐 하는 과제는 한 단계 더 높은 차원의 능력을 필요로 한다. 어쨌든 이런 전망과 가능성을 열어 놓고 과거로부터 전승되어 온 춤들을 창작무용에 대칭해 전통무용이라 범칭하고 있다.

여기서 잠시 민속춤에 대해 언급해 두기로 한다. 민간 생활과 결부된 모든 문화를 통틀어 민속이라 한다. 민간에 대칭되는 왕족, 귀족 문화를 상기할 필요가 있고, 신분제가 사라진 오늘의 민주사회에서 민속춤은 민족무용, 대중무용, 전통무용, 시민무용, 현대무용으로서 다양한 표현력과 가치를 함유하고 있다. 한편, 왕족은 궁중풍속을 유지하며 살았다. 그 풍속 가운데 하나가 정재무이다. 왕의 면전에서 춤을 추어야 했으므로 언제나 신선하고 단아하고 세련된 춤사위를 구현해야 했다. 자유분방한 춤을 출 수는 없었지만 그렇다고 해서 춤사위의 우수성마저 망각했던 것은 아니다. 민속춤과 정재무가 우리 전통무용을 정립시킨 기반이었다.

민속춤이라고 해도 우리 춤과 서양 춤은 이념체계가 다르다. 포크댄스는 참여의 제한 없이 남녀노소 누구나가 함께 어울려 출 수 있는 비전문적 대중무용으로서, 쌍(雙)을 기층 삼아 대무(對舞)형식이 이루어진다. 또한 양적(量的) 증감 없이 항상 고정된 스텝과 대형, 그리고 규격화된 순서를 따라 춤추는 오락성 짙은 사교무용이라 할 수 있다. 이에 비해 우리 춤은 사교무용이라기보다는 전문적인 기예인(技藝人)들에 의해 창제되거나 그들의 참여로 발달해 왔으므로, 민속이라 해도, 누구나가 함께 어울려 추기 어려운 전문성을 내포하고 있다. 민간에 전승되는 단순한 춤으로만 볼 수 없다.[2)]

우리는 1960년대부터 현재까지 국가적으로 또는 개인적으로 많은 해외공연을 실연했다. 단체별로, 개인별로 그들의 전문과 실력에 따라 다양하고 다채로운 작품을 공연했고, 대표적인 무용가들이 대거 참가했다. 통칭 궁중정재무, 고전무용, 전통무용, 창작무용 같은 레퍼토리였다고 할 수 있다. 그런데 이런 무용들이 일단 해외공연을 할 경우에는 '한국민속무용'이라는 개념으로 소개되었다. 저들이 그렇게 부른 것이 아니라 우리 스스로가 그렇게 내세웠던 것이다. 실제로 국내에 살고 있는 지역의 민속무용단이 진출한 것이 아니라 작품의 개념만을 그렇게 규정했던 것이다.[3)]

이것은 실체와 이름이 맞지 않은 분명한 오류였고, 무지가 빚어낸 자기 폄훼(貶毁)였다. 작품 속에 민속춤의 요소 및 잔재가 포함되어 있다는 것과 동시대의 전통무용 및 고전무용은 분명 구분되어야 한다. 국내 무용가들을 모조리 민속무용가로 규정하는, 이런 무지한 인식은 하루 빨리 근절되어야 한다. 민속무용이라기보다는 연행 단체명이나 연행자 개인의 명칭으로 해외교류가 이루어져야 할 것이다.[4)]

고전무용에 대한 오해도 그대로 지나칠 수 없다. 현대를 기준으로 그동안 가장 우수한 작품으로 평가되었고 다른 작품의 모범이 되는 걸작을 고전이라 할 수 있다. 하나의 전거(典據)가 될 만한 가치를 지니고 있다는 보편적 인식에 기반한 개념이다. 전통무용 가운데서 그중 훌륭한 작품이 고전으로 평가되고 있으며, 더러는 최근의 작품 중에서도 '현대의 고전'으로 사람들의 입에 자주 오르내리는 수작들이 나타나고 있다. 고전무용이야말로 공연작품으로서 가장 대표적이고 안전한 레퍼토리라 할 수 있다. 고대(古代)무용과 전통무용이 그대로 고전무용으로 동일시되는 오해는 하루 빨리 극복되어야 마땅하다.

2. 창작무용으로서 신무용

앞서 현대무용을 21세기 동시대(contemporary)의 무용이라 했다. 물론 이것은 시간을 기준으로 한 통칭이다. 그런데 무용학에서 쓰고 있는 또 다른 현대(modern)무용이 있다. 서양에서 그들의 무용사를 기준으로 만든 용어이기는 하지만 20세기 초부터 우리도 이 개념을 수용했고 이 개념에 따라 작품 활동을 하는 무용가가 등장하기 시작했다. 저들의 전통발레에 대응한 모던 댄스를 우리는 신무용(新舞踊) 또는 현대무용이라 번역한 것이다.

최승희는 서울에 공연하러 왔던 일본 무용가 이시이 바쿠를 따라 1926년 3월에 도쿄로 갔다. 일년동안 열심히 무용을 배운 그녀는 이듬해 10월에 이시이와 함께 서울 무대에 등장해 그가 안무한 솔로 <세레나테>를 추어 관객들을 감동시켰다. 이 공연에 충격을 받은 조택원은 은행 소속의 정구선수를 그만두고 1928년 봄에 도쿄로 가서 최승희처럼 이시이의 제자가 되었다. 이 두 무용가가 이시이를 통해 시작한 것이 이른바 우리 신무용이었다.

이시이 바쿠는 도쿄 제국극장(1911)에 설치되었던 가극부(歌劇部)를

1916년에 제1기로 졸업하고, 여러 오페라 작품에 출연했다. 1921년부터 4년간 독일에 유학해 모던 댄스를 수학했다. 귀국 후 만든 몇 편의 작품이 일본에서 주목을 받았다. 그의 서울 경성공회당(현 시청 앞 프라자호텔 뒤) 공연은 3일간 11개의 작품이 발표되었는데, 본격적인 신무용이 소개된 무대였다.[1)]

일본의 신무용은 이시이 바쿠와 다카다 마사오(高田雅夫 1895-1929)를 양대 유파로 전개되었다. 다카다 마사오는 다카다 세이코와 부부 무용가로서 무용단을 운영했고, 조선의 박외선이 그 제자였다. 박외선과 더불어 수학한 에구치 다카야(江口隆哉 1900-1977)와 그의 처 미야 미사코(宮操子)는 독일에 유학해 뷔그 만에게 무용을 배웠다.[2)] 박외선이 최승희의 제자가 된 것은 그 후의 일이다.

중국, 한국, 일본에서는 고대부터 무(舞)와 용(踊)을 구분해서 사용해 왔다. 무는 주로 의식적인 춤으로서, 용은 감정에 따른 자유로운 춤으로서, 몸짓을 하는 방법이 서로 달랐다. 우리는 '춤'이라는 고유어를 사용하기도 했고, 일본에서는 '마이'와 '오도리'라고 했다. 서양의 댄스가 유입되면서 새로운 번역어가 필요해졌다. 1904년 일본 학자 쓰보우치 쇼요(坪內逍遙 1859-1935)는 『신악극론』(新樂劇論)에서 댄스를 무용이라고 지칭함으로써, 동양에서 무용(중국의 우용, 일본의 부요)이라는 장르 개념이 점차 성립되기에 이르렀다.[3)]

우리가 신무용이라 하는 것은 일본이나 서양에서 국내로 이입(移入)된 외래(外來)무용을 범칭하거나 신문학, 신연극, 신여성 하는 식으로 재래의 관습에서 이탈해 새로운 방법을 추구한 창작무용을 말한다. 이 용어 자체는 일본에서 수입된 것이다. 신무용이라는 용어는 일본에서 전통춤인 '오도리'(踊)에 대응하는 근대무용의 범칭이었다. 이 역시 독일의 노이에 탄츠(Neue Tanz)를 번역한 말이었다.[4)]

1911년 제국극장 개관을 계기로 신무용연구회가 발족되었다. 1914년까지 8차에 걸쳐 진행된 발표회에서 일본의 신무용에 대한 논의가 선구적으로 진행되었다. 이 연구회는 쓰보우치 쇼요의 학풍을 계승한 여류 시인이자 극작가, 무용극연구가 하세가와 시구레(長谷川時雨 1879-1941)가 주재했다.

가부키무용과 같은 전통무용을 바탕으로 창작된 신무용은 이러한 연구회보다 훨씬 뒤인 1917년에 후지마가게회(藤蔭會) 제1회 발표회에서 나타났다. 이 예술파를 만든 인물은 후지마 시즈에(藤間靜枝 1880-1958)인데, 그는 정통 가부키무용류파의 하나인 후자마류의 계승을 거부하고 현대식으로 춤을 개량하는 한편, 이에모토제(家元制)가 아니라 공영이사제(共營理事制)인 후지마가게회를 창설해 새로운 전통을 수립했다.[5)]

외래무용과 동일한 의미로 신무용이 언론에 등장한 것은 한참 되었지만 최승희나 조택원에 의해 창작적인 신무용이 만들어지기 시작한 것은 20세기에 들어와서도 1930년대를 기다려야 했다. 이 두 무용가에 앞서 그대로 지나칠 수 없는 사람이 바로 한성준(韓成俊 1874-1941)이다. 무대(舞臺)무용을 본격적으로 시작한 선각자였다는 점에서 그렇고,

더 나아가 두 무용가에게 춤을 가르치거나 영향을 미쳤다는 점도 주목된다. 최근까지 한성준의 춤은 <신선무> <승무> <장고춤> <검무> <즉흥무> <한량무> <훈령무> <살풀이춤> <태평무> 등이 전승되고 있다.[6]

한성준을 신무용가라고 말할 수 없다. 그러나 신무용을 일으키는 데 밑거름이 된 전환기의 공로자이다. 한 마디로 그의 업적은 전통음악에 예속되었던 무용의 고전적 형식과 기교의 집성과 종합적 재검토를 통해 새로운 무용으로서의 재구성을 과감히 실험한 예술가이다. 알려진 대로 그는 동시대에 뛰어난 판소리 고수였다. 어릴 때부터 배운 춤 실력을 기반으로 전국의 유명한 춤꾼들을 찾아다니며 가능한 모든 춤사위를 다 익혔다. 그리고 이러한 능력을 바탕으로 그 동안 거리와 술집, 굿판을 떠돌던 춤들을 가려 뽑아 무대무용으로 재구성하고 재안무했다. 앞서 열거한 그의 대표작들이 바로 그의 창의력에 바탕을 둔 성과였다. 그를 시작으로 무용은 국악의 부수물이 아닌 독립양식으로 거듭나게 되었다.[7]

최승희와 조택원은 이시이 바쿠 밑에서 모던 댄스의 기초를 배우며 선생의 작품에 출연했다. 그 뒤에 이들의 작품은 일제강점기에 조선풍류(朝鮮風流)로 좋은 반응을 일으켰다. 나라를 빼앗긴 무용가로서 민족적인 전통과 자존심을 작품의 정통성으로 삼고, 동시에 모던 댄스의 양식을 활용해 새로운 감성에 어울리는 창작을 내놓았다는 점에서 좋은 평판을 얻었다. 애초의 모던 댄스 신무용가에서 전통무용을 바탕으로 창작을 하는 신무용가가 된 것이다. 앞서 일본의 후지마 시즈에의 작품에 비유된다.

1996년 12월 최승희의 레퍼토리들은 제자 김백봉을 통해 양성옥에게 전승되었다. 김백봉은 선생의 작품을 재안무함으로써 계승과 창작의 정신을 충실히 구현했다. 현재까지 전승되는 최승희의 춤은 <초립동> <세 가지 전통리듬> <옥적곡> <칠석의 밤> <검무> <장고춤> <에헤야 노아라> 등을 들 수 있다.[8)]

조택원은 1933년 김준영 작곡의 <승무의 인상>을 발표했다. 이보다 앞서 김백옥이라는 기녀에게 배운 <승무>를 바탕으로 만든 작품이다. 이 작품은 1943년 서울 휘문중학교 선배 시인 정지용의 개명으로 <가사호접>이 되었다. 어느 스님이 번뇌 끝에 불도를 파계(破戒)한 내용을 그린 것이다. 우리 무용사에서 무용극의 창시자는 조택원으로 볼 수 있다. 그의 <만종>(1935) <춘향조곡>(1940) <학>(1940) <부여회상곡>(1942) 등은 발레 듀엣을 응용해 만든 무용극들이었다.[9)]

광복 후 송범은 조택원에게 잠시 무용 수업을 받았다. 이런 관계로 1975년 조택원이 문화훈장을 받는 '한일합동 기념공연'에서 송범은 스승의 <가사호접>을 추게 되었다. 이듬해 조택원이 작고한 뒤 '추모공연'에서도 이 춤을 추며 사람들에게 감동을 주었다. 1982년에 송범의 제자인 국수호가 또한 이 작품을 추었다.

송범은 김백봉과 마찬가지로 대구 피난지에서 박지홍 선생에게

<승무>를 배웠다. <승무>에 대한 관심을 놓지 않고 있다가 1982년에 박범훈 작곡의 <참회>를 발표했다. <승무>에 대한 자기 나름의 집념과 이미지를 표현한 것이다. 앞서의 <가사호접>이 파계를 그린 것이라면, <참회>에서는 불도에 귀의(歸依)하는 주제를 표현한 것이다.[10]

우리 근대무용은 신무용이라는 용어로 시작되었다. 애초에 신무용은 우리 민속춤 또는 전통무용에 대응하는 외래무용이라는 의미를 지녔다. 1920년대 일본 덴카쓰(天勝)마술단의 레뷰 댄서 배구자(裵龜子), 러시아 블리디보스톡 모국방문단 댄서 박세면(시몬 박), 러시아 피난민 자선모금단 댄서 헬렌(Helen), 일본 이시이 바쿠 일행 등의 내한(來韓) 공연은 모두 신무용으로 지칭되었다.

서양의 신무용에 해당하는 노이에 탄츠나 모던 댄스는 19세기 말부터 20세기 초에 나타난, 전통발레에 대응한 새로운 모더니즘풍의 개인무용가 이사도라 덩컨(Isadora Duncan 1877-1927), 루돌프 폰 라반(Rudolf von Laban 1879-1958), 마리 뷔그만, 하랄트 크로이츠베르크(Harald Kreutzberg 1902-1968) 같은 사람들의 작품을 지칭한다.[11]

최승희와 조택원은 이시이 바쿠의 교육에서뿐만 아니라 오랜 해외공연 및 활동을 통해 서양의 모던 댄스에 대한 인식을 넓혔다. 그러나 두 사람은 서양의 모던 댄스를 그대로 수용한 것이 아니라 그들의 방법을 응용하는 데 관심을 모았다. 춤의 정신인 개인, 개성을 자기 나름대로 표현하는 데 열정을 쏟았다.

최승희의 신무용은 김백봉에게 계승되었고, 또한 김백봉은 개성 짙은 작품을 창작해냈다. 조택원의 신무용은 송범에게 계승되었고, 또한 송범은 자기 작품을 창작해냈다. 오늘날 우리 무용계에서 김백봉과 송범의 제자로서 훌륭하게 활동하고 있는 무용가들을 상기해 보면, 우리 현대무용의 뿌리와 전개 과정을 전망할 수 있다.

오늘의 시점에서 이시이 바쿠의 「최승희론」을 재음미할 필요를 느낀다. 1934년 9월에 일본청년회관에서 열린 최승희 제1회 무용발표회는 의외로 큰 반응을 일으켰다. 그 첫 번째 이유는 그녀의 균정(均整)된 몸인데, 일본인에게 진기하고 훌륭하게 보임으로써 보통 인간 두 배의 효과를 불러 일으켰다. 그녀는 자신의 몸에 잘 맞는 작품을 선정했을 뿐만 아니라 그 작품에 민족적인 의식, 극적인 구성, 정열적인 표현을 통해 그 같은 호응을 받은 것이다. 그러나 그녀의 장래를 위해 몇 가지 극복해야 할 장애가 놓여 있다. 조선풍의 무용은 비상한 갈채를 받았지만 사람들의 단순한 기분에 지나지 않을 수 있다. 조선무용의 부활은 그녀의 여기(餘技)일 수도 있다는 점이다. 궁극적으로 그녀의 조선풍의 무용을 예술무용으로 발전시키는 비상한 결단력이 요청된다. 영리한 그녀가 자신의 무용가로서 육체적 혜택을 잘 응용해 창작활동에 풍부한 재능을 발휘해 주기를 진정 바란다는 진심 어린 지도자적 충고이다.[12)]

요컨대 창작을 통한 예술무용, 동시대의 훌륭한 걸작을 만드는 것이 최상의 과제라는 지적이다. 오늘날 우리는 신무용이라는 용어를 자주 사용하지 않는다. 20세기 초에 사용하던 낡은 개념으로 생각하는 사람들도 있다. 그러나 신무용은 일반 명사로서 '새로운 무용'을 뜻하는 것이 아니라 역사적인 고유명사이다. 안제승이 지적했듯이, 신무용은 사조의 바탕을 현대 감각에 두고, 현대무용운동으로서의 이념과 방법으로 창작되어지는 새로운 한국무용의 실체이며 활동이고, 형식이자 체계를 의미한다.[13)]

우리 현대의 무용이 신무용의 정신과 방법을 계승하고 더욱 발전시켜야 함은 재론의 여지가 없다고 하겠다. 이 책의 논의에서도 고유명사로서 신무용을 대상으로 삼는다. 오늘날 한국무용 및 현대무용은 이러한 신무용의 정신을 계승하는 것이 마땅한 논리이다. 그러나 유감스럽게도 현대무용은 여전히 모던 댄스의 개념을 껴안고 존재하는 퇴영성(退嬰性)을 극복하지 못하고 있다.

서양의 모던 댄스를 그대로 '모던 댄스'라고 부르고, 늦었지만 춤(무용)하면 으레 '우리 춤'으로 인식하는 무용혁신(革新)이 간절히 요청된다. 다른 나라 사람들이 우리를 지칭하는 한국(korean)무용을 우리 자신이 그대로 사용하고 있는 것도 모순이다. 우리는 그냥 우리 춤, 우리 무용으로 부르는 날이 하루 빨리 오도록 해야 한다.[14)] 방법이야 어디서 비롯되었든, 우리가 하는 무용은 예술적 주체로서 우리무용이 되어야 하기 때문이다.

3. 김백봉 무용의 환경

김백봉 무용의 본질과 가치를 이해하기 위해 무용 환경의 특수성을 이해할 필요가 있다. 물론 그녀의 환경은 상당 부분 최승희의 활동과 관련된다. 그녀의 증언을 참고하면 다음과 같다.[1)]

김백봉은 농촌에서 태어나 성장했다. 풍부한 자연 속에서 삶의 순리와 리듬을 체득했고 마을 사람들의 일상생활 속에서 민속과 전통을 습득했다. 1941년 6월 일본으로 유학을 떠날 때가 열네 살인데, 일본의 조선문화 말상정책에 의해 이미 전통문화의 상당 부분이 훼손되고 취약해진 것은 사실이지만, 그래도 그녀가 살았던 고향 기양에는 미풍양속이 아직 건재했다. 그녀의 무용에 구현된 풍부한 자연성과 전통적 요소들은 소녀 시절의 성장과정과 깊은 연관성이 발견된다. 그리고 이런 요소는 최승희의 도시적(都市的) 분위기와 대비된다.

어린 시절에 한복의 아름다움을 발견했다. 농촌 사람들은 고된 노동을 해야 했으므로 일하기에 간편한 옷을 입고 살았다. 여자들의 간편 바지인 몸페(もんぺ)가 등장한 것도 이 무렵이었다. 그러나 사람들은 세시풍속의 명절이나 혼례에서는 한복을 격조 있게, 맵시 있게 입음으

로써 조선인의 자존심을 지키려 했다. 또한 바느질이 일과의 하나였다. 학교에서도 수예시간을 두어 여자들의 우수한 능력으로 삼았다. 김백봉의 무용에서 한복과 전통장식은 떼어놓고 볼 수 없는 중요한 요소인데, 바로 이런 한복에 대한 높은 안목과 디자인, 바느질의 능력은 작품 창작의 원동력이 되었다.[2]

최승희무용연구소의 교육은 당시로서는 일본 및 조선에서 찾아보기 어려울 정도로 발레, 모던 댄스, 남방무용, 인도무용, 중국무용, 조선무용 등 모든 무용에 대한 기초를 가르친 곳이다. 이런 교육이 초심자들에게 때로는 무리를 빚어내기도 하지만 충분히 소화할 수 있는 연구생에게는 더 없는 혜택이었다. 무용가에게 필요한 몸을 만들고 자세를 만들고 기본기를 갖추게 했다. 최승희가 그러했듯이, 적어도 김백봉이 창작을 하는데 후일 이런 기본기는 안무의 바탕이 돼 주었다.

기초는 교육으로 끝나는 것이 아니라 연구생들이 직접 무대에서 공연하게 함으로써 본인들은 물론 관객에게 기초의 중요성을 계몽했다. 최승희는 자신의 무용공연에 제자들을 특별히 출연시켰다. 선생이 북을 때리며 '복부 신축운동' 하면, 앉아서 가, 나, 다, 라 동작을 하고, 이어서 발목꺾기 동작을 하고, 미끄러져 나가는 동작을 한 다음, 다시 서서 뛰는 동작을 했다. 굉장히 과격한 낙법이지만 구르기도 했다. 요가(yoga) 같기도 하고 유도(柔道) 같기도 한, 그런 호흡을 중시하는 동작을 했다.

어느 정도 기초를 익힌 연구생은 선생의 무대공연을 수행해 보조자

역할을 시키며 현장교육을 했다. 제일 먼저 무대와 분장실을 청소하는 일부터 시작했다. 다음 분장실을 꾸미고, 객석에서 음향을 확인하도록 했다. 객석의 손님이 얼마나 차느냐에 따라 엠프를 더 올려야 했다. 극장구조와 관객 수에 따라 어느 정도의 볼륨이어야 한다는 것을 제자들에게 이해시켰다. 자기가 하지 않고 모든 것을 제자들에게 시키는 것이 교육이었다. 춤을 추다가 양금소리가 작으면, 소리를 높이라고 몰래 암시를 줄 정도로 선생은 예리했다.

공연준비에 어느 정도 익숙해지면 직접 공연을 돕거나 스태프 역할을 시켰다. 선생의 화장, 의상 갈아입히기, 장식이나 소도구 준비, 관객들의 반응 수렴 등을 제자들이 했다. 공연을 하다가 선생이 할 수 없는 사고가 발생하면, 제자나 연구생들은 즉시 그 자리를 채울 수 있도록 언제나 대비해야 했다. 이런 긴장된 준비와 평소의 연습은 무용수들의 정신력과 춤의 실력을 향상시키는 데 도움이 되었다.

어느 곳을 가든지, 거기서 춤을 보거나 춤을 배우는 일을 멈추지 않았다. 제자들에게는 현장 수업이 된 셈이다. 자진걸음 같은 것이 우리 춤에 본래 있었는지는 모르겠지만, 선생은 그 동작을 스페인 춤에서 수용했다. 발짓이 너무 훌륭하게 보였다. 중국 경극에서 구름을 탄 것 같이 날아가는 몸짓이 좋아 우리 춤에 도입했다. 선생이 처음 걷기동작을 했는데, 현재 그대로 남아 있는 것은 옆으로 걷기다. 허리감기는 준비동작인데 숨 쉬는 동작이다. 우리 춤은 어깨춤이라고 한다. 어깨선의 아름다움을 강조했고, 한복을 채는 멋을 보여 주었다. 리드미컬한 동작, 스텝을 한 발 한 발 이동하는 데 걸리는 시간에 손이 저절로 따라 오도록 훈련시켰다.

최승희 선생은 치마를 짧게 해서 버선코가 보였다. 이렇게 하면 발 맵시가 보이고 생생하게 춤이 살아났다. 키가 워낙 크니까 치마폭이 좁고 버선 다리가 딱 보이게 치마를 입었다. 밝은 춤을 출 때는 버선코에 술을 달았다. 선생의 친구는 그 술을 구슬로 착각하고 떨어지지 않는 것을 신기하게 여겼다. 술을 달면 발 맵시 발동작을 자랑할 수 있기 때문에 춤이 생생하게 보인다고 했다.

손수건 하나 들고 춤을 추었다. 흰 저고리에 빨간 치마를 입고 치마 허리에는 허리띠를 딱 메었다. 속바지와 속치마를 안 입고, 곡선이 그대로 나오게 같은 치마끈으로 치마를 메었다. 움직여도 속이 드려다 보이지 않았다. 몸동작이 확실하게 보이는 그런 복장이었다.

선생에게는 두세 개 정도의 머리핀이 정해져 있었다. 만약 잊어버리면 찾을 때까지 집에 갈 수 없었다. 진짜머리는 단발이었으니까 작품을 할 때는 필요에 따라 가발을 썼다. 가발은 하나였는데 쪽 있는 가발로 머리 위에 핀을 하나 딱 찔렀다. 선생은 이마가 유난히 작고 가발을 쓰면 잘 맞는 얼굴이었다. 눈썹은 자신이 그렸다.

<보살춤>은 선생이 배꼽을 보이며 춘 춤이다. 그러나 그것을 가지고 춤을 논할 수 없다. 이 춤의 특징은 부처님 후광을 비치는 조명이다. 선생은 조명에 예민했고 일하는 사람을 데리고 다니며 마음대로 사용했다. 또한 훌륭한 국악사들을 데리고 살면서 마치 녹음기 틀듯이

음악을 활용했다. 그래서 국악사들은 손에 멍들고 선생은 발에 멍들고… 음악에 따라서 아이디어(착상)가 나왔다. <보살춤>은 선생이 프랑스에 가서 제일 먼저 해서 큰 반응을 일으켰다. 의상, 의장들은 벼룩시장에서 샀다고 한다. 여러 사람이 부처님을 흉내 내고 추지만 정신세계를 기(氣)로 통합시킨 그런 춤은 그때까지 없었다. 겨울에 벗고 추어도 추위를 잊을 정도로 정신통일이 필요한 춤이다. 창작성이 훌륭한 춤이다.3)

춤 못지않게 최승희 선생이 강조한 것은 반주와 조명이었다. 악사의 대표적인 사람은 박성옥이었다. 박성옥은 새 작품을 만들 때마다 많은 작곡을 했다. 대아쟁, 소아쟁, 중아쟁 또 양금을 때려서 청명한 소리를 많이 냈는데, 그는 양금채를 뒤집어 줄을 긁기도 했다. 그러면 마치 하늘에서 선녀가 내려오는 듯 신비로운 소리가 났다. 그는 악기도 만들고, 바이올린도 했다. 악보를 볼 수 있고 채보를 할 수 있었다. 최초로 타령을 악보로 남긴 사람도 박성옥이었다.

악사는 무대 옆과 막 뒤에 앉아서 연주를 했다. 무대 오른쪽 윙 뒤쪽에 마이크를 하나 놓고 여러 악사가 함께 동그랗게 모여 앉았다. 반대쪽에는 마이크의 울림을 피하기 위해 장구가 앉았다. 악사들의 눈동자는 선생의 발동작하고 맞추어 연주했는데, 반주가 잘 맞아 떨어졌다. 객석에서 보면 무대는 전부 흑색으로 둘러 싸여 악사들은 보이지 않았다.

악사들도 많은 훈련이 필요했다. 보통은 2개월 함께 연습을 했다.

<초립동>을 할 때인데, 무대만 환해지고 무대 옆 피리 부는 곳은 깜깜하니까, 처음 해보는 악사는 당황해서 피리를 불지 않기도 했다. 선생은 피리소리가 날 때까지 무대로 나가지 않고 한참을 기다렸다. 박성옥 이외에 안기영, 이충선(李忠善 1910-1989) 등이 있었다. 조선에서 연구소에 와 있었던 악사들에게 당시로서는 많은 출연료를 제공했다.

조명은 춤추는 사람이 아주 최고로 보이게 했다. 전문 조명사가 따로 있었다. 기계들도 다 갖추어 있었고, 조명 핀(pin)은 지금과 달라서 조금 원시적이었다. 선생은 역학적으로 조명의 각도를 잘 알고 있었다. 핀을 꼭대기에서 비추면 사람 얼굴만 보이고 난쟁이로 보인다. 그래서 각도와 색깔을 상당히 중요시했다. 대낮 야외공연에서도 조명에 색깔을 꼭 내라고 했다. 칼라 조명이 아니면 춤을 안 추었다. 김백봉은 이렇게 스승의 무대예술에서 배운 것이 많았다.

안막은 일류 기획자이자 홍행사였다. 그는 최승희의 레퍼토리를 다양하게 구성했다. 시쳇말로 아이디어와 센스가 풍부한 지식인이었다. 경우에 따라서는 같은 극장에서 4가지의 레퍼토리를 구성해 관객으로 하여금 선택하게 하고, 2회 이상 관람자에게는 입장료를 할인해 주는 방법을 썼다. 아울러 대극장 위주로 공연함으로써 수익을 올렸다. 작품의 홍보를 위해 빈번한 신문보도와 극장에서의 사진판매 홍보(3~5매 한 세트), 아울러 유명인사들을 통한 '최승희 무용감상기' 등을 최대로 활용했다. 그야말로 일본 개념인 최고의 홍행사였다.[4)]

안제승은 대학시절부터 형수의 공연 스태프로 활동했고, 특히 형 안막의 뒷바라지를 도맡아함으로써 기획과 흥행 방법을 습득했다. 안막이 최승희의 활동에 결정적으로 기여한 것처럼, 안제승은 김백봉의 활동에 크게 기여했다. 따라서 두 형제는 우리 무용사에서 빼 놓을 수 없는 공로자들이다.

김백봉은 이른바 '최승희의 시국적(時局的) 아이러니'를 통해서 깨우친 점이 많았다. 여기서 아이러니란 무엇인가. 조선 식민지 출신의 무용가가 지배국인 일본에서 숱한 무용가들을 누르고 '최고의 무희'가 되고자 했고, 경시청의 주위와 경고를 역이용해 '조선풍의 춤'을 가능한 많이 추고자 했으며, '동양 최고의 무희'라는 명분으로 세계무대에서 코리안 댄스(우리 춤)의 존재를 알리고자 한 점을 들 수 있다. 그녀는 이 모든 점에 성공했고 적지 않은 수익까지 올렸다.

그러나 한편, 김백봉은 광복 이후 '최승희의 방황'을 통해 자유민주주의 및 예술가의 자유에 대한 신념을 얻었다. 광복 후 베이징에서 귀국할 때, 최승희는 안막이 있는 북한으로 가지 않고, 친일파라는 비판을 받으면서도 '예술을 위해 남한으로 간다'는 입장을 밝혔다. 그렇지만 안막의 압력에 굴복해 월북하고 말았다. 정치와 무용을 별개로 보았던 종래의 이념을 포기하고 노동당의 노선에 동조하는 '사회주의 무용운동 지도자'로 나섰다.

또한 무용에 대해 객관적인 가치관을 지녔던 선생이 자기 딸 안성희를 위해 목숨을 걸고 희생해 온 김백봉의 작업을 방해하는 만행까지 서슴지 않았다. 김백봉과 안제승의 '월남 결단'은 6.25전쟁으로 인한 단순한 피난 또는 강제 소개(疏開)의 남하(南下)와 구별되는 정신적 결단으로서 의의가 있다. 이렇게 정신적 자유 속에서 그녀는 작품을 창작할 수 있었다.

4. 김백봉의 작품

1) 화관무

가) 창작과정

김백봉이 밝힌 바에 의하면, 이 작품의 착상은 두 가지 인상에서 비롯되었다. 인상의 하나는 1946년 6월 중국에서 귀국한 최승희 선생을 따라 미국 군정청 하지 중장을 만나러 갔을 때 응접실에서 본 그림이었다. 벽에 걸린 궁중의상의 그림에서 강한 인상을 받았다. 인상의 다른 하나는 어린 시절 고향에서 언니가 시집갈 때 보았던 광경에서 비롯되었다.

뜨락에 천막을 치고 시집간 여인들은 모두 화관을 쓰고 앉아서 상을 받았다. 상 위에 놓인 꽃장식은 물을 들여서 만든 것인데 새댁 꽃에는 나비가 달려 있었다. 언니의 머리장식은 바가지만큼 커서 눌리는 것 같았다. 시집가서 아이를 낳은 여인들은 그 자리에 앉아서 가슴을 헤치고 젖을 물렸다. 색시가 부끄러워 국수를 먹지 못하면 입에 대었던 국수는 신랑이 먹어야 했다. 이런 풍속에서 착상을 얻어 최초의 명칭

을 <고전형식>이라고 했다.1)

관(冠)은 지난날 머리에 얹던 쓰개를 통칭한다. 오늘날 머리에 얹는 쓰개는 모자라 통칭한다. 그러므로 관이라는 용어 자체가 고대와 전통 양식을 의미한다. 꽃장식을 붙여 만든 관을 쓰고 몸에는 소매가 길게 늘어진 활옷을 입은 여자라면, 이는 지난날 잔치의 의장(衣裝)이거나 신분이 높은 여자들의 복장(服裝)임이 분명하다.

부친은 어릴 때 시집가는 고모를 따라 갔고, 고모네 집에서 성장했다. 그리고 그곳에서 모친과 결혼해 김백봉을 낳았다. 이런 이유로 어린 김백봉은 고모네 팔영 언니의 보살핌을 받으며 자랐다. 그 팔영 언니가 시집을 갈 때 대단한 잔치판이 벌어졌던 것이다. 화관을 쓰고 활옷을 입은 언니의 아름다운 모습과 고풍스러우면서도 흥청거리는 잔치판의 광경은 두고두고 잊을 수 없었다.2)

김백봉은 어린 시절에 본 황해도 안악 고구려무덤의 벽화에 매료되었다. 그림 속에 등장하는 무용수는 한삼무를 추는 듯한 모습으로 그녀에게 각인되었다. 그러한 벽화의 인상은 춤 속에 도입되었고, 춤을 출 때는 왕이나 왕비가 되어 모든 사람의 어버이 같이 전체를 보살피는 큰 덕을 마임으로 표현하였다.3)

고향에서 멀지 않은 이 무덤은 안악3호분 또는 동수묘(冬壽墓)라고 지칭한다. 무덤 속에 있는 그림이기는 하지만 무악도(舞樂圖), 무악대(隊), 행렬도가 매우 화려해 동수(289-357)의 생존 당시 모습을 연상케 한다.4)

1994년 김백봉과 안제승 부부는 「최승희를 말한다」라는 증언을 함께 남긴 적이 있었다. 이 자리에서 안제승은 김백봉의 데뷔작 <궁녀무>를 가리켜 <화관무>라고 했다. 유사한 모습을 갖춘 무용이었다는 의미일 것이다. 그러니까 안제승은 춤의 의장(衣裝)을 춤의 형식이나 표현과 긴밀한 관계로 파악했음을 이해할 수 있다.[5)]

나) 주제

1947년 평양에서 <고전형식>이라는 제목의 독무로 발표되었다. 광복 직후 혼란 속에서 1930년대 중엽 고향의 추억을 떠올리며 착상되었다는 점을 중시할 필요가 있다. 당시는 일제강점기였지만 아직 조선의 고전적인 풍속이 그런 대로 유지되고 있었다. 특히 전통적인 혼례는 누구에게나 기쁘고 즐거운 통과의례였다.

온 동네 사람들은 시집가는 날을 손꼽아 기다리고 있었다. 가벼운 흥분으로 사람들의 가슴은 설레고, 혼례에 대한 기대감으로 충만했다. 멋진 신랑과 화려하게 차린 신부, 그리고 격식을 갖춘 초례청, 푸짐한 잔칫상, 동네 사람들이 다 모인 떠들썩한 분위기, 아저씨들의 술 취한 노랫소리, 아이들의 설침이 모두가 한 편의 평화로운 그림이자 축제였다. 김백봉은 이런 전통적인 축제가 사라지는 것을 아쉽게 여기며, 혼란스러운 시국 속에서도 민족적인 고전적 형식을 잊어서는 안 된다는 의지로 이 작품을 만든 것으로 해석된다. 따라서 여기서 형식은 단순한 격식의 의미가 아니라 문화적 정통성을 되새기게 해 준다.

다) 춤의 구성

월남 후 이 작품을 공연했을 때, 일부 인사들은 궁중무용 즉 정재(呈才)를 흉내 낸 것이라 하기도 했다. 복식으로 보아 그렇게 단정하기 쉽다. 그러나 김백봉은 1947년까지 정재를 본 적이 없었다. 그런 이야기를 들었을 때 자신이 일방적으로 곡해되는 것에 몹시 속이 상했다. 1954년 발표회에서 수정 보완되었다. 1958년 2월 동남아순방친선예술단으로 나가게 되었을 때 영역(英譯)의 어려움에 봉착했다. 이 작품이 의미하는 '고전'과 영어식 고전은 다른 개념이었기 때문이다.

김백봉과 부군 안제승, 오재경 공보처장이 의논한 끝에 <화관무>(Wha Gwan Mu, A Crown Dance)로 개명하기로 했다. 그해 가을 국제펜클럽회의 환영회에서 <화관무>로 연행되었다. 1959년 발표회에서는 <한삼에의 회정>(懷情)으로, 1970년 오사카엑스포에서는 <수연>(壽宴)으로, 1968년 멕시코올림픽부터 군무 <화관무>로 정착되었다.[6]

1988년 제24회 서울올림픽에서는 제1부 여자들의 화관무 <수연>, 제2부 남자들의 화관무 <기상>(氣像)로 재구성되었고, 2천 명의 군무로 연행되었다.

라) 의장 및 춤사위

초기 화관무 의상은 원삼의 깃과 유사한 형태의 맞깃이 달린 활옷을 입었다. 앞과 뒷면에는 스팡클로 자수를 놓았다. 색동이 있는 폭이 넓은 소매에 흰옷을 입고 손에는 한삼을 착용했으며, 소매의 색동에 사용된 색은 정해진 규칙 없이 의상과의 조화를 고려해 배색했다.

머리에는 분홍색 꽃을 장식한 화관을 쓰고 쪽머리 백옥잠을 꽂고 앞댕기를 내려 장식하였다. 이후 군무로 바뀌면서 초기 의상에 하피와 전행웃치마를 추가하였고, 독무자는 큰 머리인 어여머리를 하고 떨잠을 꽂아 장식했으며 댕기와 화관을 생략하는 등의 변화를 보였다.[7] 최승희는 맨 손으로 춤을 추었지만 김백봉은 좀 더 고풍으로 하고 싶어 한삼을 끼웠다.[8]

<수연>의 춤에서 여무는 전신을 곧게 펴 유지하면서 걸음걸이는 유연하게, 그러면서도 왕비의 자태로 상징되는 전아한 기품과 장엄함이 잘 나타났다. 이렇듯 근본이 되는 외형적 상징성 외에도 한삼을 뿌리고, 던지고, 감는 사위는 상징적 이미지와 한삼의 동선을 잘 살렸다. 춤사위를 만들어 내는 신체 움직임의 조형에 의해 우리 춤의 정중동을 감득하게 한다. 양팔을 벌려 내리고 올리는 사위는 마치 활을 당기는 힘의 팽창과 긴장이 느껴지고, 그러한 팽창감과 긴장감은 다시 자획(字劃)을 그려내는 명필의 경지를 감득하게 하며 한삼을 뿌리고 던지고 휘어 감는다.

양팔을 뒤로 하여 한삼을 날리며 날개 짓하듯 전진하는 모습은 마치 봉황이 푸른 하늘을 향해 날아가려 활개 치는 듯하다. 머리를 휘감아 돌아앉으며 한삼을 사선 멀리 던져 줄 때 치마폭이 풍성한 둥지를 만들어 내듯 무자(舞者)를 받쳐 안는다. 이는 봉황이 둥지로 찾아들어 유

연하고 전아한 기품을 내는 모습과 흡사하다.

<기상>의 춤에서 남무의 움직임은 <수연>의 무대에서 상징되고 외연 되는 기품과 장엄함과 더불어 궁체와 필체가 역동성과 만나 더욱 부조(浮彫)되었다. 한삼사위의 미적 특징은 한삼을 휘감고 당겨오는 무대에서 획을 그어 내리고 점을 찍는 힘의 안배와 기를 느끼게 하고, 뿌리고 던지는 사위는 정성들여 붓에 끝 날림을 조절하는 긴장감과 더불어 남성의 자신감과 패기를 감득하게 한다.

들어 올린 팔을 내리고 올리는 춤사위는 남성의 끈기가 갱엿 같이 가미되어 마치 하늘 높이 화살을 쏘아 올리는 엄숙한 기의 응결을 창출해낸다. 이때 극도로 팽창된 활시위를 당겨내듯 천근같은 무게와 중량감이 표상된다. 이렇듯 김백봉 <화관무>는 그녀가 말하는 체(體)로서 궁체, 학체, 필체의 이상치로서 춤의 조화를 절묘하게 나타냈다.[9]

2) 부채춤

가) 창작과정

1947년 8월 무렵이었다. 부군 안제승은 김백봉에게 말했다. '최 선생이 무당춤을 할 때 참 멋있더라. 당신은 부채를 양손에 들고 해 보라.' 이 말을 듣고, 그녀는 자신이 하고자 하는 춤과 부채의 관계를 곰곰이 생각해 보았다. 그리고나서 김백봉은 선생에게 '무당춤에 착안해 새로운 부채춤을 하고 싶다'라고 의향을 타진했다. 의외로 최승희는 '유물론(唯物論) 사회에서 샤머니즘이 될 뻔이나 한 말이야'라고 역정을 내었다. 그런 줄 알고 지냈다. 그러나 역설적으로 부채춤의 소재를 딸 안성희에게 준 사건이 곧 이어 벌어졌다. 아직 평양에서 월남하기 전에 벌어진 일이었다. 일제강점기에 최승희가 무당의 복색을 갖추고 부채를 들고 있는 사진이 남아 있다.[10]

그후 안성희는 김백봉보다 일주일 먼저 발표회를 준비하면서 양손에 부채를 들고 있었다. 불쾌한 감정을 누르고 그녀가 연습하는 것을 지켜보았는데, 그 부채는 바라 같이 동그란 형태로 만든 것이었다. 곁에서 안성희의 연습을 도와주며 부채춤에 대한 열정은 더욱 불타올랐다. 부채춤에 대한 꿈은 공포의 북한체제와 전쟁의 비극 속에서도 그녀의 내면에서 사라질 줄 몰랐다. 1953년 서울 환도 이후부터 꿈의 실현은 서서히 구체화되었다. 김백봉의 부채춤이 유명해진 뒤에는 오히려 최승희와 안성희에게 감사한 마음마저 들었다. 분단시대에 안성희가 쌍부채를 들고 러시아에서 공연했던 사진이 남아 있다.[11]

대구에서 환도할 무렵, 김백봉은 어떤 이에게 부채를 받는 꿈을 꾸었다. 작은 것이었는데, 부채에서 짙은 향냄새가 나는 것 같았다. '이 부채로 춤을 추라'라는 소리가 들렸다. '이 작은 것으로 어떻게 춤을 출 수 있겠느냐'라고 반문했다. 작은 것이지만 춤을 추어 봐라. 방방곡곡에 향기가 날 것이라고 했다. 그제서야 김백봉은 '당신은 누구세요?' 하고 물었다. '나는 부처이다' 하는데, 그 말씀에 황송해서 고개를 들 수 없었다. 문득 잠을 깨니 한바탕 꿈이었다. 그때까지 김백봉은 절이

나 성당에 다닌 적이 없었다.12)

서울로 환도한 뒤에 비원 앞에서는 지난날 사용하던 민예품들을 파는 가게가 생겼다. 삼불선(三佛扇)은 오백원이었다. 가난한 김백봉에게 그런 용돈이 있을 리 없었다. 아이를 낳을 때 도와준 적이 있는 조카며느리가 오백원을 주었다. 그 돈을 가지고 가게를 찾아갔더니 그 사이에 가격이 천원으로 올랐다는 것이다. 동네 세탁소를 통해 염색한 군복을 뜯어 삯바느질을 시작했는데, 처음 오백원을 받았다. 그 세탁소 주인은 어떻게 알았는지 '당신 김백봉이지?' 하고 물었다. 대답을 않고 그대로 가게를 나왔다. 그 길로 달려가 천원을 내고 삼불선을 손에 넣었다. 성악가인 시아주버님(안보승)은 축음기를 가지고 있었다. 그래서 조카딸한테 창부타령을 돌려 달라고 하고, 그 부채를 들고 안무를 시도해 보았다.13)

나) 주제

부채춤을 통해서 무용가가 나타내고자 한 중심사상은 무엇일까. 대개 무용가들이 그러하듯이, 김백봉 자신이 주제를 집약해 발표한 적이 없었다. 필자로서는 네 가지 정도의 암시를 찾을 수 있다고 생각한다. 김백봉은 '부채를 펴들고 유유히 바람을 일으키는 상상도 하고, 때로는 타오르는 정열을 가슴속 깊이 간직한 채 조용히 참고 견디는 한국 여인네들의 맑은 모습을 생각하기도 했다'라고 한 것이 첫 번째 암시이다.14)

'<부채춤>은 우주 속의 행복을 가득 안고 안무가 이루어졌다. 음악이 흐르고 조명이 들어오면 펴들고 있던 부채를 서서히 내리며 발을 내딛는다. 그 발은 좁은 무대바닥이 아니라 둥근 지구, 나아가 우주를 밟듯한 느낌으로 걷는다. 거룩한 탄생이다. 우주는 모든 생명을 낳고 사랑을 품는다. 그래서 부채춤 전체에서 보여주는 것은 이 세상에 살아있는 모든 것들, 즉 생명력의 표현이다.'[15] 이것이 두 번째 암시이다.

김백봉은 부채춤을 논의하는 자리에서 '나는 윤회(輪廻)를 의미하고 싶었다'라고 말한 적이 있었다.[16] 이것이 세 번째 암시이다. 네 번째로 필자는 앞서 소개한 그녀의 '부채의 꿈'을 하나의 암시로 들고 싶다.

이상과 같은 암시들은 그녀의 무의식에 잠재해 온 비상(飛上)의 꿈이 부채라는 매체를 통해 구체화된 것으로 풀이할 수 있다. 하늘을 날고자 하는 것은 생명력의 분출이다. 김백봉은 여성으로서 소외되고 억눌린 사회제도 속에서 아름다운 여성의 부활, 인격적인 여성의 재기(再起)를 활달한 몸짓으로 나타내고자 한 것이다.

그런데, 독무가 군무로 개편되면서 이 춤의 주제는 이념성을 확장하게 되었다. 우주의 현상(테마 Ⅰ), 삶의 진리(테마Ⅱ), 민족애 - 집결, 응집, 결속(테마Ⅲ), 윤회(테마Ⅳ) 등이 그러한 개념이다.[17]

다) 춤의 구성

<부채춤>의 여명기라 할 수 있는 1952년에는 '소녀들을 위한 소녀들의 부채춤'이라는 부제를 내걸고 공연되었다. 1953년에는 예술협

회의 주관으로 낙원동 무용연구소에서 시험적인 발표가 있었다. 이 발표는 극작가 오영진(吳泳鎭 1916-1974)이 월남한 예술인들을 위해 노력한 결과로 이루어졌다.[18] 1954년 11월 서울 시공관에서 공식적인 창작 독무로 발표되었고, 1959년 5월 <무녀도의 인상>이라는 군무로 발표되었으며, 1968년 멕시코올림픽에서 군무로 재구성됨으로써 국내외에서 걸작으로 평가를 받았다. 1992년 한국무용협회에서 명작무로 지정되었다.

춤의 구성적 특징을 들면 다음과 같다.

첫째, 부채사위가 한국의 전통적 지향성인 완곡선형을 원칙으로 하고 있기 때문에 직선이나 직각 대신 태극선 형태의 부채 조형을 그 원리로 삼고 있다. 둘째, 팔의 움직임은 고전적인 완곡함을 근본으로 삼고 있으면서도 부채와 함께 조형되는 전체 춤사위의 특징은 대칭과 비대칭의 안정된 조화를 통해 오히려 현대적 감각의 세련미가 돋보인다.

셋째 군무의 구도는 궁중무용이 지향하는 절제된 교양미, 동양화에서 느낄 수 있는 여백의 미, 소박하고 서민적인 민속무용의 특징과 서로 혼화되며 특유의 중용적(中庸的) 형식미를 추구한다. 넷째, 표현되는 일체의 춤사위는 철저하게 취지를 가지고 만들어진 것이며, 여기에 상징되는 내용은 우리의 생활이나 자연과 같은 아름다운 시정(詩情) 속에서 그 소재를 찾고 있다.

다섯째, 부채는 소도구나 장신구가 아니라 작품의 주제를 표현하는 주체이기 때문에 의미 부여 없는 경박한 움직임은 원칙적으로 금지된다. 여섯째, 모든 춤사위는 무대와 관객의 상호 관계를 절대적으로 의식하여 조형되었다는 시각적 특징을 지녔기 때문에 부채와 신체의 움직임은 객석에서 보았을 때 가장 이상적인 미를 표출한다.[19)]

라) 의장 및 춤사위

부채춤 의장은 당의, 겉치마, 속치마, 허리속치마, 부채 한쌍, 족두리, 쪽, 비녀 등이 기본이다. 당의(唐衣)는 엷은 황금 계열의 교직공단에 앞면은 목단꽃과 연꽃에 나비가 날아드는 문양의 자수를 놓았으며, 뒷면은 앞면과 같은 문양에 봉황새의 문양이 첨가되었다. 군무의 복색은 A와 B로 나뉜다. A의 당의는 분홍빛 바탕에 연꽃과 연꽃열매(연밥)의 수가 놓여 있고 앞면과 뒷면에 둥근 흉배가 달려 있다. B의 당의는 옥색바탕에 문양은 A와 동일하다.

안병주는 부채춤의 미적 특징을 몇 가지로 정리했다.

부채를 '감고' '펴 올림'에 있어 직선이나 직각 대신 태극선 형태의 완곡선형을 지향하고, 전통적 신상인 끈기와 누게로 부채를 '받쳐 올리고' '밀어 내리는' 춤사위는 빠른 자진모리장단과 만나 생명력이 앙양되는 심리적 유전(流轉)을 감득케 한다. 조형에 있어 고전적 특색과 현대적 조화미를 지향한다. 양손의 부채를 다양한 형태로 펴고 접는 사위, 예컨대 동시성 개폐, 이시성(異時性) 개폐, 대위성 개폐, 교차성 개폐 등과 같은 대칭과 비대칭의 조화를 이룬다. 이러한 개폐는 유선처럼 흐르는 팔사위의 고전적 완곡함과 어우러져 절묘한 조화미를 만들어낸다.

기지개사위, 만개사위, 돈돈사위 등과 같은 상징적 춤사위가 응용된다. 모든 춤사위는 무대라는 시연공간과 관객이라는 대상을 철저하게 전제하고 있기 때문에 부채와 신체의 조화로운 움직임은 전면에서 보았을 때 가장 이상적인 미를 표출할 수 있도록 조형되었다.[20]

김백봉의 <부채춤> 이후 부채춤은 어디서나 누구나 추는 대중적인 춤이 되었다. 외국공연에서도 빠지는 경우가 거의 없었다. 이러다 보니, '또 부채춤이야?' '부채춤은 지겹다'라는 비아냥거림도 들린다. 김백봉의 입장에서는 매우 곤혹스러운 일이지만 개인적으로 어쩔 수 없는 일이다. 다른 무용수나 공연기획자들의 책임이 매우 큰 것을 느껴야 할 것이다. 이런 현상은 <부채춤>의 원무가 훌륭하다는 증거이고, 동시에 누구나 복제하고 싶은 춤이라는 의미를 동반한다. 다른 사람들의 부채춤이 적지 않은 변질을 나타내고 있는 점도 주목해야 한다.[21]

3) 장고춤

가) 창작과정

한자로는 장고(杖鼓, 長鼓)이고 표준어는 장구이다. 김백봉은 <장고춤>을 작품명으로 사용했다. 장고는 리듬 타악기로서 전통음악 전반에 중요한 악기로 사용된다. 오른손에 채를 잡고 치며 왼손으로는 북편을 친다. 양편 머리가 크고 그 허리가 가늘다 하여 세요고(細腰鼓)라고도 한다. 주법에는 합장단(雙)·쿵(鼓)·기덕(鞭)·더러러(搖)의 네 가지가 있다.

최승희의 자료집에는 <장고무>(1939)의 사진이 수록되어 있다.[22] 김백봉은 선생의 <장고무>에서 영감을 얻은 것이 후일 자신의 작품을 만드는 계기가 되었음을 시사했다.[23]

나) 주제

장고의 채를 잡은 오른손을 남성을 상징하는 양(陽)으로, 왼손의 바닥을 여성을 상징하는 음(陰)으로 설정하고, 음양의 조화를 우주의 조화, 삶의 조화로 나타내고자 한 작품이다. 양성의 관계에서 여성의 존재성과 자유와 역할을 강조한 것이 바로 김백봉의 <장고춤> 연작들이라 할 수 있다. 맵시 있는 여성으로서 뿐만 아니라 때로는 강인하고 때로는 지혜롭고 때로는 자애로우며 때로는 성적 충동을 느끼게 하는 여성의 장점을 장고를 통해 물아 일체(物我一體), 혼연 일체(渾然一體)로 표현한 걸작이다.

다) 춤의 구성

1952년부터 장고를 응용한 춤을 추기 시작했다. 1954년 무용발표회에서 <여인의 향기>(장고춤Ⅰ)를 통해 독무가 완성되었다. <여인화사>(華奢 장고춤Ⅱ)에서는 군무로 재창조되었고 장고의 움직임과 공간의 배치가 달라졌다. 1981년 일본 국립극장 초청공연에서 1부 <여인화사>와 2부 <설장고>를 조화시켜 이전의 군무를 재창조하면서 <타(打)의 예>(장고춤Ⅲ)로 개명했다. 1996년 <최승희-어제와 오늘>을 안무하면서 새로 안무한 것이 군무 <향기>(장고춤Ⅳ)이다.

라) 의장 및 춤사위

<여인의 향기>와 <여인화사>는 민요를 중심으로 굿거리와 자진모리장단에 흥겹고 태평스러운 여인의 흥취를 표현했다. 장고가 소리의 개념만이 아닌 공간의 선을 그려내는 보다 적극적인 춤의 주체로 전이되었다. '들어올리고' '태극선으로 돌리고' 하는 공간을 의식한 춤의 주체로서 장고를 활용해 신명나는 마음의 그림을 그려냈다.

<타(打)의 예>에서는 농악에서 가락과 민요가 지닌 흥을 더욱 강조한 몸짓이다. 자칫 장고의 역동적 움직임이 경박해 보일 수 있는 점을 보완하기 위해 여인의 흥취와의 조화를 꾀하여, 생동감 넘치고 한국적 정서가 깊게 묻어나도록 한 작품이다. 특히 이정범(1922-1988, 1960년대 우도풍물 설장고의 명인) 류의 농악 가락에 독특한 김백봉 특유의 가락을 접목하고 있어 그의 작품만의 오묘한 매력을 발산한다. <향기>에서는 여인들의 자유분방한 아름다움을 한껏 구현했다.[24]

무용가라면 누구나 하고 있는 것이 장고춤이지만, 그 가운데서 돋보이는 춤이 김백봉의 <장고춤>이다. 장고의 놀림과 장고의 소리와 무용가의 몸이 혼연 일체가 되어 생명력 넘치는 움직임과 리듬을 창출해

낸 점에서 높이 평가된다. 초월적 경지의 장고춤이라 할 수 있다.

4) 선의 유동

가) 창작과정

공들여 가르친 제자들이 때가 되면 하나 둘씩 자기 곁을 떠나가는 현실은 김백봉에게 언제나 허탈감을 안겨 주었다. 함박눈이 내리던 어느 날, 눈송이가 유리창에 부딪쳐 물방울로 사라지는 광경을 보면서 김백봉은 역시 허무감을 느꼈다. 이렇게 허탈감, 허무감을 느끼는 주체는 누구인가. 바로 그녀 자신의 마음이다. 마음이 사람의 결정체이듯이, 녹아내리는 눈에도 결정체는 있었다. 이런 결정체의 소멸을 느끼면서 김백봉은 이 작품을 착상하게 되었다.

나) 주제

대자연의 일부인 인간은 유한한 생명의 존재로 태어났다. 유한성에 기준을 두면 모든 존재는 본질적으로 허무하다. 그러나 창조성에 기준을 두면 인간은 가치 창조와 발전의 주역이다. 특히 사람의 마음은 감정과 지혜를 움직이는 결정체로서 일상적 삶을 초월하는 잠재력을 지니고 있다. 이런 마음을 통해 인생의 아름다움을 표현하고자 하는 데이 작품의 의미가 담겨 있다.

다) 춤의 구성

1958년 초연된 이후 이듬해 김백봉무용발표회에서 공식적으로 발표되었다. 선적(線的)인 아름다움을 강조한 군무로서, 1968년 멕시코 올림픽에서 호평을 받았다. 공간을 가르며 조형해내는 하얀 수건과 너울대듯 진상(眞像)을 일으키며 무대를 시종일관 이동해 가는 하얀 치맛자락은 마치 우주 공간을 가득 메운 백설의 환상을 감득하게 한다.[25)]

라) 의장 및 춤사위

자연의 신비로움으로 간직된 눈의 결정체를 마치 누에고치에서 비단실을 뽑아내듯 줄기를 찾아 선으로 이어갈 수 있다면, 그 아름다움은 영원히 간직될 수 있을 것이다. 이런 이미지를 그리며 작품 전반을 매우 회화적으로 이끌어간다. 따라서 눈송이가 흩날리며 사뿐히 내려앉는 듯한 고요한 움직임은 빠른 구도의 변이와 기하학적 전환의 묘미가 어우러져 끊임없는 생명력을 느끼게 한다. 전체 무용수가 마치 하나의 집체를 이루듯 호흡과 춤사위에서 강한 통일감을 연출하는 것이 특징이다.[26)]

5) 광란의 제단

가) 창작과정

최승희는 '무당춤은 유물론(唯物論) 사회에서 해서는 안 될 것'이라고 했다. 그러나 이런 발언을 하기 전에 공연한 그녀의 자료 속에는 무당춤들이 포함되어 있다. 최승희 역시 우리 춤의 정체성을 나타내는 데 무당춤이 대표성을 지닌 것으로 여겼던 것이다.[27] 김백봉은 북한에서 무당춤을 본 적이 없었고 월남해서 무당춤을 몇 차례 견학한 이후부터 자기 나름의 안무를 착상하게 되었다. 무당춤을 제의춤, 신기(神氣)춤으로 인식했고 중요한 유산임을 발견했다.

나) 주제

무당은 신과 소통하는 역할을 하는 사제이다. 신을 초빙하고 신을 즐겁게 하고 신과 대화하고 신에게 사람들의 소원 성취를 기원하는 초월적인 행위를 한다. 이런 행위의 상징적인 표현이 곧 굿이고, 굿의 꽃은 춤이다. 춤의 환시(幻視)와 환각(幻覺)을 통해 사람들은 신을 감지하고 신을 볼 수 있다. 그러므로 무당의 춤은 범상한 춤과 달리 미친 듯한 움직임으로 표현되어야 소기의 목표를 이룰 수 있는 것이다. 이를 광란(狂亂)이라 했다. 의식과 무의식의 경지를 왕래하는 육체적 표현이다.

다) 춤의 구성

1959년 독무로 첫 발표되었으며, 그 후에도 끊임없이 작품의 완성도를 높이기 위해 군무로 변환하고 다양한 역할을 작품 속에 투입하였다. 역동적이고 도약적인 춤사위를 응용해 만들었다.

라) 의장 및 춤사위

쾌자를 한삼처럼 뿌리고, 던지고, 짊어지는 춤사위가 많다. 장단과 어우러져 울려대는 방울소리는 역동성을 더욱 배가시켰다. 각 지방의 굿에 사용되는 도구는 지방의 특색에 따라 다르다. <광란의 제단>은 굿판을 소재로 한 무대무용으로서 여기서 사용되는 도구(소품)는 무속적 기능이 아닌, 표현의 극대화를 위한 의도적 작위로 연출되었다. 무용가 자신의 내면적 몰입은 구경꾼들에게 신의 현현(顯現)을 느끼게 하는 가장 중요한 전제 요건으로 들 수 있다.[28]

6) 만다라

가) 창작과정

애초의 발상은 최승희 선생의 <보살춤>에서 비롯되었다. 최승희의 <보살춤>은 장기간에 걸쳐 공연되고 발전되어 온 대표작이다. 조국과 일본의 석불만이 아니라 중국의 운강석굴(雲岡석굴) 및 돈황(敦煌)의 부처들까지 일일이 관찰하면서 이 춤에 대한 철학적 해석을 탐구하고 무용적 표현을 보완했다. 그녀의 자료집에는 이러한 지속적인 노력의 흔적이 남아 있다.[29] 김백봉은 불심에 몰입하면서 재가(在家) 불자로서 자비와 존재의 진리를 깨닫게 되었고, 진리에 대한 자신의 지극한 마음을 춤으로 구현하기에 이른 것이다.

대구에서 피난 생활할 때, 웬 부잣집 노부부가 주먹밥을 만들어 지나가는 피난민들에게 나누어 주는 것을 보았다. '나무관세음보살 나무관세음보살' 노부부가 이렇게 기원하는 소리를 들었다. 살아있는 보살을 느꼈다.[30]

나) 주제

인간은 짐승과 같은 낮은 단계로부터 부처와 같은 성인의 경지까지, 그 어느 단계에서 일생을 살아간다. 진리에 대한 자각과 자비의 실천을 위해서는 생명이 다하는 날까지 올바른 구도의 생활을 함께 해야 한다. 이러한 삶이 가치 있는 삶이고 인간다운 길임을 이 작품은 제시해 준다. 특히 여성적인 관음보살(觀音菩薩)의 이미지를 통해 모성과 자비를 감지케 한다.

다) 춤의 구성

1974년에 초연되었다. 최승희의 <보살춤>이 독무인데 비해 <만다라>는 미래에 출현한다는 미륵보살(彌勒菩薩)을 중심으로 하여, 여러 보살들과 손에 등을 밝힌 무용수들의 군무로 구성되었다. 부처님과 진리에 대한 민중의 정성과 공양을 표현하려는 디자인이라 할 수 있다. 1996년에는 <청공>(淸供)이라는 제목으로 공연되었다. 부처님에게 밝은 마음으로 공양(供養)을 드리는 모습을 그린 것이다.

라) 의장 및 춤사위

보살의 장식과 명등(明燈), 연꽃 등이 춤과 일체감을 이룬다. 부처와 진리를 추구하는 보살, 그리고 그들의 무수한 권속(眷屬)이 모여 장엄한 도장을 이루며 우주의 척도를 이루는 모습을 형상화했다. 불을 밝혀 마음을 정화하고 정성으로 공양하는 모습을 형상화하였고, 움직임이 없는 가운데 움직이는, 이른바 정중동의 기예를 강조하는 가운데 동양적 내공(內功)의 심오함을 그윽하고 화려하게 펼쳤다.[31]

7) 청명심수

가) 창작과정

김백봉은 1972년 자동차 사고로 다리를 심하게 다쳤다. 어쩌면 더 이상 평생 무용을 할 수 없을 지도 모른다는 염려와 불안 속에서 치료를 계속했다. 무용가에게는 어떤 사고보다 치명적인 아픔이었다. 그러나 그녀의 의지는 치료의 효과를 상승시켜 '다시 춤을 추는' 기적을 일으켰다. 이런 과정에서 1974년 어느 날 산조의 가락을 듣고, 문득 안무한 것이 <김백봉류 산조>였다.

'지친 몸과 마음을 이끌고 들어간 청계천의 연구소에서 가야금 산조가 흘러나오고 있었다. 자신도 모르게 산조에 맞춰 춤을 추기 시작했다. 지켜보던 주변의 제자들이 한사코 말렸지만 오히려 다시 살아나고 있다는 느낌에 춤을 멈출 수 없었다. 내 모습을 감싼 공허의 옷이 훌훌 날아가는 느낌이었다. 굽혔던 몸을 일으켜 손을 치켜드니 이것이 바로 내 왕국이 아닌가 하는 생각이 들었다'라고 김백봉은 당시를 회상했다.[32)]

춤을 발전시키는 과정에서 고향에 두고 온 모친의 영원한 사랑, 그 잊지 못할 희생적 자비를 떠올리기도 했다.

'오대산 상원사에 갔다. 적멸보궁(寂滅寶宮)에 올랐다. 나는 높은 곳에 서서 고개를 돌려가며 산을 바라보았다. 고개를 돌린 것은 나인데 나는 가만히 있고 꼭 산이 도는 듯했다. 산은 두 팔을 벌려 '이라 오라, 이리 오라' 나를 부르는 듯했다. 가만히 눈을 감고 산을 가슴으로 안았다. 바람을 타고 고향의 냄새가 코끝에 전해졌다. 바람에 안겨 추억에 젖었다. 이 산은 고향의 산들과 대화를 나누고 있는 듯했다. 나는 어머니의 안부를 물었다. 어머니도 내 소식을 전해 달라고 하는 듯했다.'[33)]

몇 차례의 산조 공연 끝에 1993년에 산조의 집대성이라 할 수 있는 <청명심수>(淸明心受)라고 이름을 붙였다.

김태원은 김백봉 <산조>의 감동을 이렇게 말한 적이 있다.

김백봉의 즉흥무인 <산조>는 짙은 다홍빛이나 맨드라미꽃의 빛깔과 같은 옷을 입고 자유로운 입춤이나 살풀이류로 춘다. 은은한 유장미(悠長美)보다는 산화(散華)될 듯한 정염과 붉은 피의 뿜음을 느끼게 하는 이색적인 춤이다. 북방녀(北方女) 같은 빠른 리듬으로 고조되는 춤의 부분에서 무대를 누르고 튕기고 때리는 하체 발의 움직임이 두드러져 보인다. 이것은 같은 세대의 남성 춤꾼인 김진걸의 <산조>가

가진 담백함과 자전적인 명상의 분위기, 삶의 애잔한 정서의 퍼뜨림과 다른 분위기의 춤이다.

김백봉의 이 춤은 초반부터 여유 있고 당당한 자세, 그러다 힘이 들어가지 않은 듯하면서 날카롭게 뻗어지는 팔의 선, 음악의 전개에 따라 점점 열꽃(감정)이 춤추는 이의 하체로 나려가면서 춤은 동적으로 변해가기 시작한다. 중간 이후에 다홍빛 치마는 끈에 의해 동여매어지고, 춤꾼의 움직임은 매우 열정적이 되어 무대공간을 크게 대각선으로 움직이면서 마치 현대의 로큰롤 가수들이 관객의 박수와 환호를 유도해내듯 관객의 추임새를 유도해내면서 자신은 열오른 무녀와 같이 2박자와 엇박의 신체리듬을 보여준다.[34]

나) 주제

'마음의 노래, 영혼의 속삭임, 내 평생의 일기장'이라 스스로 명명할 만큼 그 동안 김백봉이 살아오면서 겪었던 슬픔과 기쁨, 절망과 극복을 수필처럼 펼쳐 놓은 작품이다.[35]

청명은 산뜻하고 깨끗하고 맑은 광경을 일컫는다. 우리 선인들은 이러한 정경을 소쇄(瀟灑)한 마음이라고 달리 표현했다. 여기서 청명심수(淸明心受)는 청명심수(淸明深水)와 상통한다. 밝고 맑고 깊은 물 그 자체이다. 선적(禪的)인 세계이다.

모든 욕심, 욕망을 버린 마음으로 자연과 세상을 바라보고, 그 밑바닥을 흘러가는 영원한 시간의 깨달음에서 삶을 관조하는, 달관(達觀)의 경지가 느껴지는 작품이다.

다) 춤의 구성

1974년 10월에 국립극장 무대에서 <산조춤>이 공개되었다. 1983년 12월 일본 지예회(至藝の會)의 무대에서 일본의 명인들과 함께 이 춤을 추어 찬사를 받았다. 춤의 도입부는 기원, 번뇌, 기도로 이루어졌다. 중추부는 수도(修道), 안(安), 낙희(樂喜), 예술의 길, 비애, 진리, 호수에 비친 내 모습, 공(空)이로다, 청명심수로 이루어졌다. 결말부는 환생(영원한 비상)을 그렸다.

춤이 전부였던 김백봉에게 춤을 더 이상 출 수 없다는 사실은 암담한 절망이었고, 이 과정에서 오히려 좌절이 아닌 극복으로 이뤄낸 것이 바로 '생명의 춤' 산조였다. 다시 일어선 김백봉은 가야금 산조를 타고 흐르는 일곱 마짜리 흰 천과 춤사위를, 소박하지만 깨끗한 마음에 담았기에 <청명심수>라 했다. 절망을 딛고 난 후에 김백봉은 춤 속에 오욕 칠정(五慾七情)을 담아낼 수 있게 되었다고 말했다. 김백봉이 자신의 안무 노트에서 춤을 자기 구도(求道)의 표현이라 한 것은 시련 속에 성숙된 철학에 바탕을 두었기 때문일 것이다.[36)]

라) 의장 및 춤사위

자연의 운동원리를 역행하거나 무용수의 관절운동을 무리하게 요구하는 등의 안무를 하지 않으며, 오히려 그런 원리와 체계를 응용하여

고도의 기교를 표현했다. 기본 연주의 가락을 타고 흐르는 춤사위뿐만 아니라 가야금 연주 농현(弄絃)의 멋과 맛을 빠짐없이 잡아내어 춤사위를 풀어 나갔다. 밀고 당기는 연주자의 호흡을 세밀하게 표현하는 등 안무자의 음악적 해석력이 돋보인다. 춤을 출 때 여민 치마 속에 공기가 채워져 마치 항아리 모양이 만들어진다. 이것은 원만과 유연의 이미지로서 전형적 곡선 비례의 아름다운 여인의 모습을 연상시킨다.[37]

5. 최승희와 김백봉 춤의 특징

이 책을 시작할 때 필자는 김백봉이 최승희와는 다른 신선미와 감동을 제공한 무용가라고 했다. 그녀 나름으로 훌륭한 작품을 창작했다는 말인데, 이런 사실은 두 무용가를 대비해 봄으로써 구체적인 이해에 도달할 수 있을 것이다. 최승희를 정통으로 계승한 측면에서 김백봉은 신무용의 후예이고, 동시에 최승희를 넘어서려고 피나는 노력을 기울여 걸작을 생산한 측면에서 김백봉은 신무용의 열매를 맺은 대가이다.

김백봉은 최승희의 무용과 무용교육을 이렇게 회고했다.

'최승희 선생은 모던 댄스로 입문했기 때문에 현대무용이라고 생각해 볼 수도 있는데, 그렇지 않다. 선생은 한국적(조선적)으로 춤을 췄다. 열심히 공부하고 발전해서 테마와 음악을 일본 것이 아닌 한국적인 것으로 했다. 사실 오늘날의 춤에는 선생의 가락이 많다. 누가 봐도 조선 춤이라고 했지 현대무용이라 하지 않았으니까. 민족성이 강했다. 당시 일본에는 조선인 유학생, 노동자가 많았는데, 객석에서 울면서 선생의 춤을 봤다.'[1)]

이상의 지적에서 최승희가 식민지 조선 출신의 무용가라는 점, 모던 댄스로 출발했지만 가능한 대로 조선 춤의 양식으로 춤을 추려 했다는 점, 제국주의 본거지(일본)에서 현지의 무용가들을 능가하는 평판을 얻었다는 점에서 대중적인 인기를 얻을 수 있었다는 해석이 성립된다. 그러나 한편으로 당시 조선 유학생이나 노동자들이 자국의 전통무용을 제대로 감상할 수 있는 소양을 갖추었다고 단정할 수 없으므로 최승희 조선 춤에 대한 인기와 수준 사이에는 적지 않은 거리가 있지 않았을까 하는 의구심도 든다.

김백봉은 무용교육에 대해 다음과 같이 말했다.

"오늘날 대학 무용과의 교육이 최승희의 스타일이라고 보면 된다. 전통무용, 현대무용, 발레 등을 모두 함께 가르치는데, 그렇게 배워야 무용가가 될 수 있다는 것이 최 선생의 스타일이다. 모든 춤을 다 추어 보고나서, 나이 먹은 다음에 자기 전공을 선택하고, 국제적인 무대에서 무용가라는 소리를 들을 수 있어야 한다는 것이다. 그렇게 하자면 먼저 몸이 되어 있어야 한다. 그렇게 배운 다음에 '춤집'(춤의 조형)이라는 것은 자기 생각에 따라 나오게 된다. 훈련이 잘되면, 자유자재로 모든 것을 표현 할 수 있다. 우리 춤은 마음속에서 우러나오는 춤이다. 서양 춤처럼 내부를 분출하는 것과 더불어 신비함, 동양철학 같은 것이 포함되어 나타난다. 같은 가락도 혼(魂)을 실을 수 있도록 몸을 자유자재로 움직일 수 있도록 해야 한다."[2)]

한편, 안제승은 최승희의 춤에 대해 다음과 같이 증언했다. 필자가 다소 윤색해서 정리해 두기로 한다.

"이시이 바쿠가 조선의 사라진 춤을 찾아서 무대화시키는 것이 필요한 작업이라 했을 때, 최승희는 이미 조선 춤의 현대화를 말했으면서도 선생의 말을 달갑게 여기지 않았다. 전통춤을 그대로 가져다 추는, 이른바 곤봉(棍棒)춤을 하지 않겠다는 의미였다. 일본에서 '그녀의 춤은 조선 춤이 아니다, 가짜 조선 춤이다'라고 말하는 사람도 있었다. 그녀가 하고 싶었던 것은 현대예술로서 모던한 조선 춤이었다."

이어서 안제승은, "신무용은 전통을 영입할 수도 있고, 영입하지 않을 수도 있다. 당시 조선 춤만 추고 보던 사람들에게 최승희나 조택원의 작업은 서구적 미학에 바탕을 두고 전통에 접근해 오니까 못마땅하게 느꼈다. 일본 춤, 중국 춤을 추었다고 하는데, 그건 정말 추고 싶어서 한 것이 아니라 어쩔 수 없이 그렇게 한 것이다. 물론, 자기식으로 수용했다. '최승희의 무용공연이냐' '최승희 무용의 공연이냐'라고 물었을 때, 그것은 후자였다. 그녀는 언제나 자기 무용이라는 입장을 중시했다. '최승희가 무용을 한다'는 막연하고 애매한 생각을 하지 않았다."[3)]

곤봉을 가지고 하는 체조를 곤봉체조라고 한다. 마치 곤봉체조를 하듯이 조선의 전통무용을 흉내 내는 춤을 하지 않으려 했다는 비유적인 의미이다. 오직 '최승희다운 춤'을 만들어내고자 했던 창조형의 무용가였음을 말해 준다.

김백봉은 선생과 자신의 입장을 이렇게 분별했다.

"새로운 한국무용을 추구하려는 방법에는 대체로 크게 두 가지가 있을 수 있다. 그 하나는 서구적 체계를 바탕으로 한국적인 형식에 접근하는 길이고, 다른 하나는 한국적 전형을 바탕으로 선진적(서구적) 방법론을 도입해 가는 길이다. 무용의 첫발을 신흥무용에서 출발했다는 기술적 또는 체험적 배경 때문에 최 선생이 전자를 택하게 된 것만은 아니었다.

175센티의 거구(?)가 만일 전통양식의 이른바 섬세한 동작(즉 세기細技)를 주로 보여 주었다고 가상해 보자. 아마도 그 정경은 여장남(女裝男)의 애로티시즘처럼 '징그럽다'는 한 마디로 충분했을 것이다.

그러나 160센티 안팎의 몸매를 지닌 여느 무용수에게서 최 선생과 같은 다이내믹한 볼륨을 얻어내기란 쉬운 일이 아니다. 바로 이러한 캐릭터라이즈(성격화)의 낙차를 들어 표현기법의 개성적 체계 정립을 위한 독자성의 모색이 필요하다고 역설했다.(중략)

1947년 가을의 나의 작품발표회가 최 선생의 편파적인 방해공작에도 불구하고 성공리에 끝났을 뿐만 아니라 닷새 예정의 공연이 20일간으로 연장된 나의 경우와는 달리, 성희(조카)의 발표회가 5일간 한결같이 한산한 관객동원을 보일 만큼 실패로 돌아간 사건은 더욱 사태를 부채질 해, 이제는 혈연도 사제(師弟)도 아닌 최악의 적수로 대해야 할 파경을 몰고 왔다."[4)]

여기서 반역행위는 말 그대로의 스승에 대한 반역(反逆)이 아니라 김백봉 나름의 체형과 기질과 정신에 알맞은 신무용을 모색하게 되었다는 주체의 발견에 해당한다. 다시 김백봉은 말한다.

"부모 없는 새끼(자식)가 있을까? 오랜 동안 선생 같이 되려고 애썼다. 선생과 같이 되면 세계적인 사람이 되는 것이니까. 내 춤에 대해 선생의 칭찬을 받고 싶은 것이 소원이었다. 내가 선생을 닮았다는 말도 많이 들었다. 여러분은 어떻게 평가할지 모르지만 이제 와서 '내 세계가 있었구나' 생각한다. 나는 어릴 때부터 이 땅에 이 만한 춤을 심고 싶다고 생각했었다. 그래서 <화관무> <부채춤> 같은 양식이 생겼다."5)

최승희는 조선 춤을 추고 싶어 했고, 실제로 많이 추었다. 그러나 중국 춤, 일본 춤 같은 것을 곁들여 추면서 동양무용이라는 명분을 내세웠다. 실제로 그녀가 중국 무용가나 일본 무용가보다 그 나라의 춤을 더 잘 출 수는 없었을 것이다. 그런데도 동양무용을 내세운 것은 일본 경시청의 공연허가를 받아내려는 전략으로 볼 수 있다. 아울러 자신의 다양한 능력을 과시함으로써 높은 인기와 흥행의 효과를 지속하려 한 것으로 보인다. 그녀에게는 무용단(舞踊團)을 제대로 운영하고 무용연구소의 숱한 식구들의 생활을 위한 막대한 비용이 필요했다. 공연활동을 위해 불기피한 친일(親日)은 했을망정 자발적인 친일을 하지는 않은 것으로 해석할 수 있다. 요컨대 이런 이유로 최승희의 무용은 시국(時局)의 민감한 영향 가운데서 전개된 것이다.

김백봉은 최승희의 제자 또는 조교라는 위상 때문에 시국의 민감한 영향에서 비교적 느슨하게 지낼 수 있었다. 이른바 '최승희라는 우산(雨傘)의 혜택'이었다. 언제나 일이 많아서 몸은 고달팠지만 직접 외부의 압력에 시달리는 충격은 최승희에 비해 적었다. 본래 자연친화적인 성향을 지니기도 했지만 선생이 시국문제에 시달리는 것을 날마다 안타깝게 바라보면서 그녀는 애초부터 시사성(時事性)보다는 서정시(敍情詩) 같은 무용에 착안(着眼)했고 빠져들었다.

한중일 순회공연, 세계 일주 순회공연, 일본군위문 순회공연 같은 것을 하는, 유랑(流浪) 무용가로서 최승희는 솔로로 할 수 있는 소품(小品)을 위주로 활동했다. 여러 지역을 이동하는 관계로 현지 실정에 어울리는 다양한 레퍼토리를 상비하고 있었다. 그녀의 육체적 특성에 어울리는 감각적이고 시각적인 춤들이 대부분이었다. 무대의상과 장식도 이런 효과를 동반했다. 언제나 그녀의 성적인 매력은 사람들에게 예술성을 대중적으로 받아들이게 하는 친밀감을 부채질했다.6)

1937년 세계 일주 순회공연 때부터는 주로 조선 춤을 추었기 때문에 김정완이라는 그때의 유명한 화가가 디자인을 맡았다.7) 최승희 조선 무용복의 특색은 그 잘 생긴 신체의 균형을 살리고자 조세트(실크의 일종)로 축 늘어지게 하고 현대적 감각을 약간 적용한 단순성이었다. 최승희의 단발머리는 안막의 작품이라 할 수 있다. 최승희의 특징을 살리려고 머리 모양을 고정시키도록 조언한 것이다. 또 솔로 댄서인 그녀는 수시로 가발을 쓰거나 신속하게 관을 바꾸어 쓰고 다양한 이미지를 보여 주었다.8)

1분 동안에 옷을 빨리 갈아입으려고 무용복을 특수하게 디자인했다. 최승희는 팬티 자리와 가슴만 가리고 전신 나체가 되었다. 춤이 끝나

옆 무대로 들어오면서 옷을 벗었다. 기다렸던 한 사람(조수)은 옷을 입히고 또 한 사람은 모자를 씌우고 신을 신기고 손에 장식품을 건네주었다. 이렇게 두 사람과 최승희가 합동 작업을 해서 1분 동안의 시간을 맞추었다. 이러한 공연 형식을 관객들은 신비하게 생각했다.[9)]

앞서 소개한 대로 최승희의 소품으로 자주 입에 오르내리는 작품은 <칠석의 밤> <초립동> <검무> <장고춤> <에헤야 노아라> <세 가지 전통리듬> <보살춤> <가면무> <춘향> <산조> <신노심불로> <무녀무> <즉흥무> <승무> <아리랑> 등 1백여 편이 넘는다. 조선 춤을 바탕으로 만든 것들이 대부분이다. 이들 가운데는 중국 춤의 영향을 받은 <옥적곡>, 일본 춤의 영향을 받은 <천하대장군> 등 외래적인 작품들도 상당수 들어 있다.

김백봉이 광복 이전에 본 우리 춤은 승무밖에 없었다. 무용가로 이름난 사람은 최승희, 조택원 선생 밖에 몰랐다. 동료 중에서 김백봉보다 작품을 빨리 발표한 사람은 조용자였다. 최 선생의 창작 방식이었던 '한국적인 현대무용'에서 보다 더 한국적인 측면을 강조한 창작이 오늘날의 한국무용이 된 셈이다. 신무용이 서양 춤을 포함했던 것에 비해 전통춤은 승무를 기본으로 했으니 동작의 차이는 분명하다. 김백봉은 다른 사람의 승무를 보면서 순서대로의 재현이 아니라 춤의 원리를 찾으려 했다. 이렇게 해서, 학체(鶴體)를 중심으로 한 자신의 승무를 구상하게 된 것이다.

김백봉은 자기 신체조건을 말하면서 우리 춤의 섬세함(세기)을 거듭나게 하고자 했다고 첨언했다. 또한 신무용적 데포르메(변형)를 기초로 한다고 해도 우리 고전적 형식체계를 자기 무용의 기본으로 하고자 했다고 말했다. 최승희보다 더욱 중량감, 심오한 의미, 몸의 탄력성, 그리고 동작의 유연성을 살려 우리 춤의 추구해야 할 진수(眞髓)를 표현하려 했다. 앞서도 지적한 대로, 이러한 춤의 이미지를 드러내기 위해 그녀는 한복에 대한 탐구와 실험을 계속해 왔다.

<화관무> <부채춤> <장고춤> <선의 유동> <광란의 제단> <만다라> <청명심수> 같은 작품에 나타난 것처럼 그녀는 소품의 개념이 아닌, 완성형 대작들을 창작했다. 얼핏 제목과 내용만 보면, 최승희와 별반 다를 것이 없어 보인다. 그러나 우리 춤의 완성도와 수월성(秀越性)이라는 차원에서 보면, 최승희의 제자의 춤이자 선생을 능가하는 창의성이 빛난다.

최승희의 춤을 계승한다는 평가에 대해 김백봉 자신은 말했다.

"전통무용을 전수한다든가, 이런 개념으로 보면 안 된다. 선생의 춤을 보존했다고 할 수 없고, 맥을 이어서 자기 예술활동을 한 것이다. 어딘가에 선생과 같은 데가 있을 것이다. 선생을 만난다면 얼마나 잘했나 못했나, 나름대로 열심히 한 것을 평가 받고 칭찬받고 싶다. 선생의 춤을 그대로 춘 것은 하나도 없었다."10)

"군무를 처음 짠 것은 해방 이후 평양에서 <해방의 노래>라는 작품을 만들 때였다. 소련에서 본 <백조의 호수>에서 영감을 받고 내 나름대로 만들었다. 자꾸 반복하면서 정리하다 보니 다듬어지고 완성되는 것 같았다. 소련에서는 무용표를 사기 어려웠다. 몇 번 본 <백조의 호수>를 왜 또 보려고 하느냐고 관객에게 물어보니까, 배역을 맡은 주역이 어떻게 무용을 하는지 궁금해서 보러 왔다고 했다. 똑같은 작품을 해도 다른 사람이 하니까 또 보는 것이다. 춤의 생명은 춤추는 사람이 얼마나 잘 추는가에 달려 있다. 잘 추지 못하면 그 작품은 사라진다."[11]

"한국 춤의 가치는 정중동이라 한다. 잘 추는 사람은 흘러가는 맥이 보인다. 안 되니까, 동작을 자꾸 하고 그러다 보니까……(형태가 무너진다.) 많이 추어야 하고, 우리 멜로디나 장단을 잘 알아야 한다. 전에 내가 (어느 무용인의) <가야금산조>를 보는데 눈에 확 들어왔다. 그래서 물어보니, 가야금을 배웠다고 했다. 그러니까 우리가락의 멋과 홍을 몸으로 표현하는 춤이 잘 추는 춤이라고 할 수 있다. 형태가 나와야 한다. 그렇지 않으면 구질구질해진다. 꼭 말하고 싶은 것은 인격이다. 다 몸으로 나온다. 공부하는 사람과 아닌 사람이 드러난다. 같은 춤을 추면서 정신수양, 인품이 다르게 드러난다. 기술이 다가 아니다. 춤에 대한 집념이 살아 있어야 한다."[12]

최승희는 남편 안막이 평양음악대학의 초대 학장이 되자 '이때다' 하고 우리 악기를 개조해서 오케스트라로 편성해 달라고 했다. 안막은 이 말의 뜻을 잘 알고 있었기 때문에 곧 악기 개조 작업을 실시하였다. 그래서 나온 것들이 최승희의 무용극 반주에 활용된 것이다.[13] 이런 사실을 잘 이해하고 있는 김백봉은 자기 작품에서 반주음악에 세심한 배려를 하는 한편, 무용극이나 뮤지컬 안무에서 오케스트라와의 조화에도 노력을 기울였다.

최승희의 조선 춤은 흥에서 멋으로 이양되는 데에 기교의 핵심이 있으므로 섬세한 동작은 없으나 활달하고 힘이 넘쳐 흐르듯이 역동적인 동작이 멋들어지게 전개되었다 전통적인 한국 춤에는 전형화(典型化)된 춤사위가 있는데 최승희가 추는 조선 춤에는 그런 전통 춤사위는 적은 편이나 그 대신에 서정적인 동작과 변덕스럽고 코믹한 동작, 그리고 낙천적이고도 풍자적인 표현 동작들이 나왔다[14]

일면, 최승희 무용 기법에 허점이 없는 것은 아니었다. 이를테면 감각적이고 관능적인 것은 바깥 형태로 잘 나타나지만 내면적인 섬세한 기법은 홀대(忽待)되었고, 춤 속에 정서나 모양은 강하게 나타나지만 다양한 선(線)이 없었다. 또 우리 춤의 춤사위를 그 멋진 표현으로 승화시키지 못했다. 그럼에도 불구하고 최승희의 춤은 몇 번이고 똑같은 순서와 똑같은 춤사위로 추는 춤이 아니라, 그 주제에 따른 핵심적 주요 동작은 있지만 그밖의 춤 동작은 그때그때에 따라 즉흥적으로 다르게 추어, 신선한 느낌을 주었던 것이 특징이다.[15]

이러한 최승희의 장점과 단점을 총체적으로 꿰뚫어 보면서 자신의 춤을 모색해 온 것이 김백봉이었다. 그녀는 선생의 취약점을 말하지 않았지만 바로 그 내면적 깊이를 춤의 구조를 통해 나타내고자 지극한 노력과 탐구를 했다. 다른 무용가들이 하는 춤을 비슷하게 모방해 추거나 기존 춤의 순서를 따라서 추거나 하는 일이 없이, 하나의 작품이 되기 위한 주제의 의미를 움직임으로 새롭게 디자인하고, 그 디자인을 학체, 필체, 궁체로 구현함으로써 독자적인 구조를 통해 생동감에 넘치는 경지를 창출해내었다.

최승희는 우리 춤에 파도부레가 없다 했다.[16] 중국에서 연구하면서 창극에서 걷는 동작을 무대로 가져다가 활용했다. 무대를 위한 춤사위 연구에 공로가 많았다. 환경 때문에 그렇겠지만 최승희의 춤은 테크닉과 테마 위주였고 김백봉의 춤은 생활을 바탕으로 했다. 김백봉은 <심청> 안무에서, 상체는 한국식으로 추고 하체는 파도를 타고 가는 것같이 판토마임을 가미된 춤을 추었다. '무용극은 우리 춤의 가락을 가지고 거동(擧動)언어로써 역할을 소화해내도록 하는 것이 과제'라고 말했다.[17]

최승희의 춤은 참으로 과학적이었다. 옆으로 갈 때는 반대 다리부터 발이 뒤로 가고, 발을 바꿀 때는 투 스텝으로 가고, 뒤로 갈 때는 앞의 다리부터 갔다. 그 기본으로 무슨 작품이나 할 수 있었다. 김백봉은 선생과 같이 원칙대로 했다. 자기류의 작품이라고 해서 기본까지 억제로 해서는 안 된다고 생각했다.[18]

김백봉은 <부채춤>은 <살풀이>처럼 추어서는 안 된다고 생각한다. 눈을 떠야지 <살풀이>처럼 눈을 깔아서는 안 된다. 반대로 <살풀이>할 때는 눈을 똑바로 뜨고 해서는 안 된다. 그녀의 기본은 굿거리, 살풀이, 자진모리 등의 순으로 진행되지만 <살풀이> 기본 들어가기 전에 굿거리 동작의 핵을 배우고, 먼저 <화관무>에서 한삼 쓰는 것을 배우게 한다. <화관무>는 자세가 똑바로 반듯하게 춘다. 한삼을 던지고 하는 것에서 춤가락이 달라진다. 그래서 그것을 마스터하고 나면, <살풀이>가 점잖아진다. 김백봉은 우리 춤 춤사위 중에서 빨리 도는 것이 없었을 때 그런 춤사위를 고안해 춤을 추었다.[19]

김백봉은 우리 춤이 '한(恨)의 춤'이라는 말에 동의하지 않는다. 심지어는 <살풀이>까지도 그렇게 보지 않는다. 발을 하나 짚어도 힘이 있다는 것이다. 그녀는 어머니상을 살풀이라고 생각한다. '살풀이는 어머니'라고 말한다. 어머니와 이별을 얘기하는 작품, 그리고 수건을 들고 하는 <선의 유동>도 있는데, 우울하거나 꺼꾸러지지 않는다. 긍정적인 성격 때문인데 늘 활달하고 기품 있고 화사하다.[20]

앞서 이시이 바쿠가 그처럼 사랑했던 제자 최승희에게 말한 충고를 되새기고자 한다. "조선풍의 무용은 비상한 갈채를 받았지만 사람들의 단순한 기분에 지나지 않을 수 있다. 조선무용의 부활은 그녀(최승희)의 여기(餘技)일 수도 있다는 점이다. 궁극적으로 그녀의 조선풍의 무용을 예술무용으로 발전시키는 비상한 결단력이 요청된다. 영리한 그녀가 자신의 무용가로서 육체적 혜택을 잘 응용해 창작활동에 풍부한 재능을 발휘해 주기를 진정 바란다."[21]

이상과 같은 충고를 예술적으로 실현하는 데 더욱 가까이 접근한 무용가가 바로 김백봉이라면 필자의 지나친 속단일까. 필자는 '최승희라는 산'(山)을 넘어 더 높은 봉우리를 이룬 무용가가 김백봉이라고 생각한다. 그녀의 춤은 체형과 기질에 알맞게 조화되고 통일된 이미지를 완성시키고 있기 때문이다.

“캐릭터 댄스라고 말해도 될 만큼 김백봉의 작품 속에서 많은 캐릭터가 창출되었다. 여기서 얼마나 독창성 있는 캐릭터인가보다는 소재의 다양한 요소들을 잘 버무려서 어떻게 살아 있게 표현하는가가 더 중요하다. 표현의 주체가 무용수이든 안무가이든 그 주체를 반영하는 나보다 캐릭터 속에 주체가 깃들여 있어야 한다. 그렇지 못하면 <화관무> <부채춤> <청명심수> 등 이어지는 춤에 옷만 갈아입고 반주음악과 순서만 달라졌을 뿐이어서 공연 내내 관객이 인지하게 되는 것은 ‘춤추는 그 사람’에 지나지 못할 것이다. 김백봉의 춤의 원형을 살리지 못한 것이다.”[22)]

한 작품으로 자신의 인생을 디자인하고 자신의 신념을 표현했을 때, 즉 창조적 완성을 이루었을 때, 비로소 무용가라는 칭호를 사용할 수 있을 것이다. 김백봉이야말로 예술무용가라고 부를 수 있을 것이다.

6. 김백봉이 밝힌 무용의 원리

김백봉은 그가 발표한 「고전무용의 현대화」에서 고전무용의 개념을 앞서 필자가 제시한 '전통무용'이나 '민속무용'과 일부 혼동한 사례가 나타난다. 넓은 의미에서 이 논문은 '민속무용의 현대화'를 지향하는 취지를 내포하고 있다.

예를 들면, "새로운 것이라 해서 전통을 무사하고는 기(期, 기약)할 수 없고, 오직 고전에 대한 올바른 연구 및 가락 수법의 습득만이 새것을 위한 발판이 됨은 두말할 필요도 없다"라는 구절에서, 고전은 문맥상 전통무용을 지칭한 것이다.

또한, "쉴 사이 없이 발전 비약해 가는 세계적 문화조류 속에서 현대인의 감각과 지성을 대변하며, 그들과 함께 호흡해야 할 예술이, 특히 무대무용예술로서 평가될 때, 고전무용은 이미 낡은 '과거의 것'이 되고 만다"라고 하는 구절에서, 고전은 문맥상 민속무용을 지칭한 것이다.

김백봉은 '민속무용의 현대화'를 위해 몇 가지 방안을 제시했다.

첫째로 주제 선택이다. 현대인들이 공명할 수 있는 주제를 선택해야 한다는 것이다. 그러나 그렇다고 해서, 작품이 관객에게 아부하거나 예술가의 지나친 자아(自我)를 내세워서는 안 되고, 관객이 일상생활과 결부해서 이해할 수 있는 작품을 해야 한다고 했다.

둘째로 형상화 즉 표현방법이다. 고전적(전통적, 전승적) 수법만으로는 도저히 만족스러운 표현을 기할 수 없다는 것이다. 발레나 모던 댄스 등 선진적 방법을 섭취하고 응용해 우리 춤을 살찌게 해야 한다. 아울러 '춤추는 드라마'로서 현대무용을 만들기 위해 팬터마임을 활용해야 한다고 했다.

끝으로 힘(실력)의 배양이다. 미학적 해석력도 필요하지만 현대화를 실현할 수 있는 '노력이 없이는' 모두가 공염불이라 하며, 무용가들의 분발을 지적했다. 이러한 김백봉의 논리는 어디까지나 작품 창작을 위한 현대화 논의로 귀결되고 있음을 알 수 있다.[1]

김백봉은 춤이 행연자(行演者)의 지의정(知意情)적 내면세계를 비쳐주는 '마음의 거울'이라고 전제하고, 「무용 동작이 지니는 내적 배경」에 관하여 논술했다. 배경 요소로서 체, 홍, 멋을 들었다. 체의 유형으로는 학체, 궁체, 필체를 들었다.

학체(鶴體)는 학과 같은 기(技)와 이상(理想)을 이룩하려는 의미를 함축한 것이다. 목이 길고 검은 머리에 빨간 족두리까지 얹은 학이 한쪽 다리를 굽히고 서 있는 어엿한 모습이나 의젓하고 무게 있는 걸음걸이는 그대로 우리 춤에 도입되고 있다. 막 하늘을 향해 날아가려는 날개의 동작이 그렇게 무게 있고 웅장하고 우아할 수 없는데, 허리를 기점으로 등 어깨 팔 손에 이르는 일련의 흐름이 바로 그런 모습이다. 학체는 정재(呈才)에서 별로 볼 수 없고, 승무에서 대표적으로 찾아볼 수 있다.

궁체(宮體)는 무사가 활을 당겼을 때 나타나는 완곡한 곡선의 정제미(整齊美)를 도입한 자세를 일컫는다. 저고리의 깃과 소매, 버선코, 지붕의 석가래, 도자기류 등에서 발견되는 멋과 같은 것이다. 외형적인 선의 변화에 국한되는 것이 아니라 무예를 닦을 때 지니는 강인한 기백과 굳건한 의지를 아울러 지녀야 한다.

필체(筆體)는 글씨를 쓸 때 붓 끝에 힘을 주어 중심을 잡고 뻗어 나가는 모습과 자획(字劃)을 그리는 모습을 동작에 비유한 명칭이다. ㄱ에서 ㅎ까지 모든 자획을 묘사할 수 있다. 염불장단 첫 박자에 힘을 주어 장삼을 뿌렸다가 마지막에 이르러 스르르 감아올리듯 말아 올리는 수법이 전형적인 필체의 구조이다.

다음으로 체를 구현시키는 신체조건에 대하여 언급했다. 의상의 중요성을 언급했다. 저고리, 치마, 장삼, 한삼, 전복, 도포 등의 구조 형태와 천의 종류, 성격, 특성, 그리고 색깔의 명암, 농도 등 모든 것을 조화롭게 구비해야 한다. 얼굴 및 머리 부분의 중요성을 지적했다. 눈동자, 시선, 얼굴 표정, 화장, 머리 형태, 장식 등이 인격을 표현해야 한다. 사람의 얼굴은 천태만상이므로 그 사람에 맞게 개인적인 숙련이 필요하다. 저고리의 구조와 어깨와 팔의 움직임, 다리와 발의 움직임에 대하여 실례를 들며 설명했다.

흥(興)이란 무엇인가. 감정의 맥이 흘러야 흥이 일어난다. 정지된 상황이나 운동하는 상황이나 모든 움직임은 유기적 생명체가 만들어내는 공간 조형(造型)이며, 그 속에 맥이 흐르고 있다. 흥분에 전신적 전율을 느끼고, 기쁨에 피가 뒤끓는 이 묘미가 우리 춤의 정중동 속에 깃들여 있는 흥이다.

멋이란 무엇인가. 여성 춤의 지나친 내향성은 시대감각에 영합되지 못하는 결함을 안고 있음도 부인할 수 없지만 높은 예술성은 멋의 실체에 해당한다. 또한 남성 춤은 급속히 사라져 가고 있지만 본래의 활력성은 의지와 기백이 스며 있는 것으로서 멋의 실체에 해당하는 것으로 보았다. 아울러 이 두 가지 춤을 여과시켜 현대적인 양식으로 추구해 보는 것이 김백봉의 과제임을 밝혔다.[2)]

앞서 기술한 대로, 김백봉은 뮤지컬 <대춘향전>의 안무를 맡았다. 이러한 작업을 계기로 「뮤지컬과 우리 현실」이라는 논설을 발표했다. 서양에서 뮤지컬이 발전해 온 경로와 종류를 소개하고, 자신의 체험을 바탕으로 국내의 현실과 안무의 방향 등을 모색했다.

안무를 위탁 받았을 때, 서구식 음악구조와 국악의 그것과의 사이에 개재된 이질성을 새삼 깨닫고, 그 현격한 차이를 메꿀 자신이 없어 적지 않게 망설였다고 말했다. 작곡가에게 가능한 대로 국악양식에 접근하도록 해 달라는 당부도 잊지 않았다. 우리 무용은 조화 있게 다듬어진 상반신의 운동질량에 비해, 거의 위축되었다고 할 수 밖에 없는 하반신의 운동 때문에 뮤지컬에 적응하는 데 난점이 있고, 또한 단조로울 만큼 반복되는 동작들이 뮤지컬의 유동감(流動感)을 해칠 우려가 있음을 간파했다.

뮤지컬의 소양으로 첫째로 음악성, 둘째로 무용성을 들 수 있고, 배우들의 무용성이 전반적으로 취약한 가운데, 특히 합창단원들의 무용적 소양은 찾아볼 수 없을 정도로 희미하다는 것이다. 시민회관(현 세종문화회관) 무대에서 기계장치(machinery)를 이용할 수 없는 조건을 고려하여 출연자들의 하반신의 운동을 촉진시켰고, 전통적인 멋을 왜곡시키지 않은 채 살려 내려고 노력에 노력을 거듭한 것이 작품의 성과로 이루어졌다고 자평했다.

우리 뮤지컬의 발전 대안으로 몇 가지를 제시했다. 첫째는 명실상부(名實相符)한 뮤지컬 탤런트의 양성과 배출을 필요하다. 인기 가수나 TV 탤런트를 초빙하는 일시적인 방법이 아니라 독자적인 스타 플레이어의 확보가 관건이다. 따라서 체계적이고 제도적인 양성기관을 설립해야 한다. 둘째로 전용극장의 설립과 번거로운 공연 활동이 필요하다. 관중의 확보를 통한 시장 확대와 자본의 투입이 이루어져야 한다. 셋째로 출연자 및 스태프들의 보수가 마련되어야 한다. 이를 통해 광범위한 인재의 참여가 성취될 것으로 전망한다. 이상과 같은 논설은 뮤지컬 초창기에 이미 21세기의 미래를 투시하고 아울러 구체적인 대안까지 제시한 점에서 탁견이라 할 수 있다.[3)]

『봉산탈춤무보』는 1976년 한국문화예술진흥원에서 발간되었다. 무용의 기록이 뒤떨어진 국내에서 무보(舞譜)로서는 선구적인 업적이다.

본래 이 작업은 1970년대 초에 김의경(金義卿)이 서라벌예술대학 연극영화과에 재직할 때 기초동작 교과목의 하나로 예능보유자 이근성(李根成 1895-1978)을 초빙해 봉산탈춤을 가르친 데서 비롯되었다. 1972년도에 문교부연구조성비를 받게 되자 실질적인 작업이 시작되었다.

이 작업은 이근성의 시범연희 및 구술, 김의경의 채록, 김대현(金大賢)의 음악채보, 김백봉의 무용채보, 화양동(化陽東)의 춤사위 스케치, 심우성(沈雨晟 1934-)의 문헌고증으로 진행되었다. 전반부로부터 완성된 원고는 『공간』지 1974년 통권 81호부터 연재되었다. 김백봉은 이 작업의 의의를 다음과 같이 밝혔다.

"이 역감(力感) 넘쳐 흐르는 탈춤의 사위는 단순히 탈춤 자체의 기교 범위에서만 그 가치가 이해되는 데 그치지 않고, 신무용 발아 이후 '고운 춤'에만 집착한 나머지 성(性)의 구분마저 모호해져 버린 남성 무용수의 기교 기반이 여기서 모색될 수 있다. 극히 단순한 움직임으로도 여성 특유의 섬세한 정염(情炎)이 극대화되는 표현기에서 새로운 기능적 소재가 발견될 수 있다. 그렇다고 그것은 기교의 피상적 모방이나 도입을 의미하는 것이 아니며, 생생하게 맥통(脈通)하는 응결된 기교의 정수(精髓) 속에 깃들어 있는 명인기(名人技)의 경지를 의미하는 것이다."4)

1979년 4월에 김백봉은 본의 아니게 소송사건에 빠져들게 되었다. 무용평론가 조동화와의 논쟁 때문이었다. 아스팍사회문화센터 연구원 교환사업으로 일본에 가게 된 그녀는 때마침 나라(奈良)의 가스가 타이사(春日大社) 및 와카미야신사(若宮神社)의 무악(神祭舞樂)을 보았고, 그 공연에서 박자, 음률, 춤사위, 의장, 반주 등이 우리 전통춤과 같은 점을 발견했다. 이 고려악(高麗樂)의 공연을 통해 우리 전통춤의 원형을 확인하는 기쁨을 기자들에게 발설한 것이 사건의 도화선이 되었다.[5)]

이 기사를 보고 조동화는 『춤』지 4월호에 '무용교수의 양식과 무식'이라는 글을 통해, 이미 우리 학계에 알려진 고려무를 마치 새로운 것을 발견한 듯이 말한 것은 전문가로서 한심한 처사라는 식으로 비난을 퍼부었다.[6)] 이러한 비난에 대해 그녀는 4월 16일 서울지방검찰청에 출판물에 의한 명예훼손으로 조동화를 고소했다.[7)]

이 사건은 6월 15일 두 사람이 담당검사실에서 만나 타협함으로써 해결의 실마리를 잡았다. 조동화는 일간지 세 곳에 사과문을 게재했다. 과장된 보도만을 믿고 김백봉의 의중을 정확히 알지 못하는 상태에서 성급하게 먼저 비난을 한 것이 사과의 이유가 되었다.[8)] 필자가 확인한 바로는 우리 학계나 무용계가 와카미야신사의 고려무를 모두 아는 듯이 말하고 있지만, 실제로 그곳에서 그 춤을 보고 춤의 원리를 구체적으로 지적한 사람은 김백봉이 거의 유일한 무용가였다는 점을 여기서 새삼 강조해 두고자 한다.

김백봉은 1984년에 「일본의 가원(家元)제도가 전통보전에 미친 영향 연구」라는 논문을 발표했다. 우리도 일본처럼 무형문화재에 예능보유자(별칭 인간문화재 및 인간국보)를 지정하고 무용을 포함한 전통예술의 국가적 보전을 실시하고 있는 현실에서, 전통보전의 방법은 보다 실질적인 연구가 필요하다. 이런 측면에서 이상의 논문은 선구적이고 또한 선진적인 업적임에 틀림없다. 오늘날 예능보유자들에 대한 사회적 시비가 점차 높아지는 현상 속에서 이 논문의 의의는 더욱 값지게 보인다.

646년 일본의 대화개신(大化改新) 이후부터 시작되었다는 이에모토(家元)제도와 1603년 에도(江戸)시대부터 늘어난 유예(遊藝) 풍속에 편승해 대폭 늘어난 이에모토를 대상으로 예도(藝道)의 정립, 전통의 계승 및 창작 활동의 관행과 실질을 탐구하려는 것이 논문의 목적이었다. 특히 무용가로서 일본 무용계의 사정을 현지에서 파악하려는 의도였다. 1981년 7월에 김백봉은 이를 위해 일본에서 조사를 펼쳤다.

이에모토제도를 성실하게 계승하는 예능인이나, 이 제도에 반기를 든 예능인이나, 모두 공정하고 대등하게 논술한 점에 이 논문의 특징이 있다. 어느 한 편에 편승하지 않고 있는 점이다. 아울러 이런 논술을 통해 '참다운 예술의 길'이 무엇인가를 밝히는 데 주력했다.

'길을 생명으로 알고 그 길에나 삶을 쏟아 넣어야 한다'라고 한, 사사키 야로(佐佐木八郎)의 가르침에 대해, 김백봉은 '결코 길을 지켜야 한다든가, 그 길을 표상하는 형(型)에 충실하고 그 원리에 매몰해 들어가라는 뜻이 아니다. 오히려 형을 통해 스스로 길을 열고, 길을 통해서 오의(奧儀)를 터득하라'는 의미라고 해석했다.[9] 그리하여, 일본의 이에모토, 이에모토제도에서 혹종의 시사와 교훈을 얻고자 한다면, 그것은 제도로서의 실상(實像)이 아니라 예심(藝心)으로서의 정신적 자세이며,

그들의 공리적 현실성이 아니라 실천감각이요 원초의 이상상(理想像)이어야 할 것이라고 결론을 맺었다.10)

김백봉은 서양과 동양 미학의 차이를 외연성(外延性)과 내연성(內延性)의 차이로 이해했다. 아울러 이러한 예술철학으로부터 동양의 무용은 내폐기(內閉技)의 춤사위를 발전시켜 왔다고 해석했다. 「내폐성 형식미 조형의 사적 배경에 관한 비교 연구」 논문에서 김백봉은 우리 춤과 일본의 가부키(歌舞伎)를 대비하면서 그가 정의한 춤의 특징, 곧 내폐성 형식미를 표현하는 춤의 특징을 분석해냈다.

"한 쪽이 형(型)의 문화를 지향해 갈 때, 한 쪽이 형의 부재(不在)로 일관했던 동인적 계기가 도사린다고 볼 수 있겠으나, 그러한 여건적 배경이 조성되어야 했던 요인은 과연 예술외적(外的) 상황 속에서 존재해 왔던가, 아니면 예술내적 모순이나 취약 속에서 존재해 왔던가" 하는 본질적인 질문을 던졌다. 우선 이 질문 자체가 무용의 본질을 해석하는 데 매우 중요하다는 점에 우리는 동의한다. 또한 우리는 이러한 질문에 대한 무용계의 연구가 그 동안 매우 부진했음을 잘 알고 있다.

본론에서 가부키의 형성과 변천 과정, 춤의 기본 구조, 춤의 행태(형식)적 특징 등을 자세하게 서술했다. "가부키무용은 원칙적으로 가면을 거부하고 있다. 그러나 그 짙은 화장술에서 우리는 또 하나의 가면적 존재를 인지할 수 있다. 바꾸어 말해 가부키무용은 세계가 요구하는 허상으로 변신해 들어가기 위해 가면 대신 화장을 택했다고 볼 수 있는 바, 가부키무용이 분명 주제를 가지고 그에 따른 인물을 필요로 했지만, 근원적으로 현실의 재현을 추구할 의도는 아예 처음부터 없었다고 추계(推計)할 수 있다. 그 이상(理想)은 허상과 객관의 상호 도착(倒錯)과 대립 속에서 구현하려 했음을 넘볼 수가 있다"라고 생각한 것은 김백봉의 깊은 통찰력을 말해 준다.

내폐성을 지닌 춤이 지향하는 이상(理想)으로서, 김백봉은 『춤(오도리 おどり)의 미학』을 발표한 무용학자 군지(郡司正勝)의 견해에 동조했다. "춤을 추는 사람이 작품을 통해 꼭 무엇인가를 보여 주려고 한다면 무용으로서 생명의 움직임은 그 순간 멈추어 버리고 만다. 춤은 분명 표현으로 이루어지지만 표현은 흐름 속에서 자연스럽게 드러나야 한다. 표현에 집착할 때 오히려 춤의 생명은 없어지고 만다."

우리와 일본의 춤이 일맥상통하는 동질성과 유사성을 지녔을망정, 이의 형성 계기는 우리가 예술외적(外的) 여건에서 수용된 데 비하여, 일본의 경우는 예술 그 자체의 필요성과 요구에 의해서 창출된 점에 차이가 있다. 자율이건 규제이건 예(藝)의 생산자와 발주자 사이에 가로 놓인 정조(情操)의 상호 보완에서 가늠될 수 있다. 바로 여기에 민족양식의 독자성을 유지하고 계승하고 있었던 힘의 요체가 존재한다고 보며, 민족예술의 재창조를 다짐하는 우리에게 일본의 역사적 선례가 많은 시사성을 던져 주고 있다고 보았다.[11)]

김백봉은 「한국무용 형(型)개념의 원리 분석」이라는 논문을 발표했다. 형개념의 사례로 일본 가부키무용을 자세히 소개했고, 우리 무용을 대비해 논술했다. "우리 무용에서 형의 실상은 일본처럼 무태(舞態)를 중심으로 한 무법(舞法)상의 정형을 가리킨다고 할 수 없고, '기(技)의 오의(奧義)' '예(藝)의 이상치(理想値)' '춤의 이상경(理想境)' 같은 위상을 말한다. 궁극적으로 '멋'과 '흥'의 경지요, 예세(藝勢)의 기저(基底)로서 '궁체, 필체, 학체'라고 할 수 있다"는 것이다.

우리 무용에서, 상지(上肢) 상체에 편중하는 여무기권(女舞技圈)의 억제지향적 춤사위는 의미표출면에서의 잠재표상형적 내연성과 더불어 주정귀정(主靜歸正)의 유교적 가치관을 반영한 결과라고 할 수 있다. 상하지 절충형의 확충지향적 남무기권(男舞技圈)은 자극충동적 운동질량의 증폭성향과 더불어 상민생활층의 욕구불만이라든가, 언행이 일치하지 않았던 당대 양반층의 체질적 괴리에 부치는 저항적 심성의 표상이라고 분석했다.

또한, 쇳덩이 같은 무게[중량감] 바다 속 같은 깊이[심오성] 갱엿 같은 끈기[탄력성] 비단실 같은 부드러움[유연성]을 중시할 줄 알았던 예심(藝心)의 개안은 온갖 모멸과 천시를 체질화하면서도 춤 속에 매료되지 않을 수 없었던 강렬한 예세(藝勢)를 낳게 했으니, 그 예맥이 오래오래 오늘로 이어질 수 있었던 힘의 근저는 바로 앞서 서술한 '체(體)의 이상(理想)'이 가져다 준 선물이라 보았다.

요컨대, 우리 무용에 형이 없는 현상은 무용의 내적 요인 때문이 아니라 무용 외적인 환경의 지배를 받아 나타난 결과이다. 양반층과의 정신적 이화감이 심화될수록 인위적 교치화(巧緻化)가 가져올 형식미적 실상을 혐오하게 된 것으로 여겼다. "틀 잡힌 무법(舞法)도 무순(舞

順)도 있을 수 있고, 특정의 작품이기에 요구되는 나름의 무태(舞態)도 있다. 그리고 그 모두는 형개념의 한 모습을 표상해 주는 증표이기도 하다. 그러나 이런 일련의 행태지침은 모든 춤 영역 안에 고루 적용되는 사위의 규범도 아닐뿐더러 더군다나 우리 춤의 포괄적 형식미를 상징지우는 원형적 기저가 될 수는 없다"고 결론을 지었다.12)

김백봉은 무용가로서의 자기 고충을 이렇게 고백했다.

"예술인이란 눈에 안 보이는 것을 마음으로 볼 수 있는 사람이어야 한다. 이 말은 이제까지 내 생애를 가로질러 나를 사로잡아 온 말이다. 무용가에게 이 말 만큼 절실한 명제는 일찍이 없었다. 무조건 아름답고 멋진 동작을 취하는 것이 아니라 춤사위 하나하나에 남이 아닌 자신의 가슴에 응축되어 있는 말을 뱉어내기 위해 나는 얼마나 많은 눈물을 흘렸던가."13)

7. 김백봉 무용의 동시대적 위상

1) 탁월한 무용가

김백봉이라는 이름은 그녀가 데뷔할 때 얻은 예명이다. 그녀는 최승희무용연구소에 들어온 지 1년 6개월 만에 데뷔 무대에 서게 되었다. 그 무대는 1942년 12월 최승희가 제국극장에서 공연할 때 제자들을 위해 잠시 마련한 특별 공연(마치네 machine 프로그램)이었다. 신문에는 '기대되는 신인'이라는 김백봉에 관한 기사도 났다. 그녀는 <궁녀무>를 추었다.[1)]

1947년 평양 국립극장에서 제1회 김백봉무용발표회를 가졌다. 작품 중의 하나가 <고전형식>(현 화관무)이었다. 최승희 선생의 원무인 <천하대장군>을 비롯한 <계월향> <농촌풍경> <지효> 같은 작품을 동시에 발표했다. <지효>는 후일 무용극 <심청>의 모체가 되었다. 김백봉은 최 선생이 하지 않던 군무(群舞)를 처음 시작했다.[2)]

1954년 11월에 명동 시공관에서 월남 후 첫 공식 발표인 제1회 김백봉무용발표회(통산 6회)를 열었다. 솔로로 <부채춤> <지효> <사

슬을 끊고> <장고춤>, 제자들과 함께 <칼춤> <밤> <녹음방초>(부제 처녀 총각) 등을 연행했다. 제자들에게는 <남매> <꿈> <무궁화> <고전형식> <동심> 등을 안무해 연행토록 했다. 이때부터 김백봉은 <화관무>와 <부채춤>의 무용가로서 아름다운 이름을 드날렸다.

그녀는 2007년 5월 서울시무용단의 예술감독을 마감할 때까지 우리 무용의 현장에 자리했다. 무려 65년의 세월이다. 대표작으로는 <화관무> <부채춤> <장고춤> <선의 유동> <광란의 제단> <만다라> <청명심수> 등 주목 같은 명작들을 만들어 실연하고 또한 안무하고 지도했다.

<월야수신>에서 발아된 무용극은 <우리 마을 이야기>와 <고향>을 거쳐 서울시무용단의 <청계>, 국립무용단과 서울시무용단의 레퍼토리 <심청>으로 정립되었다. 오페라 안무로는 <원술랑>과 <춘향전>, 뮤지컬 안무로는 <대춘향전> <시집가는 날> <고향의 민들레> 등을 들 수 있다. 지금까지 6백여 편에 가까운 소품과 11편의 장막 무용극, 16편의 매스 게임 등을 창작했고 국제무대에서 우리의 위상을 높이는 데 공헌했다.[3] 88세를 맞는 오늘날의 위치에서 보면 그녀의 이름은 우리 무용사에서 가장 큰별처럼 밝은 빛을 내고 있다.

최승희의 수석제자인 김백봉은 신무용 2세대의 여러 무용가들 가운데 춤을 빼어나게 잘 춘 무용수일 뿐만 아니라 창작력이 가장 왕성했던 안무가이기도 했다. 역사적 소용돌이, 개인적으로 숱한 시련을 겪는

가운데서 그 누구도 추종하기 어려운 집념과 투지로 동시대의 사람들에게 작품의 감동을 안겨 주었다. 오직 작품을 통해서만 자신의 존재성을 표현하고자 했던 올곧은 예술가였다.

1962년 국립무용단이 창단되었고, 1968년부터 송범은 국립무용단에서 한국무용의 안무를 거의 도맡았다. 1972년부터 국립무용단은 공식적인 직업무용단으로 독립했고, 송범은 20년 동안 단장을 맡았다. 이런 송범이 생전에 '김백봉을 빼고는 한국무용을 논할 수 없고, 특히 내가 안무한 군무는 김백봉의 영향으로 이루어진 것'이라고 토로한 것을 주목하지 않을 수 없다.[4] 1981년 김백봉은 무용가로서는 최초의 예술원 회원에 추대되었다. 1988년 서울올림픽에서는 2천 명이 함께 추는 개막무용 <화관무>를 주도했다. 2005년에 정부는 은관문화훈장으로써 그녀의 공로를 기렸다.

"김백봉이란 이름과 그녀의 춤이 한때 별처럼 한국춤계에서 빛날 때가 있었다. 그것은 동란 직후에서부터 1970년대로 접어든 그 시기 약 20년으로서 한국 춤계가 현재처럼 두터운 층을 확보하기 전이었다. 특히 그녀와 무용단은 민속무의 적절한 개량, 일견 발레식 구성을 갖는 산뜻한 창작춤의 만듦을 통해 1968년 멕시코올림픽과 이어 일본에서 벌어졌던 엑스포70에서 문화사절단으로서 한국의 얼굴 역할을 하기도 했다. 예술에서 새로움은 항상 적절한 자극과 청신한 아름다움의 지평을 보여주는 조명등이나 막(幕)의 역할을 한다. 그러나 반드시 새로움 속에서가 아니더라도 우리가 발견하고 신뢰할 수 있는 아름다움은 도처에 있는 것이다. 무용가 김백봉이 춤으로써 만든 아름다움은 그런 점에서 아직도 우리 곁에서 눈처럼 살이 번쩍이고 있다고 보아도 좋다."[5)]

이상은 김태원의 논술이다. 그만이 아니라 국내외의 많은 사람들은 김백봉의 춤을 기억하고 있으며 그녀의 탁월한 작품에서 얻은 감동을 마음에 새기고 있다. 이름 그대로 김백봉은 큰산 봉우리처럼 우람하게 서서 우리를 지켜보고 있다.

2) 우리 춤의 예술적 정립

서양문화는 새롭고 우리문화는 낡았다는 이분법에서 외래무용을 새로운 무용, 즉 신무용이라 했던 시대가 있었다. 1930년대 이르러서야 당대 우리의 현실을 토대로 하는 무용을 창작해야 한다는 의지로 춤을 춘 최승희와 조택원이 등장했다. 신무용의 진정성을 표출해내기 위해 일생 몸부림을 쳤던 무용의 선구자였다. 그들에게 기존의 민속춤이나 전통춤은 그대로 동시대의 무용이 아니라 '새로운 무용'을 위한 소재와 방법으로 수렴되고 활용되었다. 김백봉은 최승희의 교육을 받고 선생의 그늘에서 성장했지만 한편으로 선생과 다른 방법을 통해 신무용가로서 우뚝 일어섰다.

최승희는 서구적 체계를 바탕으로 한국적인 형식에 접근하는 방법으로 작품을 만들었고, 김백봉은 한국적 전형을 바탕으로 선진적(서구적) 방법을 도입하는 방법으로 작품을 만들었다. 최승희는 당시로서는 거구에 속하는 175센티의 신체이므로 우리 춤의 세기(細技)를 하기 어려운 조건을 고려해 그녀에게 적당한 춤을 추었고, 김백봉은 160센티 안팎의 몸매를 지닌 무용수로서 또한 그녀에게 적당한 춤을 추었다. 각자 캐릭터라이즈(성격화)의 낙차를 들어, 표현기법의 개성적 체계 정립을 위한 독자성의 모색이 필요했던 것이다.

최승희는 순회공연을 주로 해야 했으므로 조선풍의 춤이라고 해도 짧은 시간에 수편을 공연할 수 있는 소품들을 위주로 했다. 여러 지역을 이동하는 관계로 현지 실정에 어울리는 다양한 레퍼토리를 상비하고 있었다. 그녀의 육체적 특성에 어울리는 감각적이고 시각적인 춤들이 대부분이었다. 무대의상과 장식도 이런 효과를 동반했다. 언제나 그녀의 성적인 매력은 사람들에게 예술성을 대중적으로 받아들이게 하는 친밀감을 부채질했다.6)

김백봉이 광복 이전에 본 우리 춤은 승무밖에 없었다. 그녀는 다른 사람의 승무를 보면서 순서대로의 재현이 아니라 춤의 원리를 찾으려 했다. 이렇게 해서, 학체(鶴體) 필체(筆體) 궁체(弓體)를 중심으로 한 자신의 춤의 원리를 수립하게 되었다. 최승희보다 더욱 중량감 있고, 동작의 유연성을 살리며, 작품의 주제를 깊이 있게 천착하는, 기승전결의 구조가 견실한 우리 춤을 창작했다. 그의 한복에 대한 지속적인 관심도 이러한 탐구와 실험을 위한 것이었다.

김백봉은 선생이 시국문제에 시달리는 것을 날마다 안타깝게 지켜보면서 애초부터 시사성(時事性)보다는 자연친화적인 서정시(敍情詩)

같은 무용, 민족적 개성을 살린 캐릭터 무용에 착안(着眼)했고 빠져들었다. 우리 춤의 완성도와 수월성(秀越性)이라는 차원에서 보면, 최승희의 영향을 받은 춤이지만 선생을 능가하는 창의성이 빛난다.

"해방 후 줄곧 혼미하여 편린적 회고조(懷古調)로 전진의 기력을 상실한 국무계(國舞界 우리 춤계에 대한 표현)에 (김백봉이) 단연 생신(生新)한 기풍과 하나의 뚜렷한 방법론이나마 제시한 점, 특히 군무 구성에 있어서의 현대무용적 위치 확보가 방법으로 돋보였다."[7)]

이것은 강이문의 논평이다. 김백봉의 노력은 기존의 민속춤이나 전통춤에서 전형성을 발견하고 그 전형성을 바탕으로 본격적인 우리 춤을 창작해내는 데까지 이르렀다. 그녀에 이르러 신무용은 서양의 모던댄스와 전통춤을 어설프게 접합시킨 춤이 아니라 우리 춤으로서 분명한 주제성을 세우게 되었다. 진정한 신무용은 김백봉을 통해 정체성을 찾았다. 우리가 그녀의 작품을 신무용의 르네상스로 부르는 것은 이런 이유이다.

3) 무용교육의 원칙을 세우다

1941년 6월에 김백봉은 도쿄의 최승희무용연구소에 입소했다. 최 선생과 선배 언니 무용가들로부터 도제식 교육을 받았다. 그리고 동양 여러 지역으로 선생을 따라 다니며 무대공연과 작품제작의 실제를 현장에서 배우고 또한 스태프로서 맡은 바 역할을 다했다. 1944년 가을,

최승희는 베이징에서 동방무도연구소를 운영하는 한편, 중국 극작가 오양위첸과 함께 최승희무용단기훈련대를 조직해 일반인들을 위한 무용교육을 실시했다. 이때 최승희의 조교였던 김백봉은 실제적인 교육을 담당했다.

1946년 8월에 최승희는 평양에 최승희무용연구소를 개설했다. 개인의 이름을 붙이기는 했지만 운영비의 대부분을 지원 받았다. 무용공연과 정치적 활동으로 항시 바쁘게 지내야 했던 선생을 대신해 김백봉은 연구소의 무용교육과 학생들의 발표지도를 거의 도맡아야 했다. 그리고 월남 후 1953년 3월 서울 가회동에 김백봉무용연구소를 개설하고 연구생들을 가르치기 시작했다.

1992년 2월, 김백봉은 28년 동안 재직했던 경희대학교 무용학과 교수를 정년퇴직했다. 2007년 5월 서울시무용단의 예술감독을 마감하면서 무용의 현장을 떠났다. 최승희의 조교로부터 이렇게 감독생활을 떠날 때까지를 통산하면, 김백봉은 생애의 대부분을 배우고 또한 가르치는 삶으로 일관해 온 것을 알 수 있다. 일생 동안 풍부한 수련과 체험을 쌓았다. 시쳇말로 무용의 모든 과정에 통달한 공부였다. 애초부터 학자가 되기 위한 공부가 아니라 무용가로서 현장에서 필요한 실질적인 사항들을 갖추기 위한 수련이요 탐구요 고안(考案)이었다.

무용연구소에서는 물론이지만 대학에서 남자 무용수를 육성하기 위한 노력, 무용을 체육교사 자격증이 아니라 무용교사 자격증으로 공식화시켜 가르칠 수 있게 한 것, 무용이 체육과의 일부가 아니라 무용과

(또는 무용학과)로 독립해서 가르칠 수 있게 한 것, 그리고 전국적인 무용콩쿨을 통해 무용계의 인재발굴을 적극적으로 추진 한 것 등, 실로 김백봉의 헌신적인 노력은 우리무용사에서 오래오래 기억되어야 할 모범적인 업적이다.8)

김백봉은 무용계가 급속히 확장되면서 우리 춤이 무질서하고 기초부터 흔들리는 위기를 느끼게 되었다. 제대로 가르쳐야 한다는 생각, 지도자들부터 근본을 튼튼히 해야 한다는 생각이 그녀를 연구소 밖으로 나가도록 했다. 연구생 지도에 국한하지 않고 대학에서 무용을 가르치게 된 것은 이러한 계기였다. 아울러 대학에서 입지가 강했던 체육교수들과의 갈등은 이만저만한 저항이 아니었다. 대부분의 교사들이 '교정에서 장고, 꽹과리 소리가 뭐야!' 하던 시절에 서울예술고등학교에 무용과를 만드는 일은 일종의 전투와 같은 도전이었다.

1950년에는 우리 춤의 기본을 말하는 사람이 없었다. 김백봉은 기본을 정립하는 데 최선을 다했다. 그 후 기본을 가르치는 사람들이 나타났지만 순서가 약간 다를 뿐, '김백봉의 기본'과 다른 점이 별로 없었다. 이제 김백봉의 기본은 우리 춤 교육의 기초가 된 셈이다.

김백봉은 무용 동작의 내적 배경요소로서 체(體), 흥(興), 멋을 들었다. 체의 유형으로는 학체, 궁체, 필체를 들었다. 학체(鶴體)는 학이 막 하늘을 향해 날아가려는 동작을 기준으로 삼아 허리, 어깨, 팔의 웅장하고 무게 있고 우아한 모습에 비유한 명칭이다. 궁체(宮體)는 무사가 활을 당겼을 때 나타나는 완곡한 곡선의 정제미(整齊美)를 도입한 자세를 일컫는다. 필체(筆體)는 글씨를 쓸 때 붓 끝에 힘을 주어 중심을 잡고 뻗어 나가는 모습과 자획(字劃)을 그리는 모습을 동작에 비유한 명칭이다.

다음으로 체를 구현시키는 신체조건으로 의상, 얼굴 및 머리, 눈동자, 시선, 얼굴 표정, 화장, 머리 형태, 장식 등의 중요성을 지적했다. 흥(興)이란 감정의 맥이 흘러야 일어나는 현상이다. 모든 움직임은 유기적 생명체가 만들어내는 공간 조형(造型)이며, 그 속에 맥이 흐르고 있다. 흥분에 전신적 전율을 느끼고, 기쁨에 피가 뒤끓는 이 묘미가 우리 춤의 정중동 속에 깃들여 있는 흥이라고 했다. 한편, 멋의 실체는 우리 여성 춤이 지닌 내향성과 남성 춤이 지닌 활력성이라고 하고, 이 두 가지 춤을 여과시켜 현대적인 양식으로 추구해 보는 것이 과제임을 밝혔다.9)

김백봉은 한국무용 형(型)의 개념을 밝히기 위해 일본 가부키무용을 자세히 소개했고, 우리 무용을 대비해 논술했다. "우리 무용에서 형의 실상은 일본처럼 무태(舞態)를 중심으로 한 무법(舞法)상의 정형을 가리킨다고 할 수 없고, '기(技)의 오의(奧義)' '예(藝)의 이상치(理想値)' '춤의 이상경(理想境)' 같은 위상을 말한다. 궁극적으로 멋과 흥의 경지요, 예세(藝勢)의 기저(基底)로서 궁체, 필체, 학체라고 할 수 있다는 논리를 제시했다.10)

"선생의 전통춤 해석은 나에게 상당한 영향을 주었다. 단순한 전통춤을 추는 것이 아니라, 무엇인가 표현하려는 의도이기 때문이다. 사실상 우리 전통춤은 형태적이지 형식적으로 약속된 언어는 없었기 때문이다. 또한 신체미를 강조하는 춤도 아닌 '마음의 춤'을 추기에 춤의 해석은 무용가의 몫이 되고 말았다. 오늘날 선생 자신의 예술세계를 구축해 감에 있어 스승(최승희 선생)의 영향력이 밑바탕에 깔려 있지만, 그러나 선생의 춤에 대한 정열이 없어서는 가능하지 않았을 것이다. 선생의 많은 춤을 생각해 보면, 참으로 화려하고, 웅장하며, 아름답다. 원과 곡선만이 아니라 직선과 그 외의 선으로 이루어지는 춤의 형태는 한국의 전통적 창작 춤만이 갖는 우주적 아름다움이라 생각한다."[11]

이것은 선생의 수석제자인 양성옥의 증언이다. 우리 춤의 원리, 우리 춤의 교육방법을 기술한 기존의 연구서에서 '김백봉의 기본과 방법'을 넘어서는 연구를 발견하기는 어렵다. 필자의 무용에 대한 안목이 아직 미숙해서 그런 것일까. 필자는 우리 무용학계가 '김백봉의 기본과 방법'에 대한 분석적인 연구를 철저히 해야 함은 물론, 그런 연구를 토대로 우리 춤의 원리와 교육방법을 더욱 새롭게 발전시키는 구체적인 대안을 내놓아야 한다고 감히 말하고 싶다.

4) 살아있는 무용정신

김백봉은 제자를 보는 눈이 특별하다. 당신과 다른 춤을 추더라고 최선을 다하는 사람을 좋아한다. 당신 가까이 있어도 무대를 두려워하지 않으면 좋아하지 않는다. 그렇다고 그런 구분을 밖으로 드러내지도 않는다. 그 이유는 사람이 누구를 미워하면 안 보이는 영(靈)의 세계에서 안 좋은 업(業)이 된다는 불교적인 믿음 때문이다.[12)]

노력하는 무용가만이 감동을 전할 수 있다는 김백봉의 철학은 그가 제자를 길러내는 가치관에도 그대로 적용된다. 춤은 몸으로 익히는 예술이기 때문에 어떠한 경우에도 스승이 제자를 대신해 춤을 출 수 없는 일이고, 오로지 본인 자신의 노력에 달린 것이라 강조한다. '배우고 싶은 사람이 있으면 내가 가지고 있는 것 모두 다 주고 싶다. 하나도 아낄 것 없고, 가지고 있을 필요도 없다. 진실로 공부하고 싶은 사람이 있으면 다 나눠주고 싶다. 그러나 흔히 동작만 따서 가져가려 하면 나눠주기 싫다'라고 말한다. 이 말에서 진정으로 춤에 임하는 자세가 무엇인지를 짐작케 한다.[13)]

김백봉은 춤에 대해서 아주 엄격하고, 자기 춤에 대해서는 또한 겸허하다. 스스로에게 부끄러워하는 사람이 예술가라는 말을 상기시킨다. 다른 사람에게 칭찬을 받을 때 먼저 스승의 은덕을 말한다. 스승의 가르침을 값진 문화유산으로 상기시킨다. 그녀는 자신이 창작한 춤들을 스승 앞에 솔직하게 보이고 싶어 한다. <최승희 - 어제와 오늘>을 안무하면서, 스승의 작품은 작품대로 재안무하고, 당신의 새로운 안무는 별도로 공연함으로써 사제 간의 입장과 방법을 분명하게 제시했다. 거울에 우리 자신을 비추어 보듯이, 스승 앞에 그녀의 현재를 그대로 내보였던 것이다.

"선생님! 지금 저는 우리 집 거울 앞에 서 있습니다. 거울에 자신을 비춰 보며 그 앞에 서 계시던 선생님의 모습, 앞으로 서 있을 사람들의 모습을 그려 봅니다. 어서 통일이 되어 이북에 남아 있을 가족과 제자들도 이 거울 앞에서 함께 설 수 있기를 바랍니다."[14)]

"무용은 행위예술이다. 한 번 하고 갖다 버리는 작품을 만들지 말고 길이길이 남을 수 있는 작품을 만들어야 한다. 그 행위는 다른 사람에게 계속 재현될 수 있도록 해야 한다. 무용은 신진예술이다. 너무나 어려운 작업을 해야 되는데 바깥에서 볼 때는 다른 예술보다 무용이 간단한 것으로 보이기 때문에 무시당하고 있다. 무용인들 스스로가 무용의 중요성을 아는 예술인이 되어야 한다. 무용을 할 때는 도를 닦는 마음으로 해야 한다. 욕심 같은 것은 안 된다. 우리의 감성이 들어 있는 춤을 춰야 한다. 무용은 인격을 드러낸다. 인품이 담긴 것이 춤이니 무용가의 인격은 매우 중요하다."[15)]

김백봉은 후학들에게 이렇게 당부했다. 평소 김백봉은 무용의 정신주의를 강조함으로써 기능주의, 대중지향성, 기회주의에 편승하는 무용계에 경종을 울렸다. 그녀는 타인에 대해 함부로 말하지 않으며, 타인의 말을 함부로 옮기지 않는다. 진정성이 담긴 춤을 예찬하고 허구의식에 빠진 춤에는 침묵하고 초연한다.

김백봉은 자신의 춤을 비롯한 다른 무용가들의 창작이 '민속무용'이라는 개념으로 해외에 획일적으로 알려지는 것을 비판했다. 또한 자신이 애써 안무한 작품들의 해외공연을 '쇼'로 비하한 비평가와 언론에 대해 단호히 저항했다. 국립무용단을 결성할 때 '사퇴를 전제로' 참여했고, 최초의 회원들이 투표로 그녀를 부단장에 추대했지만 약속대로 사퇴했다. 그 이유는 무용단의 결성에 앞서 그녀가 제시한 국립무용단의 운영방침과 실제 결성과정에서 밝혀진 운영지침이 큰 차이를 드러냈기 때문이다. 그녀는 정부 편의로 무용단을 운영하려는 한계를 꿰뚫어 보았던 것이다.

"어떤 분은 나의 무용에는 삶의 철학이 없다고 한다. 그러나 사랑이 없고 아름다움이 없는 인생, 낙천보다는 회의, 실천보다는 사색, 질서보다는 파괴, 조화보다는 부조화가 현대인의 매력일 수 있고, 시대감각의 본령일 수 있다고 한다면, 그리고 그런 세계의 모색만이 예술 형성의 철학성을 드러내는 표상이라 한다면, 나는 나의 예술에서 철학이 없는 것을 자랑으로 삼을 것이다."16)

김백봉은 이렇게 내심을 역설적으로 토로했다. 그녀의 정신은, 무용은 어디까지나 창조예술이고 무용가는 자기 예술에 최선으로 충실해야 한다는 것이다. 이런 보편성을 실천하는 것이 얼마나 어려운 일인가 하는 것을 그녀는 체험을 통해서 깊이 인식하고 있다. 어쩌면 목숨을 건 투쟁에 비유할 수 있다.

그녀가 미워하는 것은 무용이 아니라 편의주의로 유명세를 타려는 무용가들이다. 이런 무용가들이 우리 무용을 오염시키고 추락시키고 있는 현실을 우려한다. 그러나 그녀는 그들의 행위를 미워하는 데 그치지 않고, 그들이 그녀와 함께 아름답고 자비스러운 춤의 깨달음에 이르기를 진정 기원하고 있다. 김백봉은 인생에 대한 사랑과 아름다움의 창조, 아울러 낙천적인 자세로 질서 있는 가치를 실천적으로 창조하는 것이 무용의 길이라 여기고 있다. 그녀의 춤은 이미 '살아있는 고전'으로 평가되고 있다.

8. 책을 끝내며

예술은 개성적인 창작을 전제로 하는 분야이므로 작품으로 실현된다. 이런 점에서 물질적 원리에 따라 발견, 발명해 가는 과학과 구별된다. 그러나 자세히 살펴보면 예술도 과학적 원리를 바탕으로 창작되는 것을 알 수 있다. 서로 보완적인 관계라고 할 수 있다. 특히 무용의 경우는 몸으로 하는 분야이므로 육체라는 물리성이 과학과 분리되지 않은 채 본질적 요소로 작용한다. 신체적 조건을 충분히 활용하거나 그 조건을 넘어서는 능력을 발휘하는 데서 비로소 일상적인 몸짓을 능가하는 춤의 경지가 열리는 것이다.

다음으로 객관적 제시(提示)가 문제로 대두된다. 앞서의 경우를 주관적 조건이라 한다면, 이 조건에 객관적 제시가 조화되어 '춤적 행위'가 춤으로 인식되는 것이다. 세상에 많은 사람들이 '춤을 춘다'고 하지만 춤으로서 독자성을 인정받기는 매우 어렵다. 이른바 무용가들의 춤조차도 예외가 아니다. 숱한 무용가들이 창조적인 한국무용을 한다고 하지만 기존의 민속춤이나 기성의 전통무용과 별로 다르지 않게 느껴지는 것은 자신의 의도를 객관적으로 제시하는데 미치지 못하는 까닭이다. 그만큼 독자성을 확보하기 어려운 것이 무용이다.

구히서는 김백봉의 위치를 이렇게 가늠했다.

"김백봉의 위치는 신무용 1세대의 영향 속에서 찾아야 하겠지만, 전통적인 춤사위의 적극적인 수용과 현대화의 의지를 통해 한 걸음 더 내딛은 것으로 평가된다. 오늘날 그 제자 세대나 후배 세대들이 세계무용 속에서 한국무용의 위상과 개성을 찾으려는 노력에 (그녀는) 불을 부쳤고, 그 흐름의 물꼬를 튼 역할을 해냈다."[1]

또한 진옥섭은 김백봉 춤의 의미를 이렇게 상기시켰다.

"우리는 선구자들의 노고를 헤아리는 데 인색하다. 신무용을 이제 극복되어야 할 과도기의 산물로 보고 있다. 지금의 무용가들은 우리 춤을 세계의 언어로 만들고자 충천한 의욕을 지니고 있다. 그러나 신무용을 자세히 들여다보면, 이미 많은 해답을 가지고 있음을 살필 수 있다. 남방무용, 일본무용, 신흥무용, 중국무용, 이러한 충분한 무용유산을 습합하고 나서 전통무용을 통해 창작된 <부채춤>이나 <화관무> 등이 그중 하나이다. 사실 신무용은 완벽에 가까운 창작의 전형들로 인해 어지간한 사람들도 전통무용과 신무용을 구별하지 못할 지경에 이르렀다. 중요무형문화재로 지정된 춤들은 오히려 신무용을 통해 '무용의 제자리 찾기'를 타산지석으로 삼아야 할 것으로 생각한다."[2]

김백봉의 수석제자인 정재만(鄭在晩 1948-2014)은 선생의 춤을 하늘의 춤, 바람의 춤, 마음의 춤에 비유했다. 스승보다 먼저 세상을 떠나면서 춤은 생명이었다고 고백했다.

"김백봉은 춤춘다./ 하늘의 춤이다./ 70여 년을 훨씬 지난 바람의 춤, 마음의 춤이다./ 춤은 겉으로 추는 게 아니라 마음에 있다./ 그 바람 속에는 천년의 역사가 있다./ 속삭임이 있다./ 온갖 무용계의 이야기며 후대들이 지켜야 할 운명과 사명/ 그리고 생명과도 같은 춤으로의 길이 있다."[3)]

금년, 김백봉의 미수가 여느 사람보다 더욱 뜻깊게 여겨지는 것은 그녀의 우리 춤이 새로운 역사를 이룩하는 데 선각자로 기여한 까닭이다. 자칫하면 평생 세기적인 무용가 최승희의 그늘에 묻혀 사람들에게 잊혀질 뻔한 그녀는 선생보다 더욱 확고한 무용철학과 탁월한 춤사위로 운명처럼 얻은 무용가의 이름 그대로 '거대한 산봉우리' 김백봉으로 거듭났다. 민족의 영산인 태백산처럼 빛나는 이름이다. 우리 예술계만이 아니라 국민적인 경사이며 세계에 자랑할 축제임이 분명하다.

부록

김백봉 선생님 인터뷰

일　시: 2014년 8월 25일

장　소: 서울시 은평구 구산동 선생님 자택

참석자: 김백봉(대한민국 예술원 회원, 원로무용가)

　　　이명신(김백봉 춤 보전회 상임이사)

　　　안병헌(김백봉 춤 보전회 상임이사)

　　　양성옥(김백봉 춤 보전회 상임이사)

채록자: 양성옥

1. 선생님의 성함에 대해... 자신이 생각하는 이름은

본명은 김충실(金忠實)이다. 어른이 되어 나라에 충성하고 훌륭한 결실을 맺으라는 뜻에서 아버지께서 지어 부른 이름이다. 후일 백봉(白峰)이라는 예명과 취봉(翠峰)이라는 아호를 얻었다. 무용가로 유명해져 김백봉이 본명처럼 되었다. 나는 충실이라는 본명을 좋아한다.

2. 선생님의 아호에 대해서

아호는 취봉(翠峰)이다. 1960년대 중반 불교신자들과 지인들의 여행길에서 경봉(鏡峰 1885-1969) 선사를 처음 만났다. 선사는 김백봉의 이름을 듣자 무용을 하는 사람으로서 백봉(白峰)은 너무 외로운 이름이니, 취봉이라 하라고 했다. 취는 물총새의 등빛과 같은 비취색을 말하는 것이니 신비롭게 빛나는 푸른 산봉우리를 일컫는다. 즉 귀한 존재가 된다는 의미이다.

3. 무용가의 길을 가면서… 무용창작에 큰 영향을 받은 것, 아름다운 상상력을 키워준 것은

나는 동네 아이들과 산으로 들로 냇가로 하루 종일 뛰어다니며 놀았다. 무지개를 붙잡는다며 산위로 달렸다. 흐르는 구름을 따라 들판을 달렸다. 수정 같이 맑은 시냇물에 발을 담그면 마치 애무하듯이 물결이 발을 씻어 주었다. 오디, 깐부기, 산딸기며 나무열매를 따먹는 것이 군것질이었다. 고향 기양의 아름다운 자연환경과 농촌 생활은 아름다운 상상력을 키워 주었고 후일 나의 예술창작에 큰 영향을 끼쳤다.

4. 평양명륜실업학교에 입학하면서 학교생활이나… 기억에 남는 것은

1940년에 2년제 평양명륜실업학교에 입학했다. 말 그대로 실업학교여서 주산(주판으로 하는 계산), 부기(단식, 복식), 회사업무, 체육, 교련 같은 것을 배웠다. 체육선생님은 배구를 가르쳤는데 짜장면을 사주셔서 처음 먹어 보았다. 몸이 날렵했던 나는 배구를 잘했다.

5. 1941년 진남포 중락관에서 최승희의 공연소식을 듣고... 분장실로 찾아가 면담 신청을 하셨는데... 최승희 선생님의 말씀은...

일행은 집으로 연락해 주겠다는 최승희의 말을 듣고 분장실을 나왔다. 기다려도 기다려도 소식이 없었다. 꼬박 두 달이 애타게 흘렀다. 드디어 답장이 왔다. 진남포를 떠나 각지를 돌고, 다시 중국으로 가서 북경 등지를 돌다 보니 이렇게 답장이 늦었다는 것과 김백봉을 도쿄 최승희무용연구소로 보내라는 내용이었다. 준비해야 할 물품도 적혀 있었다. 나는 떠나기 전날까지 학교에 등교했고, 무엇인가 봉사를 하고 떠나고 싶어 남들이 기피하는 재래식 화장실 청소를 매일 도맡아 했다. 초등학교 때는 청소부 부장이었고, 여학교에 와서도 학교를 깨끗하게 하는 것을 좋아했다.

6. 최승희 무용연구소 첫 식사시간에 대해서

식사시간이 되어 식탁에 가서 앉았더니 일하는 아줌마가 '네 밥그릇과 수저는 없다. 네가 장만해라' 라고 했다. 그 길로 밖으로 나가 네거리 상점에서 그것들을 골라 샀다. 때마침 비가 내려 길바닥은 축축하고 질퍽질퍽 하였다. 연구소로 들어와 비로소 식사를 할 수 있었다. 아버지가 사 준 가죽구두가 물에 젖어 엉망이 되었다. 숯불화로에 말리려고 놓아 두었는데, 깜박 잊은 사이에 그만 태워 버려 다시는 신을 수 없게 되었다. 이런 일들로 첫날부터 타향살이의 아픔을 체험했다.

7. 연구소에서 유학중... 아버지와의 편지 왕래에 대해서

아버지의 편지는 일주일마다 도착했다. 편지에는 선생님 앞으로 보내는 내용을 먼저 적고, 거기에 붙여서 '충실이 보아라' 하는 당부와 격려의 말씀을 주었다. '이제부터는 최승희 선생님이 너의 부모님이다'. 무언 속에 딸의 성공을 기원했다. 그러나 전쟁 말기 나는 동경에 폭격이 떨어지는데도 돌아오라는 편지가 없어서 아버지께 섭섭했었다.

8. 최승희 선생님과 만나는 시간은

평양에서 보통학교 가사시간에 배운 복부 마시지를 응용해서 선생님께 안마를 해 드렸다. 선생님을 안마하는 시간은 유일하게 대화를 하는 시간이기도 했다. 선생님은 내일의 일과, 해야 할 과제 등을 알려 주었고, 물어보는 말에 나름대로 답변을 해야 했다. 또한 이 시간은 인체에 대해 공부하는 시간이었다. 선생님의 몸을 주무르며 근육과 경혈(經穴), 경락(經絡) 자리를 이해할 수 있었다.

9. 최승희 연구소 건물 구조는

연구소는 2층 건물이었다. 넓은 대지에 마당에는 잔디밭이 있었고, 아래는 언덕이었다. 연습실은 1층 별채였고, 2층 본채에는 1층에 악사 선생님들 방, 식당, 응접실 등이 있었다. 방이 몇 개 있었는데, 선생님과 나의 방은 2층에 있었다. 방에서 창문을 열면 아래 주변에 논이 보이고 멀리 후지산(富士山)도 보였다.

10. 최승희 연구소에서 배운 것은

모던 댄스의 여러 가지 자세, 컨트락션(수축)과 릴리스(이완) 훈련을 주로 시켰다. 당시 선생님 곁에는 장추화와 이석예(李石藝), 하리타 요코 등이 있었다. 최승희 선생님이 2차 도일(1933,3)할 때 동행했던 김민자(金敏子)는 내가 그곳에 갔을 때 이미 연구소를 떠나 조택원의 파트너가 된 상태였다. 하리타 요코는 장고를 잘 쳤고, 광복 후 마지막 북경 생활까지 선생님을 추종한 최후의 일본 제자였다. 매년 정초, 선생님이 공연 없이 쉬고 있을 때를 제외하고는 선생님에게 직접 지도받을 기회가 많지 않았다.

11. 최승희 선생님 무용수업은

선생님의 무용 수업은 연습실에 머무는 것이 아니라 공연현장으로 옮겨져 스태프로서의 모든 일을 직접 할 수 있도록 했다. 무대 뒤에서 또는 작품의 그늘에서 공연진행, 조명, 소도구, 의상관리 및 제작, 분장 같은 일들을 차질 없이 해내는 역할이었다. 예술작품을 완성시켜가는 전 과정을 선생님 곁에서 경험하였을 때 비로소 예술을 알게 되는 것이었다. 무용은 종합예술이라는 것을 철저하게 체험하도록 했다. 공연을 시작할 때는 징을 울렸는데, 나의 담당이었다. 그러한 교육관은 후에 제자들에게도 적용되었다.

12. 최승희 선생님께 김백봉 선생님의 춤을 처음으로 보여준 것은

선생님께 야단맞은 적도, 눈물을 흘린 적도 없었다. 선생님의 야단은 당연한 것이고 제일 눈물을 흘리게 한 것은 선배들의 부당한 행동들이었다. 고된 일에 까다로운 절차였지만 현장의 모든 과정에 점차 익숙해졌다. 엄격한 선생님이지만 그래도 믿는 데는 선생님 밖에 없었으니, 그림자만 보여도 기뻤다. 어느 날 '공연을 준비하다가 (선생님이) 갑자기 대신 춤을 춰보라고 하신다. 그때를 놓치면 또 언제쯤 기회가 주어질지 모르는 일이었다. 용기 있게 그동안 익힌 춤을 실연해 보였다. 그러면 내 춤을 다듬어 주셨다.' 이렇게 나는 무용의 기초와 작품을 연습했다.

13. 최승희 선생님은 누구에게 춤을 배웠나요

선생님은 무용에 관한 한 촌부(村婦)든 기녀(妓女)든 사람을 가리지 않았다. 누구에게 춤을 배우든, 누구의 춤을 보든 작품은 자기대로 안무해 발표했다.

14. 일본에서 처음 무대에 오른 작품은

내가 일본에서 처음 무대에 오른 것은 겨울의 어느 지방공연 무대에서 남자역의 작은 배역이었다. 하나가사(花笠)라는 작품으로 기억된다.

15. 초립동에 대해서

언제인가, 선생님이 공연 도중에 갑자기 담이 결려 무대에 출연할 수 없는 일이 벌어졌다. <초립동> 순서였다. 이 작품에는 무용수가 뒤로 바짝 누웠다가 일어나는 장면이 있는데, 선생님은 그 장면을 도저히 할 수 없었으므로, '누가 대신할 수 있겠느냐'고 물었다. '저요!' 하고 곧장 큰 소리로 손을 들었다. 곁에 있던 안막 선생님이 '너 심장에 털 났냐?' 하고 웃었다. 곁에 있던 사람들이 모두 따라 웃었다. 나는 선생님의 그림자를 보고 암기해 두었던 <초립동>을 열심히 추었고 잠재력이 유감없이 발휘되는 순간이었다. 그리고 사람들의 칭찬을 받았다.

16. 공연하면서 잊지 못할 사건

여러 지역을 순회공연하며 잊지 못할 사건이 있었다. 1944년 초여름 함경도에서 현대무용 기본을 공연 할 때이다. 점프를 하고 내려오는 순간 무대의 바닥이 밑으로 가라앉아 나는 무대 밑으로 사라졌다. 혈기 왕성하던 시절이라 별 다친 곳은 없었다. 또 한 친구는 일기가 몹시 추운 날 목단강시에서 공연을 할 때 무대 바닥에 주저 앉았다가 자신도 모르게 그만 방뇨를 하고 말았다. 실수를 용납하지 않는 선생님은 그 친구를 다시 출연시키지 않았다.

17. 이시이 바쿠 춤을 본적은

일본에서 중국으로 떠나기 전에 이시이 바쿠(石井漠 1890-1962)의 춤을 본 적이 있었다. 장기판을 가운데 놓고 한쪽에는 중국인, 반대편에는 조선인이 있고, 이시이가 가운데서 마치 장기를 두듯이 모던 댄스를 했다. 매우 정치적인 인상을 받았다. 나중에서 안 일이지만 이시이는 실명(失明)한 상태로 그런 춤을 추었던 것이다. 무대에서 제자들이 '여기요~ 여기요~' 하고 인도하는 것을 보았고, 앞이 보이지 않는 그가 정확하게 타악기를 연주하는 소리를 따라 동작을 했다는 것이 놀랍기만 했다.

18. 안제승 선생님에 대해서

안제승(安濟承 아호 금헌 1922-1998)은 경성사범부속보통학교를 졸업하고 경성제1고등보통학교(현 경기중학교)에 다녔다. 어릴 때부터 영화를 좋아했다. 부친과 가까운 사람의 배신으로 가세가 기울고 그 충격으로 부친마저 갑자기 사망하는 불행에 빠졌다. 고등보통학교마저 휴학하게 되었다. 이미 성장한 형들에 비해 안제승은 좌절의 고통에서 방황했다.

19. 안제승 선생님과 어떻게 결혼

어른들의 설득으로 두 사람은 결혼에 동의했다. 서울 남산에 있는 신궁에서 결혼식을 간소하게 했다.

20. 군대간 안제승 선생님 면회 때의 기억은

중국에 체류하고 있던 안막 선생님과 칭타오의 부대로 가서 안제승 선생님을 면회했다. 근무시간에는 대면할 수 없어 군부대 담을 사이에 두고 우리 부부는 오래간만에 얼굴을 쳐다볼 수 있었다. 말을 탄 채 정복을 하고 나를 바라보던 늠름한 모습을 지금도 잊지 못한다. 부부의 깊은 정이 들기도 전에 훌쩍 떠난 남편이었다.

21. 시어머니에 대해서

서울 집에서는 최승희 선생님의 시어머니(양시어머니)가 춤을 추며 계단을 내려와 손자와 며느리를 반겼다. 후손이 귀했던 집에 며느리가 아들을 낳아 돌아 온 것은 경사중의 경사였다. 또한 그 동안 외롭게 지내던 시어머니는 최승희 선생님과 아들, 나와 안제승 선생님을 감격으로 맞았다. 막내아들에 대한 애착이 깊었던 시어머니는 최승희 선생님보다 나에게 더욱 정을 기울였다.

22. 첫아들은 언제, 어디에서

평양에서는 최승희 선생님의 아들 병건을 돌보아야 했다. 베이징에서부터 선생님 대신 어린 조카의 엄마 노릇을 했다. 1년 후 병철을 낳았고 같이 키우다가 외국 공연 활동을 위해서 어쩔 수 없는 형편으로 아들 병철을 친정어머니에게 맡겼다.

23. 안기옥에 대해

혹시, 어디서 본 기억이 있었는지는 몰라도 안기옥을 만난 적이 없다.

24. 작품 지효에 대해서

<지효>는 무용극 <심청>의 모체가 된 작품이었다. 심청이 아버지를 구하기 위해 인당수에 몸을 던지기 전에 겪는 공포와 두려움을 그린 것이다. 2001년 11월에 김백봉무용단이 <심청>을 공연할 때 안병헌의 구상으로 이 <지효>의 정조를 되살려 안병주가 공연하기도 했다.

25. 1948년 제2회, 3회 김백봉무용발표회를 하셨고 북한에 있는 동안 최승희 선생님 대신 제자들의 교육을 전적으로 맡으셨는데, 청년예술무용단장으로 순회공연 할 당시에 대해서

청년예술무용단장으로 소련, 동구제국의 주요 도시를 순회공연했다. 러시아 볼쇼이발레 공연을 보면서 우리 춤의 테크닉 개발의 필요성을 절감했다. 소련의 대극장에서 솔리스트로서 출연하는 영광과 기쁨을 누리기도 했다.

26. 1949년 북한의 방중예술단, 1950년 방소예술단 순회공연에 대해서

1949년 북한의 방중(訪中)예술단 안무자 겸 주역무용수로 중국 순회공연을 했다. 제4회 김백봉무용발표회를 평양 국립예술극장에서 가졌다. 1950년 봄, 북한의 방소(訪蘇)예술단 안무자 겸 주역무용수로 소련 순회공연을 했다. 레닌그라드에 도착하니 역전 게시판에 보도된 것을 보고서야 6.25전쟁이 난 것을 알았다. 평화로울 때 소련으로 가는 것은 아오지를 거쳐 쉽게 갔다. 그러나 돌아올 때는 중국의 동북을 거쳐 안동에 이르렀지만 폭격 때문에 위험하여 압록강 다리를 건널 수가 없었다. 기차가 다시 연결된 뒤에야 평양으로 돌아올 수 있었다.

27. 전쟁시 월남행에 대해서

어느 날 최승희 선생님 부부, 최승일, 나와 안제승 선생님이 모여 회의를 했다. 안제승 선생님은 출신 성분을 이유로 들어 월남행을 주장했다. 그러나 안막 선생님의 반대로 무산되었다.

28. 1950년 11월 17일의 「동아일보」 기사에 대해서

'서울이 그리워 못 견뎌요. 무희 김백봉의 눈물의 호소'라는 제목의 11월 5일자의 평양 인터뷰 기사이다.

<농촌풍경> <녹음방초> <춘광> 등 창작무용으로 평양의 인기를 독점했던 백합꽃 같이 아름다운 김백봉, 그의 남편인 안제승은 지금 모 수사기관의 보호를 받고 있다. 기자(崔興朝)는 정보장교와 함께 김백봉 부친의 안내를 받아 평양시내에서 약 40

리 되는 강서군 초리면 포리로 찾아갔다. 김백봉은 서울로 보내 줄 것을 원했고 공산당 치하에서는 예술을 할 수 없다고 분명히 말했다. 그들은 지프차를 타고 시내 모란봉극장 옆 양옥집으로 함께 돌아왔다.

그때 어린 아들 병철은 북한의 유아원에서 배운 '김일성 장군 노래'를 차에서 불러 우리 부부를 긴장시켰다.

29. 피난길에 대해서

일행은 도중에 좀 쉬려고 갈대밭 근처에 앉아 있었다. 때마침 폭격이 시작되었다. 다시 출발해 가다 보니, 앞서 지나간 몇 사람은 폭격에 희생된 채 길가에 쓰러져 있었다. 엄숙한 운명의 순간을 체험했다. 위기를 모면한 길이었다.

30. 무사히 서울에 도착할 수 있는 것은 누구의 도움이 있었나요

우리 가족은 고정훈의 도움으로 무사히 서울에 도착했다. 안제승 선생님의 백부 안보승의 가회동 집에 머물며 종로경찰서에 잡혀갔다.

31. 경찰서에서 조사를 받을 때의 상황에 대해서

몇 차례 조사를 받았다. 생년월일을 단기(檀紀)로 물었다. 서기(西紀)로 대답하자 심문관은 따귀를 때렸다. 단기를 배운 적이 없었기 때문이다. 나와 안제승 선생님은 각각 다른 감방에 수감되었다. 잡혀가는 엄마를 붙잡으려다 아들 병철은 경찰의 발길에 차이기도 하고, 경찰서 앞 전봇대에 기대어 잠이 든 적도 있었다.

32. 조사를 받을 때 선생님의 각오와 자세는

최승희 선생님께 무용을 배웠고, 또한 그 밑에서 조교 노릇을 했을 뿐만 아니라 한 사람의 무용가로서 거듭나게 된 자신의 과거에 자존심을 걸고 모든 조사에 당당하게 임했다. 우리 부부가 최승희 선생님 부부의 회유에도 불구하고 자유를 찾아 월남한 결단력에 자부심을 가지고 수사관 앞에서 발언했다. 몇 번을 조사해도 나에게 얻을 수 있는 북한에 관한 시국 정보는 없었던지 방면되었다. 죄라면 나는 춤을 춘 죄밖에 없었다. 당시는 반공이 국가적 이념이었고 그로 인한 연좌제(緣坐制)가 시행되던 시절이었다.

33. 월남하는 모습에 대해서

월남하는 모습을 미군 뉴스맨이 찍으려 했다. 그러나 그날따라 날이 추워 렌즈에 서리가 끼어서 사진을 찍을 수가 없었다. 만약 자진 월남하는 모습이 USIS(미국공보원) 리버트 뉴스로 방영되었더라면 그렇게 여러 번 경찰서 드나들지 않아도 되지 않았을까 한다.

34. 무용연구소에 대해서

1953년 1월 가회동의 빈집을 빌어 처음으로 무용연구소를 내었다. 가진 것이라고는 장고 한 대 뿐이었다. 그것도 최승희 선생님의 장고였다. 우리 부부는 장차 해야 할, 하고 싶은 설계도를 그렸다. 나의 존재를 알리는 것이 우선이라고 생각했다. 이때 찾아왔던 제자로 어린 배정혜(전 국립무용단 예술감독)가 있었다.

35. 첫 발표회 작품 녹음방초에서 선생님의 역할과 내용은

<녹음방초>에서 남자역을 했다. 허름한 바지저고리에 조끼를 입고, 머리에는 수건을 동여매고 오른손에는 갈퀴를 들었다. 상대역은 처녀였으므로 남녀의 듀엣이 되었다. 나는 여자의 춤은 물론 남자역의 춤을 개성 있게 잘 추어 관객들에게 주목을 받았다.

36. 6백여 편의 작품을 창작했다는 기록에 대해서

1947년 평양 국립극장에서 제1회 개인 발표회를 시작해서 1954년 제6회 발표회, 1989년 제33회 발표회를 가졌고, 현재까지 6백여 편의 작품을 창작하였다.

37. 대학에서 무용을 가르치시기 시작한 이유는

공연의 성과, 또는 무용과가 생기고 대학에 들어가기 위해 춤 인구가 늘어났다. 무용계가 급속히 확장되면서 우리 춤이 무질서하고 기초부터 흔들리는 위기를 느끼게 되었다. 제대로 가르쳐야 한다는 생각, 지도자들부터 근본을 튼튼히 해야 한다는 생각에 연구소 밖으로 나가기로 작정했다. 연구생 지도에 국한하지 않고 대학에서 무용을 가르치기 시작한 것이다.

38. 우리 춤의 기본을 통일시킬려고 하는 노력을 하셨다고 들었는데요

기본을 통일시켜야 한다는 목표로 1960년대 초부터 부산의 동아대학교 가정과 학생들을 가르쳤다. 일주일에 한 번씩 기차로 오르내렸다. 아이를 낳아 키워야 했고, 매사에 바쁘고 피곤했지만 점차 우리 춤의 기본이 무너지는 것을 두고 볼 수 없었다.

39. 1965년 경희대학교 조교수가 되셨는데요, 그 당시 무용과의 환경은

1965년에 경희대학교 조교수가 되었는데, 그 동안의 강사 경력이 바탕이 되었다. 처음에 들어갔을 때는 무용학과가 아니고 체육대학 무용과였다. 학교의 도움으로 무용학과가 되었다. 4학년은 교생실습을 나갔다. 다행히 무용교사가 있는 학교에서는 무용과 교생들의 특기를 살려주었다. 그렇지 못한 대부분의 학교에서는 운동장에서 학생들과 지내다가 얼굴 새카매져 돌아왔다. 무용이 교과목으로 독립되어야 한다.

40. 경희학원제에 대해서

무용학과의 교내 활동은 매년 열린 경희학원제로 이어졌다. 1969년 경희대학교 개교20주년 축하공연 <경희찬가>로부터 본격적으로 시작된 학원제는 유치원부터 초등학교, 중학교, 고등학교, 대학까지 모두 참여하는 축제로서 각종 발표회와 집단발표회를 열었고, 전체 안무를 맡았다. 생각하기에 따라서는 골치 아프고 번잡한 일이었지만 나에게는 매스 게임이나 집단무용을 안무해 볼 수 있는 절호의 기회였으므로 최선을 다했고 언제나 호평을 받았다. 테니스 코트장 4, 5개를 무대로 해서 공연하는 작품을 매년 만들어내는 창의적인 작업이었다.

41. 학원제의 체험에 대한 어떤 보람과 선생님 작품활동에 영향은

넓은 관점에서 보면, 제자들을 가르친 것보다 경희대학교에서 배우고 터득한 것이 더 많다고 생각한다. 경희학원제는 누구도 해보기 어려운 기회요 체험이었기 때문이다. 그 당시 경희대학교 조영식 총장은 무용을 중요시하여 1년에 2회 학원제를 갖게 하였다. 이런 체험이 후일 88올림픽의 집단무용을 가능하게 한 원동력이 되었던 것이다.

42. 서울시무용단 작품 청계의 안무 의도는

<청계>(淸溪 2005,11)는 한양 설화의 하나로 청계천 이야기를 주제로 한 것이다. '우리 모두 그 동안 개발 논리에 묻혀 청계천 아래 물이 흐르고 있다는 사실을 까마득히 잊고 지냈다. 캄캄한 지하 어둠 속

생명에 대한 경외심을 일깨우는 일, 그것은 곧 또 다른 새로운 시대로의 희망찬 도약의 기점이 되리라고 믿는다. 청계천은 새로운 생명의 물로 거듭 나야만 한다. 생명, 자연과 상생하는 서울이 되기 위해서는 암천(暗川)에 갇혀 버린 생명체들을 다시 불러내 대화해야 한다. 그들도 이제 우리와 함께 호흡해야 할 것이다.' 대본의 장면은 어린 소녀가 새벽하늘을 쳐다보며 미래를 꿈꾸는 데서 시작된다. 이것은 나의 어린 시절 고향집 마루에 나와서 꿈을 꾸던 모습을 옮겨 놓은 것이다.

43. 최고, 최선, 정직을 삶의 신조로 지켜오셨는데, 감독생활을 마감하면서 느끼신 점은

언제나 최고·최선·정직을 신조로 지키며 살아왔다. 그러나 서울시무용단에는 출퇴근제가 있었고 노동조합도 있었다. 예술감독의 창작정신이나 방침, 직업무용단으로서의 실력 향상을 위한 오디션 같은 것은 이런 제도에 밀려 실현이 불가능했다. 애초부터 최선을 다할 수 없었고, 최고가 되는 길은 요원했다. 노사분규라도 나면 예술집단과는 거리 먼 밥그릇 싸움판으로 변질되기 일쑤였다. 예술작품의 성공과는 관계가 없는 퇴락해 가는 무용계의 현실을 뼈저리게 체험하면서 단장직을 마감했다.

44. 1988년 서울 올림픽 집단군무 화관무에 대해서

<화관무>의 사전 구상과 계획은 실로 나의 목숨을 건 투쟁에 비

유된다. 가족도 건강도 모두 초월했다. 강의에 바쁜 일정을 소화하며, 연습실에서 일을 하다 보면 밤새는 줄 몰랐다. 밤늦도록 연습실에 불이 켜져 있을 때 집으로 돌아간 학생들이 새벽에 와서도 여전히 불이 켜져 있으니까, '선생님 벌써 와 계셨네요' 하고 인사를 했다. 말 그대로 잠자고 먹지(宿食)도 않고 안무에 미쳐서 지낸 세월이었다. 이 일화는 지금까지 전설로 전해지고 있다.

45. 수개월간 해외공연으로 가족과 자녀들에 대한 마음은

두 딸은 수개월의 해외공연 뒤에 귀가하면, 엄마를 알아보지 못하고 두려움에 울음을 터뜨렸다. 너무 바쁜 일정으로 남편에게도 자상한 아내가 될 수 없었다. 가족이 함께 즐거운 시간을 보낸 기회가 아주 드물었다. 가족의 희생을 늘 가슴 아프게 생각하며 천직이라 여기는 작품에 열중해야 했다.

46. 화관무 창작에 대해서

어린 시절에 본 황해도 안악 고구려 무덤의 벽화에 매료되었다. 그림 속에 등장하는 무용수는 한삼무를 추는 듯한 모습으로 나에게 각인되었다. 그러한 벽화의 인상은 춤속에 도입되었고, 춤을 출 때는 왕이나 왕비가 되어 모든 사람의 어버이 같이 전체를 보살피는 큰 미덕을 마임으로 표현되었다.

47. 화관무 명칭에 대해서

1958년 동남아순방친선예술단으로 나가게 되었을 때 영역의 어려움으로 나와 안제승 선생님, 오재경 공보처장이 의논한 끝에 <화관무>(Wha Gwan Mu, A Crown Dance)로 개명하기로 했다. 그해 가을 국제펜클럽회의 환영회에서 <화관무>로 연행되었다. 1959년 발표회에서는 <한삼에의 회정>(懷情)으로, 1970년 오사카엑스포에서는 <수연>(壽宴)으로, 1968년 멕시코올림픽부터 군무 <화관무>로 정착되었다.

48. 부채춤에 대해서

1954년 시공관에서 독무로 발표되었고, 1968년 멕시코올림픽에서 군무로 재구성됨으로써 국내외에서 걸작으로 평가를 받았다. 1992년 한국무용협회에서 명작무 제2호로 지정받았다. 현재, 부채춤은 어디서나 누구나 추는 대중적인 춤이 되었다. 외국공연에서도 빠지는 경우가 거의 없었다. 이러다 보니, '또 부채춤이야?' '부채춤은 지겹다'라는 비아냥거림도 들린다. 나의 입장에서는 매우 곤혹스러운 일이지만 개인적으로 어쩔 수 없는 일이다. 다른 무용수나 공연기획자들의 책임이 매우 큰 것을 느껴야 할 것이다. 이런 현상은 <부채춤>의 원무가 훌륭하다는 증거이고, 동시에 누구나 복제하고 싶은 춤이라는 의미를 동반한다. 다른 사람들의 부채춤이 적지 않은 변질을 나타내고 있는 점도 주목해야 한다.

49. 장고춤 창작에 대해서

최승희 선생님의 <장고무>에서 영감을 얻은 것이 후일 작품을 만드는 계기가 되었다.

50. 만다라 창작에 대해서

대구에서 피난 생활할 때, 웬 부잣집 노부부가 주먹밥을 만들어 지나가는 피난민들에게 나누어 주는 것을 보았다. '나무관세음보살 나무관세음보살' 노부부가 이렇게 기원하는 소리를 들었다. 살아있는 보살을 느꼈다.

51. 무용계에 하실 말씀은

무용이 체육교사 자격증에서 무용교사 자격증으로 받을 수 있는 것과, 독립교과목으로 된 것이 가장 감사하고 기쁜 일이다. 무용가들이 할 일이 많다. 무용계 앞으로의 발전은 내 탓도, 남의 탓도, 시대 탓도 아니다. 무용가 스스로가 만들어 가야 한다.

• 제1부 김백봉의 생애

1. 책을 시작하며

1) 이상섭, 문학 연구의 방법, 탐구당, 2006, pp.26-29 참조.
Rene Wellek and Austin Warren, Theory of Literature, New York Harcourt, 1949, p.63 참조.

2. 소녀의 꿈

1) 구술자료(2014) 부록 참조.
2) 구술자료(2009) pp.50-54 참조.
3) 구술자료(2014)/ 구술자료(2009) p.84 참조.
4) 구술자료(2009) pp.116-117 참조.
5) 구술자료(2000) p.82 참조.
6) 구술자료(2009) p.99 참조.
7) 구술자료(2009) pp.82-98 참조.
8) 구술자료(2014) 참조.
9) 구술자료(2000) p.82 참조.
10) 구술자료(2009) p.105 참조.
11) 高嶋雄三郎・鄭昞浩 편, 世紀の美人舞踊家崔承喜, 年譜, 1994, pp.218-219 참조.
12) 구술자료(2009) pp.106-107 참조.
13) 자필자료(1972-1) p.278 참조.
14) 자필자료(1972-1) p.279/ 구술자료(2009) pp.107-109 참조.
15) 해외공연에서 사용한 레코드의 무용반주는 김천흥, 김계성, 이병호, 이덕환이 담당했다. 이런 점으로 미루어 이 4인이 초빙된 것으로 여겨진다.
16) 高嶋雄三郎・鄭昞浩 편, 전게서 p.218 참조.
17) 구술자료(2000) p.82 참조.
18) 안제승・김백봉, 최승희를 말한다, 정수웅 편, 최승희, 눈빛, 2004, p.362 참조.
19) 서연호, 송범, 무대무용의 선구자, 도서출판 월인, 2014, pp.42-47 참조.
20) 구술자료(2014) 참조.
21) 한영우, 다시 찾는 우리역사, 경세원, 2004, p.553 참조.

22) 자필자료(1979) 참조.
23) 구술자료(2009) pp.113-121 참조.

3. 무용의 수학

1) 안제승 · 김백봉, 최승희를 말한다, 전게서 p.332 p.336 참조.
2) 구술자료(2014)/ 구술자료(2009) pp.122-123 참조.
3) 안제승 · 김백봉, 최승희를 말한다, 전게서 p.331 참조.
4) 구술자료(2014)/ 구술자료(2009) pp.122-123 참조.
5) 맹자, 권14, 진심하 편 참조.
6) 구술자료(2005) p.235 참조.
7) 자필자료(1972-1) p.279 참조.
8) 구술자료(2014) 참조.
9) 구술자료(2014) 참조.
10) 구술자료(2000) pp.79-80 참조.
11) arabesque는 발레 기본자세의 하나. 한 발로 서서 다른 발은 90도가 되도록 뒤로 뻗고, 한 팔은 앞으로 한 팔은 뒤로 뻗쳐, 손발 끝이 어느 자세보다 긴 선을 이루도록 한다.
12) grand은 발레 기본자세의 하나. 다리를 90도 높이로 솟구치는 그랑 바뜨망(battement), 양쪽 다리가 대각선을 유지하도록 바닥 평면에 뻗치는 그랑 에까르(écart)가 있다.
13) 구술자료(2005) pp.238-239 참조.
14) 구술자료(2014) 참조.
15) 구술자료(2005) p.254 참조.
16) 안병주, 김백봉 부채춤에 내재된 예술관, 성기숙, 한국 근대춤의 전통과 신무용의 창조적 계승, 민속원 2007, p.265 참조.
17) 구술자료(2000) p.81 참조.
18) 안제승 · 김백봉, 최승희를 말한다, 전게서 p.332 참조.
19) 구술자료(2014) 참조.
20) 구술자료(2000) pp.78-79 참조.
21) 구술자료(2014)/ 안병주, 김백봉 부채춤에 내재된 예술관 p.265 참조.
22) 안병주, 전게문 p.264 「2004년 10월 안병헌 채록」 재인용.
23) 자필자료(1993) p.111 참조.
24) 자필자료(1979) 참조.

4. 무대 수련 및 출연

1) 구술자료(2005) p.244 참조.
2) 구술자료(2014) 참조.
3) 김찬정, 춤꾼 최승희, 한국방송출판, 2003, p.272 참조.
4) 김찬정, 전게서 p.253 참조.
5) 김찬정, 전게서 p.295 참조.
6) 김찬정, 전게서 p.274 참조.
7) 안제승・김백봉, 최승희를 말한다, 전게서 p.347 참조.
8) 전승주 편, 안막시집, 현대문학, 2010, p.315 참조.
9) 구술자료(2005) pp.244-246 참조.
10) 구술자료(2000) pp.78-79 참조.
11) 구술자료(2005) p.107 참조.
12) 구술자료(2014)/ 안병주, 김백봉 부채춤에 내재된 예술관, 전게서 p.266 참조.
13) 福田アジオ(외) 편, 일본민속대사전, 花笠踊り, 吉川弘文館, 2000, p.379
14) 자필자료(1972-1) p.280/ 안병주, 전게문 p.266 참조.
15) 구술자료(2014) 참조.
16) 구술자료(2014) 참조.
17) 구술자료(2000) p.83 참조.
18) 구술자료(2000) p.172 참조.
19) 구술자료(2014) 참조.
20) 구술자료(2000) p.76 참조.
21) 구술자료(2005) p.243 p.248 참조.

5. 안제승의 가계

1) 구술자료(2008) p.108 p.132 p.140 참조.
2) 정병호, 춤추는 최승희, 뿌리깊은나무, 1995, p.20/ 김찬정, 전게서 p.79 참조.
3) 김찬정, 전게서 p.93 참조.
4) 高嶋雄三郎・鄭昞浩 편, 전게서 pp.220-221 참조.
5) 구술자료(2014) 참조.
6) 김찬정, 전게서 p.27 참조.
7) 김찬정, 전게서 p.143 참조.
8) 정수웅 편, 최승희, 전게서 p.20 참조.

6. 안제승과 결혼

1) 자료, 한 마리의 학이 되어 비상할 때까지, 다큐멘터리 CTN, 인생 에세이, 김백봉 편, 1997, p.86 참조.
2) 안제승·김백봉, 최승희를 말한다, 전게서 p.336 참조.
3) 정병호, 전게서 p.242/ 구술자료(2014) 참조.
4) 자필자료(1979) 참조.
5) 구술자료(2009) pp.19-20 참조.
6) 김찬정, 전게서 p.301 참조.
7) 구술자료(2014) 참조.
8) 김찬정, 전게서 pp.316-317 참조.
9) 김찬정, 전게서 p.311 참조.
10) 구술자료(2005) pp.246-247 참조.
11) 김찬정, 전게서 pp.317-318 참조.
12) 김찬정, 전게서 p.318 참조.
13) 미국 군정청 칸 티모크 증언, 정병호, 춤추는 최승희, 뿌리깊은나무, 1995, p.253 참조.
14) 구술자료(2014) 참조.

7. 분단의 소용돌이에서

1) 구술자료(2000) pp.74-79 참조.
2) 정병호, 전게서 p.256 참조.
3) 송범과 박선욱의 대담, 옥수동 아파트, 2004.4.2/ 『2003년도 한국 근현대 예술사 구술채록연구 시리즈 11: 송범』, 한국문화예술위원회, p.119 참조.
4) 구술자료(2000) p.75 참조.
5) 정병호, 전게서 p.259/ 자필자료(1972-1) p.280 참조.
6) 정병호, 전게서 p.260 참조.
7) 구술자료(2000) p.74 참조.
8) 정병호, 전게서 p.261 참조.
9) 전승주 편, 안막시집 p.315 참조.
10) 정병호, 전게서 p.265 참조.
11) 최승희는 이시이 연구소에서 고바야시 슈사쿠에게 리드믹을 배웠다.
12) 구술자료(2008) p.108 참조.
13) 구술자료(1979) 참조.
14) 정병호, 전게서 pp.267-268 참조.
15) 구술자료(2000) pp.83-84/ 구술자료(2008) p.181 참조.

16) 김찬정, 전게서 p.25 참조.
17) 구술자료(2005) p.251 참조.
18) 高嶋雄三郎・鄭昞浩 편, 전게서 pp.216-215 참조.
19) 구술자료(2014) 참조.
20) 정병호, 전게서 p.262 참조.
21) 조영숙 증언, 2014.6.16.
22) 구술자료(2000) p.84 참조.
23) 구술자료(2009) pp.53-72 참조.
24) 구술자료(2000) p.80 참조.
25) 구술자료(2005) pp.251-252 참조.
26) 구술자료(2014) 참조.
27) 자필자료(1972-1) pp.281-282 참조.
28) 구술자료(2000) p.76 참조.
29) 구술자료(2014) 참조.
30) 구술자료(2014) 참조.
31) 정병호, 전게서 p.270 참조.

8. 자유를 찾아서

1) 구술자료(2014)/ 정병호, 전게서 pp.286-290 참조.
2) 자필자료(1972-1) p.283/ 구술자료(2005) p.109 참조.
3) 자필자료(1972-1) p.283/ 구술자료(2005) p.109 참조.
4) 안제승・김백봉, 최승희를 말한다, p.360 참조.
5) 자필자료(1979) 참조.
6) 구술자료(2014) 참조.
7) 구술자료(2009) p.88 참조.
8) 구술자료(2014) 참조.
9) 자료, 이 한 장의 사진, 춤, 2002.2, p.87 참조.
10) 구술자료(2005) p.249 참조.
11) 안제승, 북으로 간 최승희, 경향신문, 1988.12.24 참조.
12) 전승주 편, 안막시집 pp.315-316 참조.

9. 전후 무용계와 김백봉

1) 자필자료(1979) 참조.
2) 구술자료(2014) 참조.
3) 구술자료(2014) 참조.

4) 구술자료(2014) 참조.
5) 자필자료(1979) 참조.
6) 구술자료(2008) p.110 참조.
7) 자필자료(1993) pp.111-113 참조.
8) 구술자료(2009) pp.88-89/ 구술자료(2008) p.26 참조.
9) 구술자료(2000) p.92 참조.
10) 구술자료(2014) 참조.
11) 자필자료(1993) p.113 참조.
12) 기사, 한국무용가협회, 동아일보, 1956.7.18 참조.
13) 기사, 한국무용협회, 조선일보, 1959.4.21 참조.
14) 박외선, 나의 무용에의 회고, 춤, 1977.10, p.105 참조.
15) 구술자료(2008) p.110 참조.

10. 첫 발표회

1) 자필자료(1954-1) 참조.
2) 자필자료(1954-2) 참조.
3) 김려실, 댄스, 부채춤, USIS영화, 문화냉전과 1950년대 USIS의 문화공보, 한국문학연구학회, 2013, p.357 참조.
4) 구술자료(2014) 참조.
5) 안병주, 해설, <김백봉 예의 삶> 공연 팸플릿, 2006.4.14 참조.
6) 조동화, 김백봉무용발표회, 조선일보, 1954.12.9 참조.
7) 강이문, 한국 무용 문화와 전통, 현대미학사, 2001, p.243 참조.
8) 김경옥, 김백봉무용발표회, 동아일보, 1954.12.9 참조.
9) 기사, 김백봉무용발표회, 경향신문, 1954.12.2 참조.
10) 조홍동, 우리 무용계 신화로 남으시길, 아, 김백봉!, 공연 팸플릿, 1997.4.8 참조.
11) 구술자료(2014)/ 구술자료(2008-1) p.105 참조.
12) 김려실, 전게문 p.357 참조.
13) 안병주, 김백봉의 예술세계 p.132 참조.
14) 김경옥, 김백봉무용발표회, 연합신문, 1956.12.30 참조.
15) 조동화, 민속무의 활로, 조선일보, 1956.4.19 참조.
16) 강이문, 전게서 p.247 참조.
17) 기사, <비련> 공연, 경향신문, 1956.11.6 참조.
18) 안제승, 한국신무용사, 승리문화사, 1984, p.63 참조.
19) 조동화, 무용극 최초의 교향미, 경향신문, 1956.11.6 참조.
20) 자필자료(1979) 참조.
21) 기사, 무용관계 인적 구성 말썽, 경향신문, 1957.3.16 참조.

22) 기사, 동남아순방친선예술단, 코리아 헤럴드, 1958.3.7 참조.
23) 기사, 무용계, 경향신문, 1958.12.28 참조.
24) 조동화, 김백봉무용발표회, 조선일보, 1959.5.10 참조.
25) 강이문, 전게서 pp.254-255 참조.
26) 기사, 권위 있는 등용문, 동아일보, 1959.11.19 참조.
27) 김경옥, 방향 잡을 무용계, 동아일보, 1959.12.25 참조.
28) 구술자료(2009) p.81 참조.
29) 구술자료(2014) 참조.

11. 1960년대의 활약

1) 구술자료(2014) 참조.
2) 경봉, 한국민족문화대백과사전(1), 한국정신문화연구원, 1991, p.894 참조.
3) 안제승, 한국신무용사 p.73 참조.
4) 안제승, 전게서 p.79 참조.
5) 김경옥, 1960년의 무용계, 경향신문, 1960.12.23 참조.
6) 김백봉, 최고회의에 올리는 공개건의, 경향신문, 1962.1.7 참조.
7) 조동화, 1962년 상반기의 무용, 동아일보, 1962.7.19 참조.
8) 유인화, 국립무용단사, 국립극장60년사, 2010, pp.267-307 참조.
9) 김창구, 국립무용단 창단과 송범의 아량, 춤, 1980.6 p.29 참조.
10) 송범과 김태원의 대담, 옥수동 아파트, 2002.6.3/ 김태원 편, 나의 춤 나의 길, 현대미학사 p.19 참조.
11) 자필자료(1964) pp.141-143 참조.
12) 유인경, 한국 뮤지컬의 세계, 연극과인간, 2009, p.239 참조.
13) 기사, 전통 살린 뮤지컬, 경향신문, 1968.2.28 참조.
14) 유인경, 전게서, 유인경과 박만규의 대담, 2004.2.7 참조.
15) 기사, 예그린 뮤지컬 <대춘향전>, 신동아, 1968.4 참조.
16) 기사, 오륜파견예술단, 매일경제, 1968.9.5 참조.
17) 안제승, 한국신무용사 pp.115-117 참조.
18) 기사, 무용강습회, 매일경제, 1969.7.14 참조.

12. 우리 무용의 해외 선양

1) 구술자료(2009) p.209 참조.
2) 기사, 런던 공연 보도, 중앙일보, 1972.9.13 참조.
3) 기사, 파리 공연 보도, 중앙일보, 1972.9.13 참조.
4) 기사, 한국일보, 1972.6.10/ 이병임, 겉치레 인상, 1972.6.16 참조.

5) 자필자료(1972-3) pp.36-38 참조.
6) 기사, 김백봉무용발표회, 매일경제, 1974.10.17 참조.
7) 안제승, 신무용사, 국립극장30년사, 1980, p.441 참조.
8) 김백봉, <심청>, 국립무용단 공연 팸플릿, 1975.7.16 참조.
9) 안제승, 신무용사 pp.441-442 참조.
10) 김백봉, <심청>, 국립무용단 공연 팸플릿, 1980.9.25 참조.
11) 기사, 예술원상, 매일경제, 1975.7.1 참조.
12) 기사, 봉산탈춤무보 완성, 동아일보, 1975.11.29 참조.
13) 안제승, 신무용사 pp.449-450 참조.
14) 자료, <시집가는 날>, 공연 팸플릿, 1980.9.19 참조.
15) 가사, 창작동인, 매일경제, 1983.6.22 참조.
16) 기사, 오페라 <원술랑>, 매일경제, 1986.7.22 참조.
17) 기사, 15년 만에 개인무대, 매일경제, 1989.11.25 참조.
18) 구술자료(2009) p.95 참조.
19) 김태원, 예술춤 시대의 진동, 현대미학사, 1997, pp.197-199 참조.
20) 자료, <고향의 민들레>, 공연 팸플릿, 1990.12.14 참조.
21) 기사, 스승 제자 잇단 춤사위, 매일경제, 1993.5.17 참조.
22) 기사, 최승희, 동아일보, 1995.8.16-17 참조.
23) 자료, <아, 김백봉!>, 공연 팸플릿, 1997.4.8 참조.
24) 자료, <무용계의 3대 거목전>, 공연 팸플릿, 1998.12.11 참조.

13. 무용 인재의 양성

1) 구술자료(2000) p.89 참조.
2) 구술자료(2014) 참조.
3) 구술자료(2000) p.89 참조.
4) 유학자 증언, 2014.9.1 참조.
5) 구술자료(2000) p.90 참조.
6) 구술자료(2000) p.86 참조.
7) 구술자료(2005) p.275 참조.
8) 구술자료(2005) p.259 참조.
9) 구술자료(2014) 참조.
10) 양성옥, 양성옥 춤, 도서출판 숨리, 2014, pp.49-50 참조.

14. 경희대학교 무용학과

1) 구술자료(2014) 참조.

2) 양성옥, 전게서 pp.48-49 참조.
3) 구술자료(2000) p.90 참조.
4) 양성옥, 전게서 p.50 참조.
5) 구술자료(2014) 참조.
6) 구술자료(2014) 참조.

15. 신무용의 르네상스를 이루다

1) 자료, <무애지무> 공연 팸플릿, 2005.6.21 참조.
2) 구술자료(2014) 참조.
3) 자료, <청계> 공연 팸플릿, 2005.11.4 참조.
4) 유인화, 서울시무용단, 춤, 2005.12, pp.143-144 참조.
5) 장광열, 서울시무용단, 춤, 2006.6, pp.121-123 참조.
6) 구술자료(2014) 참조.
7) 자료, <김백봉 예의 삶> 공연 팸플릿 2006.4.13 참조.
8) 구술자료(2000) p.73 참조.
9) 자필자료(1994) pp.256-257 참조.
10) 구술자료(2000) p.74 참조.
11) 구술자료(2014) 참조.
12) 자료, 최승희-어제와 오늘, 공연 팸플릿, 1996.12.7 참조.
13) 자료, <한국춤 백년화>, 공연 팸플릿, 2011.7.2 참조.
14) 김태원, 예술춤 시대의 진동 pp.197-199 참조.
15) 강이문, 전게서 p.270 참조.
16) 구술자료(2005) p.277 참조.

16. 무용 가족

1) 구술자료(2009) pp.88-91 참조.
2) 김항명, <빼앗긴 꽃다발 김백봉>, 성도문화사, 1993 참조.
3) 안제승 · 안병주, 무용학개론, 신원문화사, 1992 참조.
안제승, 신무용사, 국립극장 30년사, 1980.12 참조.
기사, 15년 만에 개인무대, 매일경제, 1989.12.1 참조.
4) 정수웅 편, 최승희 p.15 참조.
5) 구술자료(2014)/ 구술자료(2009) p.24 참조.
6) 안병주 · 배수을, 무용교양 필독서, 예전사, 2008 참조.

제2부 김백봉의 작품세계

1. 창작을 위한 전통 탐구

1) 자필자료(1972-2) p.36 참조.
2) 안제승, 무용학개론, 신원문화사, 1992, pp.218-219 참조.
3) 자필자료(1972-3) pp.36-58 참조.
4) 안제승, 신무용사 pp.432-435/ 449-450 참조.
송범, 우리 춤 해외 소개는 제대로 되고 있는가?(좌담회), 춤, 1976.6, pp.20-21 참조.

2. 창작무용으로서 신무용

1) 早稲田大學演劇博物館 編, 演劇百科大事典(제4권), 平凡社, 1990, p.58/ (제1권), p.136 참조.
김경애(외), 우리 무용 100년, 현암사, 2001, pp.42-55 참조.
2) 박용구, 한반도 르네상스의 기획자, 국립예술자료원, 2011, p.125 참조.
3) 郡司正勝, 東京堂出版, 1977, p.358 참조.
4) 박용구, 한반도 르네상스의 기획자, 국립예술자료원, 2011, p.153 참조.
5) 西形節子, 日本舞踊の研究, 南窓社, 1998, pp.366-367 참조.
6) 강선영춤보존회, 명가 강선영 불멸의 춤, 공연 팸플릿, 국립극장, 2013.4.3 참조.
7) 강이문, 전게서 p.161 참조.
8) 서울예술단, 최승희-어제와 오늘, 공연 팸플릿, 국립국악원, 1996.12 참조.
9) 성기숙, 국립무용단의 행보와 미학적 좌표, 소리와 몸짓(국립극장 창무악의 세계), 국립극장, 2007, p.93 참조.
10) 구술자료(2002) p.13 참조.
11) 조택원, 잊을 수 없는 이름, 성기숙・김경애 편, 춤의 선구자 조택원, 댄스포럼, 2006, pp.42-43 참조.
12) 高嶋雄三郎・鄭昞浩 편, 전게서 p.166 참조.
13) 안제승, 신무용사 p.371 참조.
14) 일본에서는 방무(邦舞)라고 한다.

3. 김백봉 무용의 환경

1) 구술자료(2005) 참조.
2) 구술자료(2009) p.57 p.115 참조.
3) 구술자료(2000) p.79 참조.

4) 정병호, 전게서 pp.380-381 참조.

4. 김백봉의 작품

1) 구술자료(2000) p.80 참조.
2) 구술자료(2009) p.53 참조.
3) 구술자료(2014) 참조.
4) 동수, 한국민족문화대백과사전(7), 한국정신문화연구원, 1991, p.277 참조.
5) 정수웅 편, 전게서 p.351 참조.
6) 구술자료(2014) 참조.
7) 천호정, 김백봉의 부채춤과 화관무 의상 연구, 이화여자대학교 석사논문, 2013.8 참조.
8) 구술자료(2000) p.80 참조.
9) 정진한, 김백봉 화관무의 조형에 관한 미적 분석, 동덕여자대학교 박사논문, 2004.2 참조.
10) 高嶋雄三郎・鄭昞浩 편, 전게서 p.73 p.98 p.211/ 정수웅 편, 전게서 p.116 p.193 참조.
11) 정수웅 편, 전게서 p.293 참조.
12) 구술자료(2005) p.263 참조.
13) 구술자료(2005) p.263 참조.
14) 안병주, 김백봉의 부채춤 연구, 동덕여자대학교 박사학위논문, 2005, p.45 참조.
15) 구술자료(2009) p.58 참조.
16) 구술자료(2005) p.264 참조.
17) 안병주, 김백봉의 부채춤 연구 pp.62-69 참조.
18) 구히서, 한국의 명무, 한국일보사, 1985, p.415 참조.
19) 자료, <김백봉 예의 삶> 공연 팸플릿 2006.4.13 참조.
20) 안병주, 김백봉의 부채춤 연구 pp.188-189 참조.
21) 구술자료(2014) 참조.
22) 高嶋雄三郎・鄭昞浩 편, 전게서 p.96/ 정수웅 편, 전게서 p.33 참조.
23) 구술자료(2014) 참조.
24) 안병주, 김백봉의 부채춤 연구 p.34 참조.
25) 안병주, 김백봉의 부채춤 연구 p.29 참조.
26) 안병주, 김백봉의 부채춤 연구 p.29 참조.
27) 高嶋雄三郎・鄭昞浩 편, 전게서 p.73 p.98 p.110
28) 안병주, 김백봉의 부채춤 연구 p.30 참조.
29) 高嶋雄三郎・鄭昞浩 편, 전게서 p.92 p.97 p.118 p.120 p.123 p.205
30) 구술자료(2014) 참조.

31) 안병주, 김백봉의 부채춤 p.35 참조.
32) 안병주, 김백봉의 예술세계, 한국무용예술학회, 2005, pp.123-151 참조.
33) 구술자료(2009) pp.61-62 참조.
34) 김태원, 예술춤 시대의 진동, 현대미학사, 1997, pp.197-199 참조.
35) 안병주, 김백봉의 부채춤 연구 p.30 참조.
36) 안병헌, 산조춤의 창작기반에 내재된 김백봉의 예술세계, 한국체육학회지, 제13권 제2호, 2005, p.219 pp.222-223 참조.
37) 안병주, 김백봉의 부채춤 연구 p.31 참조.

5. 최승희와 김백봉 춤의 특징

1) 구술자료(2005) p.254 참조.
2) 구술자료(2005) p.272 참조.
3) 정수웅 편, 최승희, 최승희를 말한다, pp.344-345 참조.
4) 자필자료(1979) 참조.
5) 구술자료(2005) p.257 참조.
6) 정병호, 전게서 p.384 참조.
7) 김정완은 김정환(金貞桓 1912-1973)의 오류일 가능성이 높다. 김정환은 조택원의 무대작업에도 관여했다.
8) 정병호, 전게서 p.387 참조.
9) 오마 사부로(大庭三郞) 증언, 정병호, 전게서 p.390 참조.
10) 구술자료(2000) p.77 참조.
11) 구술자료(2005) p.266 참조.
12) 구술자료(2005) p.274
13) 정병호, 전게서 p.385 참조.
14) 정병호, 전게서 p.388 참조.
15) 정병호, 전게서 p.388 참조.
16) pas de bourée, 발레 스텝의 하나. 발끝으로 서서 조금씩 옆으로 걸음을 옮기거나 달리거나 하는 동작.
17) 구술자료(2005) p.258 참조.
18) 구술자료(2005) p.259 참조.
19) 구술자료(2005) p.260 참조.
20) 구술자료(2005) p.272 참조.
21) 高嶋雄三郎・鄭昞浩 편, 전게서 p.166 참조.
22) 안병헌, 원형보존과 모형적 변형을 위한 원리연구. 한국무용예술학회 학술대회논문, 2014.5 참조.

6. 김백봉이 밝힌 무용의 원리

1) 자필자료(1955) pp.118-119 참조.
2) 자필자료(1971) pp.53-56 참조.
3) 자필자료(1973) pp.14-17 참조.
4) 자필자료(1976) 서문 참조.
5) 기사, 와카미야제 무악, 경향신문, 1979.3.12 참조.
6) 조동화, 무용교수의 양식과 무식, 춤, 1979.4, pp.12-13 참조.
7) 기사, 법정으로 번진 고려무 논쟁, 동아일보, 1979.4.20 참조.
8) 기사, 고려무 시비 일단락, 동아일보, 1979.6.20 참조.
9) 佐佐木八郎, 藝道の構成, 부산방, 1942, p.239 참조.
10) 자필자료(1984) pp.368-372 참조.
11) 자필자료(1987) (1) pp.67-77 (2) pp.53-60 (3) pp.53-57 참조.
12) 자필자료(1990) pp.195-206 참조.
13) 자필자료(1993) p.111 참조.

7. 김백봉 무용의 동시대적 위상

1) 자필자료(1972-1) p.280
2) 구술자료(2000) p.80 참조.
3) 안병헌, 원형보전과 모형적 변형을 위한 원리연구 참조.
4) 송범, 2003년도 한국근현대예술사 구술채록 시리즈(11), 한국문화예술위원회, 2004, p.22 참조.
5) 심태원, 전게서 pp.197-199 참조.
6) 정병호, 전게서 p.384 참조.
7) 강이문, 전게서 p.243 참조.
8) 구술자료(2014) 참조.
9) 자필자료(1971) pp.53-56 참조.
10) 자필자료(1990) pp.195-206 참조.
11) 서연호, 양성옥 인터뷰, 2014.1.11 참조.
12) 구술자료(2000) p.96 참조.
13) 안병주, 김백봉의 예술세계 p.148 참조.
14) 김백봉, 선생님 앞에 불을 밝힙니다, <최승희-어제와 오늘> 공연팸플릿, 국립국악원 예악당, 1996.12.7 참조.
15) 구술자료(2005) p.278 참조.
16) 구술자료(1979) 참조.

8. 책을 끝내며

1) 구히서, 전통에 뿌리를 둔 창작무용의 개척자, 한국예술총집3, 2000, pp.527-538 참조.
2) 진옥섭, 김백봉, 그 수많은 춤의 봉우리에 대하여, <아! 김백봉> 공연 팸플릿, 국립극장, 1997.4.8 참조.
3) 정재만, 취봉 김백봉의 부채춤을 보고, <무용계의 3대 거목-송범, 김백봉, 한영숙 류파전> 공연팸플릿, 국립극장 소극장, 1998.12.11 참조.

김백봉

초판 1쇄 인쇄 · 2014년 11월 3일
초판 1쇄 발행 · 2014년 11월 7일

저 자 · 서연호
발행인 · 박성복
발행처 · 도서출판 월인
서울특별시 강북구 노해로25길 61(수유2동 252-9)
등 록 · 제6-0364호
등록일 · 1998년 5월 4일
전 화 · (02) 912-5000
팩 스 · (02) 900-5036
www.worin.net

ISBN 978-89-8477-577-0 93680

값 14,000원